Leihhauskarrieren in Deutschland - Vom Umgang mit Geld und Vermögen

Arm und doch vermögend?
Analyse der Motivation von Pfandkreditnehmern

von

Norbert Dischinger

Tectum Verlag
Marburg 2005

Dischinger, Norbert:
Leihhauskarrieren in Deutschland -
Vom Umgang mit Geld und Vermögen.
Arm und doch vermögend? Analyse der Motivation
von Pfandkreditnehmern.
/ von Norbert Dischinger
- Marburg : Tectum Verlag, 2005
Zugl.: Magdeburg, Univ. Diss. 2004
ISBN 978-3-8288-8828-9

Tectum Verlag
Marburg 2005

Vorbemerkung

Diese Untersuchung wurde durch berufliche Erfahrungen des Autors mit in Finanzierungsschwierigkeiten geratenen kleinen Unternehmen motiviert. Es zeigte sich, dass diese nicht zur eigentlichen Zielgruppe der Leihhäuser gehören. Stattdessen stellten sich fundamentalere Fragen über die eigentliche Kundschaft der Leihhäuser, nämlich der privaten Pfandkreditnehmer und ihrer Lebenswelt. Der Vorstand der *Nürnberger Nothilfe e.V.*, welcher das *Leihhaus Nürnberg* im Auftrag der Stadt Nürnberg betreibt, zeigte großes Interesse an der wissenschaftlichen Erforschung der Kunden im Leihhauswesen und machte durch seine Kooperation diese Untersuchung möglich. Hierfür gebührt den Vorständen Herrn Armin Hillebrand, Herrn Michael Raab und dem Direktor Herrn Gernot Zeller mein Dank.

Auf der Suche nach einem wissenschaftlichen Partner für das Projekt fand ich mit Prof. Dr. Heiko Schrader am Institut für Soziologie an der Otto-von-Guericke-Universität Magdeburg einen geduldigen und konstruktiven Förderer, Begleiter und Kritiker. Mit seinem thematischen Wissen, seiner Offenheit und vielen methodischen Anregungen trug er wesentlich zur erfolgreichen und zügigen Durchführung des Projekts bei. Herr Prof. Dr. Eckhard Dittrich förderte dieses interdisziplinäre Projekt, auch weil es von einem Quereinsteiger durchgeführt wurde. Prof. Dr. Barbara Dippelhofer-Stiem hat mit Vorschlägen zur Entwicklung der eingesetzten quantitativen Methoden und zur Schärfung der Fragestellungen beigetragen. Mein besonderer Dank gilt ihr für die Übernahme der Zweitbegutachtung.

Die allgemeine Aufbereitung des Themas und die Durchführung einer Erhebung wurden durch den Geschäftsführer des *Zentralverband des Deutschen Pfandkreditgewerbes e.V.*, Dr. Klaus Germann, und den Vorsitzenden, Herrn Joachim Struck, unterstützt. In zahlreichen Diskussion stellten viele nicht namentlich zu nennende Leihhausinhaber ihr Expertenwissen zur Verfügung. Hier sei insbesondere auch Herrn Prof. Dr. Jürgen Damrau für Anregungen gedankt.

Das Cusanuswerk hat mich während meines Studiums ideell gefördert und mir einen interdisziplinären Weg geebnet. Meine Eltern, Familie und Freunde haben den Werdegang dieser Arbeit wohlwollend begleitet. Insbesondere meine Frau, Dr. Nicola A. Mögel, war mir ein tatkräftiger Rückhalt. Ihr danke ich ganz besonders für das Lektorat dieser Arbeit. Die fachliche und menschliche Offenheit, Begeisterungsfähigkeit und Ausdauer verdanke ich dem Vorbild meiner Eltern.

Nürnberg, im Januar 2005   *Norbert Dischinger*

Du neuer Hut, du neuer Frack,
Ihr müßt ins Pfandhaus wandern.
Ich selber sitz' im Wirtshaus nun
Von einem Tag zum andern.

Wilhelm Busch: Lieder eines Lumpen,
in: Fliegende Blätter und Münchner Bilderbogen

Inhaltsverzeichnis

Abbildungsverzeichnis

Tabellenverzeichnis

Akronyme

HH   Private Haushalte

i.H.v.   in Höhe von

ID   Identifikationspapier, das bei der Pfandkreditnahme
                vorzulegen ist: Personalausweis oder Reisepass.

KWG   Kreditwesengesetz

o.A.   ohne Autor (Literaturverzeichnis)

PfandlV   Pfandleiherverordnung

PLZ-2, PLZ-5   Gebietsabgrenzungen, die durch die ersten beiden (im Jahr
                2002 95 Gebiete) oder alle fünf Stellen (8.268 Gebiete) der
                Postleitzahlen in Deutschland festgelegt werden.

PSK   Pfandscheinkette: Folge von nahtlosen Verlängerungen
                eines Pfands bis zu seinem Verfall oder seiner Auslösung.

Schufa   Schutzgemeinschaft für allgemeine Kreditsicherung GmbH

vgl.   vergleiche

ZDP e.V.   Zentralverband des Deutschen Pfandkreditgewerbes e.V.

Bezeichnungen der häufig verwendeten Datengrundlagen

Geschäftsführer-   Schriftliche Befragung von Geschäftsführern von 115
befragung   Leihhausunternehmen in Deutschland.

Kundenbefragung   Mündliche Befragung von 41 Pfandkreditnehmern in
                      Nürnberg vor zwei Leihhäusern.

Vergleichsgruppe   Mündliche Befragung von 41 Passanten in der Fußgänger-
                      zone in Nürnberg als Vergleichsgruppe.

Datenbank   Daten von 4.000 zufällig ausgewählten anonymen Pfand-
                      kreditnehmern des *Leihaus Nürnberg* und ihren
                      Beleihungsvorgänge 1999 bis 2002 (fast vier ganze Jahre).

1 EINLEITUNG

Fast jeder kann sich unter einem Leihhaus etwas vorstellen, doch selten aus eigener Anschauung. Das Leihhaus ist ein literarischer Topos. Man denke nur an Fjodor Dostojewskis 1866 erschienenen Roman „Schuld und Sühne". Darin wird das Verhältnis des Studenten Raskolnikow zu einer alten Pfandleiherin geschildert. Schätzt er sie zuerst aufgrund ihrer Hilfsbereitschaft, endet das Verhältnis damit, dass der Student die Pfandleiherin als eine „Wucherin, die nicht besser ist als eine Laus" beschimpft, um sie schließlich zu ermorden. Doch um Mord soll es im Weiteren nicht gehen, sondern um Leihhäuser.

Wer geht in ein Leihhaus? Leihhäuser gibt es in Deutschland in vielen großen Städten. Die Presse meldete im Jahr 2003 für das Leihhausgeschäft 12% Zuwachs. Die Zuspitzung der wirtschaftlichen Schieflage vieler Privathaushalte in Deutschland könnte eine Ursache für die zunehmende Nachfrage nach Pfand-krediten sein: Arm, und doch vermögend? Leihhäuser versprechen das schnelle Geld ohne Prüfung der Bonität. Allein ein wertvolles Schmuckstück, als Pfand zu hinterlegen, genügt, um sofort wieder Bargeld in der Tasche zu haben.

Doch wieso akzeptierten nach Angaben des *Zentralverband des Deutschen Pfandkreditgewerbes e.V.* (ZDP e.V.) angeblich 1,1 Mio. Haushalte in Deutsch-land Kreditkosten von über 36% im Jahr, wie sie beim Pfandkredit die Regel sind, wenn die Höhe der banküblichen Zinsen für Konsumentenkredite teilweise nur 6% beträgt? Dieses Paradox wird hier hinterfragt.

Bislang gibt es kaum wirtschafts- und sozialwissenschaftliche Arbeiten über das Leihhauswesen der Nachkriegszeit. Diese deskriptive Studie leistet einen Beitrag dazu, die wirtschaftliche und soziale Motivation und Rationalität der Entscheidung für Pfandkredite als kurzfristige Finanzierungsoption privater Haushalte zu erklären, die Auswirkungen zu erörtern und damit eine Lücke in der Literatur zu schließen. Die Ergebnisse erheben den Anspruch, für das Leihhauswesen in Deutschland, dem neben Großbritannien größten Pfandleihmarkt in Westeuropa, repräsentativ zu sein.

Es gab im Jahr 2003 in Deutschland mehr als 230 Leihhausbetriebe mit insgesamt einigen hundert Mitarbeitern, die mit 1,9 Mio. Pfandscheinen 450 Mio. € zu mindestens 3% pro Monat verliehen. Die Kapitalumschlagsrate beträgt etwa 3½ pro Jahr, woraus ein bilanzieller Kreditbestand von 130 Mio. € resultiert. Der durchschnittliche Pfandkreditbetrag belief sich im Jahr 2002 auf 230 € bei wachsender Tendenz (dpa vom 4.4.2003). Die Branche wächst durchschnittlich mit 4% p.a. (Geschäftsberichte des ZDP e.V. 2001, 2002, 2003)[1].

Die öffentlich verbreiteten Eigendarstellungen der deutschen Leihhäuser sind seit Mitte des 20. Jhdt. in Deutschland nicht wissenschaftlich hinterfragt worden. Die in dieser Erhebung ermittelten sozialwissenschaftlichen Daten über die Kunden der deutschen Leihhäuser ermöglichen, die in der Öffentlichkeit und auch in der Wissenschaft vorherrschenden Kenntnisse erstmalig zu verifizieren und zu erweitern: „Das Eingangsproblem aller Verbraucher-Forschung ist die Frage, wie sich Seelisches in Wirtschaftliches umzusetzen vermöge" (Wilhelm Vershofen[2], Erinnerungstafel in der Eingangshalle der GfK, Nürnberg).

1.1 Motivation

Die Verschuldung der privaten Haushalte wächst. Die zahlreichen angebotenen Finanzierungsoptionen stehen aber nicht allen Haushalten zur Verfügung. Auch nimmt das Angebot an Erwerbsmöglichkeiten für breite Bevölkerungskreise ab, so dass zusätzliche Erwerbseinkommen schwieriger zu realisieren sind. Darum erstaunt es nicht, dass die Nachfrage nach Pfandkrediten wächst, obwohl viele Leihhäuser keine Allgemeinpfänder mehr annehmen und damit indirekt das Angebot einschränken bzw. Kunden ohne werthaltige Schmuckpfänder ausgrenzen. Die etwa 230 fast ausschließlich privaten Leihhäuser befinden sich meist in Großstädten, selten auch in Mittelzentren. Dabei handelt es sich typischerweise um Familienunternehmen mit wenigen oder gar keinen fremden Angestellten. Gerade die vielen kleinen Leihhäuser und ihre Mitarbeiter unterscheiden sich teilweise deutlich von einer Bank.

Der Pfandkreditnehmer macht keine Schulden, sondern erhält ein Recht auf Auslösung seines Pfands bei termingerechter Rückzahlung des Pfandkredits samt Zinsen und Gebühren - im Folgenden als „Zinsen" bzw. Preis des Kredits bezeichnet. Ein Pfandkreditnehmer tauscht mit seiner Handlung im Leihhaus

---

[1]   Die regelmäßig durch den ZDP publizierten Zitate bildeten die Grundlage für die zahlreichen Presseberichte über das Leihhauswesen – ausgenommen der immer wieder vorgestellten Unternehmensportraits. Auch die Fernsehberichterstattung beschränkte sich auf die Befragung weniger Inhaber, deren natürliches Interesse dabei die Stärkung des eigenen Geschäfts war.

[2]   1878-1960, Wirtschaftswissenschaftler und Mitbegründer der „Nürnberger Schule" und der GfK – Gesellschaft für Konsumforschung.

befristet Güter gegen Geld. Der Pfandkredit ist wie folgt definiert und abgegrenzt:

- Der Kreditnehmer muss sich gegenüber dem Leihhausmitarbeiter ausweisen, aber keinen Auskünften unterziehen.

- Er erhält in wenigen Minuten gegen Abgabe des Pfands seinen Kreditbetrag in bar und seinen Pfandschein mit dem Recht auf Auslösung.

- Der Pfandkredit wird meist ab 10 € Beleihungshöhe[3] und einem Abschlag von 20-80% auf den durch den Schätzer des Leihhauses ermittelten Marktwert des Pfandes gewährt.

- Die Laufzeit eines Pfandscheins beträgt ein bis drei Monate und kann bei persönlichem Erscheinen und Zahlung der Zinsen beliebig oft um drei Monate verlängert werden.

Der Gang ins Leihhaus kann unterschiedliche Anlässe haben, doch zeichnen sich alle Pfandkreditnehmer durch den für die Handlung ursächlichen Geldbedarf aus. Außerdem nehmen sie die befristete Trennung von einem persönlichen Vermögensgegenstand in Kauf. Diese öffentlich tendenziell negativ bewertete Wahrnehmung wird dadurch verstärkt, dass in der Regel der vom Leihhaus geforderte Preis die Höhe banküblicher Zinsen bei weitem übersteigt und die Kunden durch einen Beobachter aufgrund der unterstellten Problemsituation und der vorhandenen Pfänder bestimmten Milieus[4] zugeordnet werden.

Die rein ökonomische Sicht der Inanspruchnahme eines Pfandkredits zu Zinsen von 36% p.a. und mehr legt die Vermutung nahe, dass hier die Zwangslage von Personen ausgenutzt wird und die Nachfrager mangels Alternativen im Vergleich mit typischen Ratenkrediten einen erheblichen Preisaufschlag zahlen müssen.[5] Wie seit dem frühen Mittelalter (vgl. le Goff 1988, 24f) nährt eine in Politik, Gesellschaft und Wissenschaft oft abstrakt geführte Armutsdiskussion pauschale Vorurteile gegen als Wucher eingeschätzte Angebote von „Kredithaien", welche automatisch hinter hohen Zinsen gesehen werden. Auch

---

[3] Der Wert eines Pfandes wird aus dem Materialwert ermittelt. „Bei Goldschmuck heißt das also Gewicht mal aktuellem Goldwert." (Kieler Nachrichten vom 6.11.2002, 21).

[4] Definition: „Bezeichnung für die Gesamtheit der äußeren, natürlichen ... und der sozialen Umwelt ... des einzelnen bzw. einer Gruppierung, die auf die Entwicklung, Entfaltungsmöglichkeit und die Modalität sozialen Handelns Einfluss nimmt." (Fuchs-Heinritz et al. 1994, 394).

[5] Wer arm ist, zahlt mehr oder wird ganz ausgeschlossen, so das Ergebnis einer Studie des „Verbraucherzentrale Bundesverband" zum Weltverbrauchertag (Prothmann 2004).

wenn Wucher nicht mehr das „explosive Gemisch von Ökonomie und Religion, von Geld und Seelenheil" darstellt (ebenda, 7), so haben Pfandhäuser in breiten Bevölkerungskreisen nach wie vor einen zweifelhaften Ruf. Angesicht wachsender Überschuldungsprobleme privater Haushalte (Korczak 2001, auf Basis einer Befragung der Schuldnerberatungsstellen; oder auch: der ungebremste Anstieg der Privatinsolvenzen von 1999-2003, Boehringer 2004) könnte der Pfandkredit nicht nur ein unter dem Gesichtspunkt des Wuchers mit einer Lebenslage[6] verbundenes Stigma, sondern auch ein hilfreiches, die Überschuldung verhinderndes oder zumindest begrenzendes Instrument sein.

Eine Vorstudie im Jahr 2002 bei Pfandhäusern in Nürnberg zeigte, dass deren Stammkunden in vielerlei Hinsicht heterogen sind und unterschiedlichen Milieus entstammen, aber ähnliche Motive haben. Es wurde bislang kaum Näheres über diese Motive und die Leihhauskunden im Allgemeinen wissenschaftlich erforscht.[7] Wie die Diskussion mit Vertretern von Sozial-, Wirtschafts- und Geisteswissenschaften zeigte, überwogen Vorurteile häufig konkretes Wissen.

Die Debatte über die zunehmende Verschuldung privater Haushalte, die wachsende Quote von privaten Insolvenzen und auch das sich verschärfende Vermögensungleichgewicht zwischen Erben und Nicht-Erben in der Gesellschaft belegen, wie notwendig es für politische Entscheider, karitative Einrichtungen, Bildungseinrichtungen und Marktteilnehmer ist, Kenntnisse über die Rationalität der Finanzierungsentscheidungen von privaten Haushalten in Deutschland zu besitzen. Der Fragenkomplex ist wissenschaftlich bedeutsam, da ohne Kenntnis der angewendeten Rationalität die Finanzierungsversuche als Teil des Gesamtsystems „privater Haushalt" nicht verstanden werden können. Die Institution „Leihhaus" und die Handlung „Pfandkreditnahme" bieten einen Untersuchungsrahmen, der die Untersuchungsobjekte „Pfandkreditnehmer" definiert und die dadurch abgegrenzte Personengruppe erforschbar macht.

---

[6] Definition: „Konzept der Ungleichheitsforschung, das ... zur vergleichenden Untersuchung der Lebensbedingungen von einzelnen bzw. von Gruppen vielfältigere Dimensionen benutzt als Berufsposition und Einkommen..., nämlich Wohnsituation, Bedingungen des Wohnumfelds, Gesundheit... Schulangebot der Region für Kinder, Vermögen,...Hinzu kommen u.U. Merkmale der innerfamiliären Konstellation, d.h. das Verhältnis der Frau und der Kinder zum Mann als Hauptverdiener o.ä." (Fuchs-Heinritz et al 1996, 393).

[7] Für den deutschsprachigen Raum wurden die aktuellsten gesellschafts- und wirtschaftswissenschaftlichen Untersuchungen des Leihhauswesens publiziert von (Baumgartner 1982, Fuehrer 1992, Hamm 1954 und Krauss 1952).

Die rationale Strukturierung der intertemporären Auswirkung einer Finanzierungsentscheidung kann durch die wenigsten privaten Haushalte, auch in
Hochkostensituationen, überblickt werden. Solch eine Entscheidung dürfte
darum nur in den seltensten Fällen von einem Pfandkreditnehmer durchgeführt
worden sein, auch weil es sich dabei um eine Niedrigkostensituation handelt, die
keine hohen Transaktionskosten rechtfertigt. Darum wird vermutet, dass neben
den unzureichenden ökonomischen Kriterien entsprechend den Komponenten
einer mikroökonomischen Nutzenfunktion bei begrenzter Rationalität (Simon
1992, 3) auch soziale Aspekte aus der Familie, einer anderen Gruppe oder dem
Milieu in der Art von Empfehlung, Handlungsdruck, Ritual oder Kultur einen
starken Einfluss auf die Entscheidung für einen Pfandkredit haben. Diese Arbeit
verwendet darum einen wirtschaftswissenschaftlichen Ansatz und kompensiert
dessen Unzulänglichkeiten mit wirtschaftssoziologischen Methoden, um das
Zusammenspiel dieser Einflüsse zu interpretieren.

1.2 Finanzierungssituation der Haushalte

Seit der Einführung der Geldwirtschaft sind die Einnahmen und Ausgaben des
privaten Haushalts und damit seine Einbindung in die Wirtschaftskreisläufe ein
Forschungsgebiet. Dem privaten Haushalt bieten sich situationsspezifische
Alternativen zur kurzfristigen Finanzierung: Kreditkartenkauf, Raten- bzw.
Konsumkredit oder Kontokorrentkredit einer Bank, Ratenkauf, „Anschreiben
lassen", Darlehen vom Arbeitgeber, von Freunden oder Verwandten, Verkauf
gebrauchter Güter aus dem Vermögen des Haushalts, Pfandkredit oder auch
Erwerbseinkünfte.

Das Verbrauchsvermögen der privaten Haushalte wird – mit Ausnahme
herausragender Vermögensgegenstände wie z.B. Computer oder Pkw – im
Unterschied zum Geld- und Immobilienvermögen (z.B. Statistisches Bundesamt
Fachserie 15, Heft 1, 1998 oder Braun et al 2001) kaum erforscht und findet in
der Haushaltstheorie auch wenig Interesse. Aufgrund der notwendigen
Hinterlegung eines Gegenstandes stellt der Pfandkredit eine Verbindung
zwischen Geld und Gebrauchsvermögen des privaten Haushalts her (Stadermann
2002, 2f) und ermöglicht es derart, auch Einblick in das schwer erforschbare
Gebrauchsvermögen zu gewinnen.

Die Finanzsituation der Privathaushalte in Deutschland ist Gegenstand einer
öffentlichen Debatte wie auch offensiver Marketinganstrengungen diverser
Finanzdienstleister und Kreditanbieter. So bieten Verbraucherbanken zunehmend erfolgreich standardisierte Konsumentenkredite zu günstigen Konditionen

an (Süddeutsche Zeitung vom 8.5.2003, 27). Die „Privatinsolvenz" und die zunehmend nachgefragte Hilfe von Schuldnerberatungen (Zimmermann 2000) weisen auf die wachsende gesellschaftliche Bedeutung persönlicher Finanzplanung hin. Auch die seit dem Jahr 2000 wieder verstärkte Bildungsdiskussion (zur Pisa-Studie, z.B. Baumert 2003) oder der Verschuldungskompass (Schufa 2003) lassen Zweifel an der Finanzkompetenz von Privathaushalten in Deutschland aufkommen.

Die Untersuchung des Leihhauswesens bietet Raum für einen fächerübergreifenden Ansatz: Wer sind die Nachfrager? Worin besteht ihre Motivation? Zur Beantwortung werden Themenfelder aus dem Bereich der Wirtschaftswissenschaften und der Wirtschaftssoziologie herangezogen:

- Das Individuum als Einzelperson, Haushalts- oder Familienvorstand.
- Die Gruppe als Haushalt, Familie, Kultur- oder Freundeskreis.
- Bildung und kultureller Hintergrund als einkommensbestimmend, verhaltensbestimmend oder als Grundlage eines Wertesystems.
- Normative wirtschaftswissenschaftliche Entscheidungstheorie im Vergleich zur deskriptiven sozialwissenschaftlichen Verhaltenserklärung.
- Die psychologisch dominierte Realität des Handelnden: Intertemporärer Kontext, Fristen, zeitliche Orientierung.

Die Ergebnisse dieses interdisziplinären Forschungsvorhabens mit hoher Praxisrelevanz können vielfältige Implikationen auslösen:

- Unterstützung der öffentlichen Schuldnerberatung durch Darstellung der Entscheidungsprozesse der Haushalte.
- Verstärkte schulische und berufliche Ausbildungsbemühungen zum *Financial Planning*.
- Entscheidungen privater und öffentlicher Natur zur Zukunft des Leihhauses: Betrieb eines Leihhauses, Weiterentwicklung der Pfandleiherverordnung.

Die Erforschung der Motive und Rationalitäten der Pfandkreditnehmer verspricht spannende und fruchtbare Erkenntnisse zur Finanzierungssituation bestimmter Milieus.

2 HINTERGRUND DER UNTERSUCHUNG

An dieser Stelle erfolgen kein historischer und kein juristischer Abriss der Entwicklung des Pfandleihwesens. Beachtenswert ist jedoch, dass aktuelle historische Arbeiten, wie z.B. die Darstellung von Karl Christian Führer zur Bedeutung der Pfandleihe im deutschen Kaiserreich als Kreditinstitut der kleinen Leute, auf die enge Verknüpfung der Leihhäuser mit dem verarmten Arbeitermilieu abstellen (Führer 1992). Diesem Ansatz widersprechen Vertreter von Leihhäusern heute, indem sie auf die gebrachten Pfänder verweisen, welche bei Armen, die ja nichts hätten, nicht zu erwarten seien. Diese Behauptung wird in dieser Studie erstmalig wissenschaftlich überprüft.

2.1 Bisherige Forschungsarbeiten zu Leihhäusern

Hugo Hans Heinrich Krauss promovierte 1952 über das Leihhaus in der alten Handels- und Reichsstadt Nürnberg (Krauss 1952). Er beschränkte sich auf die juristischen und historischen mittelalterlichen Aspekte, ohne einen zeitgeschichtlichen Bezug zur Situation im Nürnberg der Nachkriegszeit herzustellen. Ein umfassender Überblick über die gesellschaftlichen Aspekte des Leihhauswesens ist der maßgeblichen juristischen Arbeit zum Leihhaus, verfasst von Jürgen Damrau in Form eines Kommentars zur Pfandleiherverordnung und zu den Allgemeinen Geschäftsbedingungen im Pfandkreditgewerbe zu entnehmen (Damrau 1990).

Die aktuellste, zeitgeschichtliche, wirtschaftswissenschaftliche Publikation zum Pfandleihwesen im deutsprachigen Raum stammt von Max Baumgartner aus dem Jahr 1982 und analysiert akribisch und ganzheitlich die Bedeutung der damals noch vier Pfandleihanstalten in der Schweiz (Baumgartner 1982).[8] Dort wurden bis heute keine nach Gewinnmaximierung strebenden Leihhäuser genehmigt, sondern der gemeinnützige Zweck „Schutz der Bürger vor Wucherzinsen" auf dem grauen Markt erhalten. Er stellte für die Schweiz fest, dass Hausfrauen, und zwar sowohl als Geschlechtszuschreibung, als auch als Berufsgruppe, bei den Pfandkreditkunden deutlich überrepräsentiert waren. Er erklärte dies damit, dass Hausfrauen i.d.R. die Pfänder besitzen (meist

---

[8] Zürich, Genf und Lugano (neueröffnet) waren im Jahr 2003 noch in Betrieb, St. Gallen und Luzern wurden seit 1982 geschlossen.

Schmuck), ihren Wert glaubten zu kennen und zu der Öffnungszeit der Leihanstalten disponieren konnten. Es ist zu vermuten, dass wesentliche Erkenntnisse aus der Analyse der Zürcher Pfandleihkasse aufgrund struktureller, interner und externer Unterschiede nicht auf einen einzelunternehmerisch, gewinnorientierten Betrieb von Leihhäusern, wie er in Deutschland dominiert, übertragbar sind.[9]

Auf das nachsowjetische Russland bezogen verfasste Heiko Schrader umfangreiche wirtschaftssoziologische empirische Analysen des Leihhauswesens (Schrader 2000a; 2000b; 2000c; 2001; 2003). Er führte standardisierte Erhebungen und Tiefeninterviews bei Leihhausbesuchern und Inhabern in St. Petersburg durch. Die Gegenüberstellung der Sichtweise der Leihhausbetreiber und ihrer Kunden ermöglichte eine differenzierte und umfängliche Analyse der Lebensumstände und Beweggründe der Handelnden. Dabei identifizierte er den Pfandkredit als Strategie der Lebensbewältigung im postsozialistischen, durch zahlreiche Transformationsprozesse geprägten russischen Alltag. Die Forschungsarbeit basiert auf Befragungen, ohne Einbindung von ausführlichen Betriebsstatistiken.

Weitere wirtschaftssoziologische Arbeiten wurden auf andere Kulturkreise wie Westafrika oder Südostasien bezogen.[10] Querbezüge zu Deutschland oder anderen Industrieländern im 21. Jahrhundert wurden nicht hergestellt, vielleicht weil hier, trotz hohem Anteil fremder Kulturen unter den Kunden, die einheimische Bevölkerung klar dominiert. Dabei gäbe es Gründe, gerade das in Entwicklungsländern verbreitete Kleinstkreditwesen (micro finance institutions - mifi) wieder auf seine Eignung für Industrieländer zu überprüfen. Hohe Zinsen für Kleinstkredite, sofern sie zur Deckung der Kosten notwendig sind, haben ihre Berechtigung, da sonst das Kleinkreditsystem nicht nachhaltig wirtschaften kann und die Nachfrager ohne ein entsprechendes Angebot schlechter dastehen als mit einem teuren Angebot (Bouman 1994 oder Hossain Zillur Rahman, Executive Chairman des Power and Participation Research Centre auf microfinancegateway.org). Das Kleinstkreditwesen in den Entwicklungsländern steht seinem Selbstverständnis nach im Wettbewerb mit dem dort auch

---

[9] Hierzu gehören die Demographie, die Sozioökonomie, die unternehmerische Freiheit des Pfandleihers und seine Stellung im Wettbewerb mit den Banken.

[10] Zur Bedeutung des Leihhauswesens in ausgewählten Schwellen- und Entwicklungsländern vgl.: (Bouman 1988, Klein 1987, Lamberte 1991, Mohamed 1986, Porntip 1988, Shanmugam 1991, Skully 1994, Schrader 2000c und 2000d).

verbreiteten Leihhauswesen. Es will sich durch größere Transparenz und gezielte Kreditvergabe nur für investive Zwecke vom Leihhaus abgrenzen (Fruin 1933, 32). Den wirtschaftssoziologischen Arbeiten in diesen Kulturkreisen gemein ist die Annahme und Beobachtung einer Verbindung zwischen Armut und dem Bedarf und der Nachfrage nach kleinen Krediten. Dieser Befund spielt in der in Deutschland geführten Armutsdiskussion kaum eine Rolle.

Ursachen für den Bedarf an Krediten entstehen über einen längeren Zeitraum, nur sehr selten durch singuläre Ereignisse. Darum ist für das tiefere Verständnis der Ursachen eine Analyse über einen längeren Zeitraum notwendig. Da für die Entwicklung von Schuldenkontoständen keine Forschungsarbeiten bekannt sind, wird hier auf eine Arbeit zur Überwindung und gegebenenfalls wieder Eintauchen unter die Armutsgrenze verwiesen. Hans-Jürgen Andreß führte hierzu Drei-Jahres-Vergleiche (personenbezogene Längsschnitte 1984-92) mit den Daten des SOEP-West durch (Andreß 1999, 203f). Die Überschreitung der Armutsgrenze erfolgte überdurchschnittlich häufig im Zusammenhang mit dem Austritt aus dem Arbeitsmarkt, der Vergrößerung des Haushalts und bei Trennung und Scheidung (ebenda, 207). Da bei Arbeitslosigkeit und Kindsgeburt zunächst nicht mit einer Reduktion des Finanzbedarfs des Haushalts, d.h. einer Anpassung des Verhaltens oder laufender Verträge (Miete, Versicherungen, Reisebuchungen etc.) zu rechnen ist, wird in dieser Situation die Aufnahme von Schulden als kompensatorische Maßnahme unterstellt und erklärt. Andreß hatte 148 im Jahr 1985 verarmte Haushalte (West, mit deutschem Haushaltsvorstand) mit ihrer Situation 1992 verglichen (ebenda, 212). Ein knappes Drittel der Haushalte war nur von Kurzzeitarmut (Dauer maximal ein Jahr) betroffen. Die Aufnahme von Schulden kann ein probates Mittel zur Überwindung von Kurzzeitarmut sein. Obwohl die Hälfte der Personen (ab 16 Jahren) in der Stichprobe 1985 noch keine Berufsausbildung hatte, gelang es der Hälfte der Haushalte sich bis 1992 ein regelmäßiges Einkommen von mehr als 60% des Äquivalenzeinkommens zu schaffen. Damit waren sie nach sieben Jahren nicht mehr akut von Armut bedroht und wären theoretisch auch in der Lage gewesen, gegebenenfalls zu Beginn ihrer Krise 1985 aufgenommene Schulden zurückzuzahlen. Andreß stellt für seinen Untersuchungszeitraum fest, „dass Armutsüberwinder die Mehrheit aller Fälle ausmachen, während kontinuierlich Langzeitarme nur eine relativ kleine Minderheit bilden." (ebenda, 215). Die Sach- und Geldvermögenssituation der Betroffenen wird im SOEP nur indirekt berücksichtigt, indem Miet- und Zinseinnahmen und staatliche Transferleistungen (diese indizieren Vermögensobergrenzen), erhoben wurden. Andreß hat den Einfluss dieser Merkmale auf die Armutskarriere nicht ermittelt, doch wird vermutet, dass eine bessere Vermögenssituation den Weg aus der Armut und die Tilgung von Schulden erleichterte. Da der Vermögensstand der Betroffenen nicht bekannt war, kann nicht direkt geschlossen werden, ob Pfandkredite eine mögliche Alternative zur Finanzierung gewesen wären und wie sie sich ausgewirkt hätten. Es ist jedoch wahrscheinlich, dass in den Fällen mit wachsenden Schulden entsprechend die Pfänder verfallen wären oder neue Pfandkredite zum Ablösen der alten eingesetzt hätten werden müssen. Dies würde ein Abschmelzen des Gebrauchsvermögens implizieren. Zwar machte Andreß keine Aussage zur Höhe der aufgehäuften Schulden, doch kann aus der Lage an der Armutsgrenze auf das ungefähre Finanzdefizit auf der Einnahmen-seite des Haushalts geschlossen werden. Es ist fraglich, ob die betroffenen Haushalte tatsächlich über beleihbare Vermögensgegenstände im Wert von typischerweise erforderlichen einigen Hundert Euro zur Finanzierung eines mehrmonatigen Liquiditätsengpasses verfügt hätten.

Zu ähnlichen Ergebnissen wie Andreß gelangte auch der erste Armuts- und Reichtumsbericht des Bundesministeriums für Arbeit und Sozialordnung vom Jahr 2001. Demzufolge gerieten Haushalte vorübergehend oder anhaltend in Problemlagen, wenn sie sich veränderten Lebensbedingungen, z.B. Arbeits-losigkeit oder einer Sozialgesetzänderung, nicht rasch genug anpassen konnten. Die Haushalte reagierten je nach Rationalität der Haushaltsführung oder dem Marktverhalten entweder mit einer vorübergehenden Phase, die sie mit Krediten überbrückten oder mit einem fortschreitenden Verschuldungsprozess. „Bildung und die Fähigkeit der Informationsaufnahme und Informationsverarbeitung sowie ein kontrolliertes Verhalten (kognitives Involvement) der Haushalts-mitglieder bei Marktentscheidungen (hinsichtlich Konsum und Verschuldung) entscheiden wesentlich über die Bewältigung kritischer Situationen und ihre Überwindung." (Bundesministerium für Arbeit und Sozialordnung 2001a, 71). Im Zuge einer stärkeren Risikoabbildung bei der Kreditvergabe der Banken im Rahmen von Basel II rückt eine Verteuerung von Krediten auch für Privatkunden ins allgemeine Bewusstsein (z.B. Prothmann 2004). Bezahlen Arme darum höhere Preise?

Frank Wimmer untersuchte das Einkaufsverhalten sozial schwächerer, älterer Konsumenten (Wimmer 1982). Er diskutierte, ob sie sich „Preisnachteile vor allem auch aufgrund von typischen, für sie spezifischen Verhaltensbesonder-heiten einhandeln" (ebenda, 53ff), ihre Ursache also in inneren, d.h. psychischen Verhaltensfaktoren haben. Er zeigte, dass seine und die Ergebnisse anderer Studien widersprüchlich in Bezug auf Erklärungsmodelle und Empirie sind (ebenda, 270ff). Statistisch signifikante Ursachen für das Bezahlen höherer spezifischer Preise lagen in der kleineren Haushaltsgröße des Einkäufers, der darum kleinere Packungsgrößen wählte oder auch der niedrigeren (gelebten) Mobilität, und damit die Auswahl lokaler, teurer Angebote, im Unterschied zu weiter entfernten temporären Sonderangeboten (ebenda, 9ff). „Dem Merkmal sozialer Schwäche selbst kann demnach, der gesamten theoretisch-empirischen Analyse zufolge, keine entscheidende Bedeutung hinsichtlich der bei sozial schwachen, älteren Konsumenten (vermutlich) nur unterdurchschnittlichen Einkaufseffizienz zukommen" (ebenda, 270). Stattdessen gelang es Wimmer, die unbefriedigende Erklärungsvariable „Alter" mittels des Familienzyklus-konzepts, welches neben den inneren Verhaltensursachen auch noch den äußeren Handlungsrahmen in die Erklärung einbezieht, zu substituieren. Die Haushaltsgröße erklärte das Zahlen höherer Preise weit besser als es das Alter des Haushaltsvorstands vermochte. Ob mangelnde Einkaufseffizient auch beim Kreditabschluss greift, hinterfragte er nicht.

Ein höherer Geldbedarf und damit eine mögliche Ursache für Verschuldung kann durch das Bezahlen höherer Preise für äquivalente Güter verursacht sein. Die These „die Armen zahlen mehr" behauptet, dass einkommensschwache im Vergleich mit einkommensstärkeren Haushalten für äquivalente höherwertige Gebrauchsgüter mehr Geld ausgeben (Caplovitz, 1963). Auch liegt nahe, dass ein „Leben über den individuellen finanziellen Verhältnissen" als weitere Variable in einem Erklärungsmodell Eingang finden sollte. Dies bedeutet für die Operationalisierung, jede größere finanzielle Ausgabe auf ihre finanzielle Nach-haltigkeit bewerten zu müssen. Da aber Geldausgabe, Nutzenstiftung und finanzielle Möglichkeiten und Konsequenzen meist zeitlich nicht zusammen-fallen, wäre die Erhebung mit sehr großem Aufwand verbunden. Hierzu wurden keine empirischen Arbeiten für industrialisierte Gesellschaften gefunden.

Der „Sozialbericht der Stadt Nürnberg, Band I" (Stadt Nürnberg 2004) wurde im Januar 2004 nach elf Jahren erneut publiziert, als diese Untersuchung bereits weitgehend abgeschlossen war. Er konnte hier nur noch partiell berücksichtigt werden. Dieser Armutsbericht stellt keine direkten Bezüge zum *Leihhaus Nürnberg* her, doch erscheint ein hier aus Gründen des Datenschutzes nicht möglich gewesener Vergleich auf der feinräumigen Ebene der statistischen Bezirke zukünftig vielversprechend, um den Zusammenhang zwischen sozialer Bedürftigkeit und Leihhausnutzung tiefer zu hinterfragen.

Weder die amtliche Statistik noch privatwirtschaftliche Quellen liefern spezifische für eine wissenschaftliche Untersuchung des Leihhauswesens verwendbare Daten. Die Einkommens- und Verbrauchsstichproben des Statistischen Bundesamtes weisen aus dem Jahresbestandswert ermittelte durch-schnittliche Monatswerte der Kreditbelastung der privaten Haushalte von 210 € aus. Die begriffliche Abgrenzung der durch die Einkommens- und Verbrauchs-stichprobe des Statistischen Bundesamts 1993 bzw. 1998 erfassten Nicht-Hypot-hekenkredite hat sich verändert: 1998 wurde diese Menge an restlichen Krediten pauschal als „Raten- und Konsumkredit" bezeichnet, 1993 wurde hier von „sonstigen Krediten" gesprochen und darunter z.b. auch Arbeitgeber- und Fami-lienkredite subsumiert (Statistisches Bundesamt 1997, 21). Da die Position „Sonstige" 1998 aufgelöst wurde und trotzdem 100% des Kreditvolumens erfasst sind, stellt sich die Frage der neuerdings getroffenen Abgrenzung. Zur Beurteilung der kurzfristigen Finanzierungssituation des privaten Haushalts sind die Daten des Statistischen Bundesamtes nicht ausreichend, da Jahreswerte erfasst werden, unterjährige Maßnahmen wie der Kapitalfluss durch Kontokor-rentkredite oder auch Pfandhauskredite mit neun Monaten Laufzeit aber nicht.

Die durch die Deutsche Bundesbank vierteljährlich erhobene Kreditnehmer-statistik erhebt bei den Banken die an „wirtschaftlich unselbständige und sonstige Privatpersonen" vergebenen Kredite mit einer Laufzeit bis zu einem Jahr (kurzfristige Kredite), unterschieden nach Ratenkrediten, Nicht-Raten-krediten und Krediten für den Wohnungsbau. Entsprechend der Systematik der Bundesbank haben kurzfristige Kredite eine Laufzeit bis zu 12, mittelfristige von 12 bis 60 Monaten. Auf dieser Datenbasis können generelle konjunkturelle Effekte erforscht werden, für die deskriptive Analyse des kurzfristigen Finanzierungsverhaltens der Haushalte genügen sie nicht.

Das Statistische Amt der Stadt Nürnberg stellt umfangreiche soziodemo-graphische, ökonomische und kulturelle Daten in seinem Jahrbuch und seinen Quartals- und Monatsberichten zum Untersuchungsraum bereit.

Somit liefert einzig der ZDP e.V. sekundärstatistische Informationen zum Leihhauswesen. Er veröffentlicht jährlich in seinem Geschäftsbericht die Gesamtergebnisse des Pfandkreditgewerbes nach Verpfändungen, vergebenen Darlehen, Versteigerungen und verfallenen Darlehen. Hierfür verwendet er als Grundlage ein 25 Mitglieder umfassendes Panel, von dem aus hochgerechnet wird. Es wäre zu prüfen, ob die Ergebnisse der 25 Pfandhäuser tatsächlich repräsentativ für die gesamte Branche sind.

2.2 Empirische Arbeiten zur Verschuldung

Definitorisch wird unter Verschuldung „jede Form von Zahlungsver-
pflichtungen, die ökonomisch und juristisch geregelt ist und sowohl von
Gläubigern wie Schuldnern ein rollenkonformes Verhalten erwarten lässt"
verstanden (Korczak 1997, 161). „Damit gehört Sich-Verschulden ebenso wie
das Sparen zu den normalen wirtschaftlichen Vorgängen im Lebenszyklus."
(ebenda). Haushalte verschulden sich, um private Investition zu tätigen, um
Vermögen zu bilden, und um - wie bei der Verschuldung zu Konsumzwecken -
die Lebensqualität zu steigern. Verschuldung kann eine finanzielle, moralische
und letztlich auch soziale Belastung für die verschuldeten Haushalte darstellen.
Anders als die Überschuldung ist Verschuldung kein Armutsindikator. Nicht
selten resultiert aber bei Verlust der Kontrolle aus einer Verschuldungssituation
eine Überschuldung.

Überschuldet ist ein Haushalt, wenn die Einkünfte nicht ausreichen, um die
laufenden Verpflichtungen zu erfüllen. Nach Groth liegt Überschuldung vor,
„wenn nach Abzug der fixen Lebenshaltungskosten (Miete, Energie,
Versicherung etc. zzgl. Ernährung) der verbleibende Rest des monatlichen
Einkommens für zu zahlende Raten nicht ausreicht." (Groth 1984, 16). Laut
Bundesministerium für Arbeit und Sozialordnung führt Überschuldung zur
wirtschaftlichen und psychosozialen Destabilisierung der Betroffenen (Bundesministerium für Arbeit und Sozialordnung 2001a, 68). Entsprechend dem Wesen
der Pfandleihe trägt diese nicht zur Überschuldung bei, da keine neuen Schulden
generiert werden.

Die sozialwissenschaftliche Erforschung der Verschuldung und Überschuldung
hat ihren Ursprung in nordamerikanischen Studien über das Konsumverhalten
von Unterschichtfamilien. Es galt den Widerspruch zwischen geringen finanziellen Mitteln und hohen Konsumausgaben zu erklären. Konsum wurde durch
die Forschung als Kompensation verstanden und damit die wachsende Verbreitung von Konsumentenkrediten erklärt (Caplovitz 1963). Daran schloss sich die
Frage im Kontext der rechtssoziologischen „Rechtstatsachenforschung" an, ob
die Ursache von Überschuldung auslösenden Zahlungsverzögerungen beim
Kreditnehmer oder beim Kreditgeber zu suchen seien (Hirseland 1999, 16).

Umfang, Ursachen und Auswirkungen von Verschuldung und Überschuldung
sind aktuelle sozialwissenschaftliche Forschungsfragen in Deutschland. Das

Deutsche Institut für Wirtschaftsforschung (DIW) führte mit Hilfe des sog. Sozioökonomischen Panels (SOEP)[11] seit 1984 eine repräsentative jährliche Befragung privater Haushalte in Deutschland durch. Seit der Einführung einer zusätzlichen Stichprobe im Jahre 2000 werden in West- und Ostdeutschland über 13.000 Haushalte befragt. Die jüngste Veröffentlichung des DIW vom Juni 2003, die auf dem SOEP beruht, beschäftigt sich mit der Höhe der Konsumentenkreditverpflichtungen deutscher Privathaushalte und analysiert die Hintergründe einer zunehmenden Verschuldungsquote in Deutschland (Knies, Spieß 2003).

Gunter Zimmermann verfasste in 2000 eine Dissertation zur Überschuldung privater Haushalte, bei der er auf eine repräsentative Stichprobe der Jahre 1996/97 bei Schuldnerberatungsstellen des Caritasverbandes und des Diakonischen Werkes zugreifen konnte. Zimmermann erstellte ein Profil der überschuldeten Personen und Haushalte, beschrieb deren Lebenslage und Problembereiche und untersuchte Auslöser und Ursachen von Überschuldung (Zimmermann 2000). Dabei konnte der Gang ins Leihhaus weder als ein relevanter Tatbestand identifiziert werden, noch wurde beobachtet, dass dieser aus Sicht der Analyse eine besondere Bedeutung hat. In den Handreichungen der Schuldnerberatungsstellen und in der allgemein hierzu verfügbaren Literatur wird der Pfandkredit nicht gesondert erwähnt, ohne dass Gründe hierfür ersichtlich sind. Ob es sich dabei um einen systematischen Fehler oder eine empirische Konsequenz handelt, bleibt unklar, muss aber hinterfragt werden. Auch geben Verbraucherschützer keine Hinweise zur sinnvollen Nutzung von Pfandkrediten.

Ähnlichen Fragestellungen wie Zimmermann widmete sich Andreas Hirseland in einer soziologischen, empirischen Arbeit zu Schulden in der Konsumgesellschaft (Hirseland 1999). Seine Daten bezog er durch einige biographische Interviews. Mittels deduktiver Analyse bestätigt er die klassischen, Armut oder Verschuldung auslösenden Ereignisse im Familienzyklus, d.h. Vergrößerung oder Verkleinerung des Haushalts und Rückgang des Einkommens. Auch hier wird das Leihhaus nicht als ein möglicher Teil der Verschuldungsproblematik oder als denkbarer Ausweg aufgegriffen.

Die GP Forschungsgruppe des Instituts für Grundlagen- und Programmforschung um Dieter Korczak erforschte im Auftrag des Bundesministeriums für Familie, Senioren, Frauen und Jugend 1992 die Überschuldungssituation in

---

[11] Vgl. Homepage der SOEP-Gruppe: www.diw.de/deutsch/sop/.

Deutschland. Eine auf die neuen Bundesländer bezogene Ver- und Überschuldungsstudie folgte 1997 (Korczak 1997), eine weitere gesamtdeutsche Betrachtung 2001. Darin entwickelte die Forschungsgruppe ein Verschuldungsmodell[12]. Der im Unterschied zu anderen Modellbereichen geringe Detaillierungsgrad im Bereich der Kreditfinanzierung macht deutlich, wie wenig Bedeutung der Liquidierung von Vermögen beigemessen wurde. Dies liegt einerseits darin begründet, dass das Gebrauchsvermögen der privaten Haushalte als sehr begrenzt, entsprechend der geltenden Rechtsauffassung als schwer pfändbar, wenig fungibel und wenig werthaltig eingestuft wird. Dem steht aber das explosionsartige Wachstum des privaten Gebrauchtwarenhandels in Kleinanzeigen, auf Flohmärkten und Internetversteigerungen gegenüber. Korczak gibt keinen Hinweis zu Restriktionen im Einsatz des Gebrauchsvermögens privater Haushalte zu Finanzierungszwecken. Dies liegt zum einen an der schweren Erfassbarkeit dieser wenig transparenten Sekundärgütermärkte, andererseits fürchten die auf den zentralen Informationsbergen sitzenden Unternehmen (Zeitungen, Internet Auktionshäuser, Flohmarktveranstalter) um ihre Betriebsgeheimnisse.

Einkommenswegfall oder –rückgang und Veränderung der Haushaltsgröße sind die beiden als dominierend erkannten und am umfangreichsten erforschten Ursachen der Verschuldung. Deren Erforschung ist vielleicht auch dadurch motiviert, dass beide Ursachen, allein oder in Kombination, in der Sozialpolitik aus Sicht des Betroffenen als gesellschaftliche (äußere) Ursachen wahrgenommen werden. Eine konfliktträchtige Wertung oder gar Zuweisung von Verantwortung an den Betroffenen macht dann keinen Sinn. Zunächst wird im Transferschluss davon ausgegangen, dass diese Ursachen auch eine große Bedeutung für die Ursache der im Pfandkredit endenden Finanzierungsnotwendigkeit haben. Schwieriger und weniger erforscht ist unangepasstes Konsumverhalten, hier verstanden als „Leben über den finanziellen Möglichkeiten". Die Verbraucherschutzgesetzgebung hilft zwar, den Konsumenten vor finanziellen Fehlentscheidungen zu bewahren oder solche zu revidieren, doch kann sie den Konsumenten nicht vor seinem eigenen Willen oder dem Druck seines Milieus schützen. Darum bleibt es eine Aufgabe für die sozialwissenschaftliche Forschung, die finanziellen Entscheidungsprozesse des Konsumenten zu erhellen. Die gesellschaftliche und moralische Bewertung von (Konsum-) Schulden kann die Forschung nicht erbringen, sondern nur Ursachen und

---

[12] Fälschlicherweise wird in dem Modell die Pfandleihe als Verschuldungsangebot mit aufgeführt, es muss der „Liquidierung von Eigentum" zugerechnet werden.

Konsequenzen aufzeigen. Ein Kredit ist ein gewöhnliches Produkt, die Nachfrage danach wird auch durch die Wertbeimessung in der sozialen Gruppe beeinflusst. Darum ist einerseits die soziale Achtung des Pfandkredits zu hinterfragen, auf der anderen Seite könnte milieuspezifischer Umgang mit Geld auch auf die Nachfrage nach Pfandkrediten wirken.

2.3 Verpfändbares Vermögen privater Haushalte

Im Rahmen der Betrachtung der Nutzung von Pfandkrediten privater Haushalte stellt deren Vermögensausstattung eine wichtige Bezugsgröße dar, da verpfändbares Vermögen eine Voraussetzung für die Nutzung von Pfandkrediten ist. Nach wirtschaftswissenschaftlicher Definition hat ein Gegenstand drei Bedingungen zu erfüllen, um dem Vermögen eines Haushalts zugerechnet zu werden (Claupein 1990, 20):

- Er ist als Bestandsgröße erfassbar.

- Der Haushalt muss über ihn die Verfügungsgewalt besitzen.

- Der Gegenstand und die damit verbundenen Rechte müssen einen messbaren Nutzen stiften und dadurch bewertet werden können.

Um als Pfand eingesetzt werden zu können, muss ein Vermögensgegenstand beim Pfandleiher hinterlegt werden können, also transportiert und versperrt werden können und haltbar sein.

Die Vermögensrechnung eines privaten Haushalts beinhaltet wie bei einem Unternehmen die Gegenüberstellung von Vermögen und Kapital zu einem bestimmten Zeitpunkt. Das Bruttovermögen abzüglich fremd finanziertem Vermögen (Schulden) ergibt das Nettovermögen. Das Umlaufvermögen ist für den Verkauf oder den Verbrauch bestimmt. Verpfändbare Gegenstände entstammen dem Umlaufvermögen im Falle von Gebrauchsgegenständen oder könnten im Falle von Schmuck dem Anlagevermögen zugerechnet werden. Das gewerblich genutzte Vermögen eines Haushaltes wird als Produktivvermögen bezeichnet (Abbildung 2-1), das privat genutzte als Konsumtivvermögen. Die „Bonität" im sozialen Umfeld, um z.B. von Freunden einen Kredit ohne Sicherheitshinterlegung zu erhalten, ist Teil des Sozialvermögens. Des weiteren beinhaltet das Sozialvermögen alle Ansprüche gegen die Gesellschaft, wie z.B. Versorgungsansprüche. Das materielle Vermögen privater Haushalte besteht aus monetärem Vermögen wie Bankkonten u.ä., eventuell Immobilienbesitz und Gebrauchsvermögen wie beispielsweise Schmuck, Haushaltsgeräte, etc. Während heute fast nur noch besonders werthaltige Gegenstände des

Gebrauchsvermögens im Leihhauswesen eine Rolle spielen, hatte historisch das Produktivsachvermögen, wie z.B. Nähmaschinen, Werkzeug oder auch Zweiräder eine große Bedeutung.

Abbildung 2-1: Gliederung des Gesamtvermögens eines Haushalts

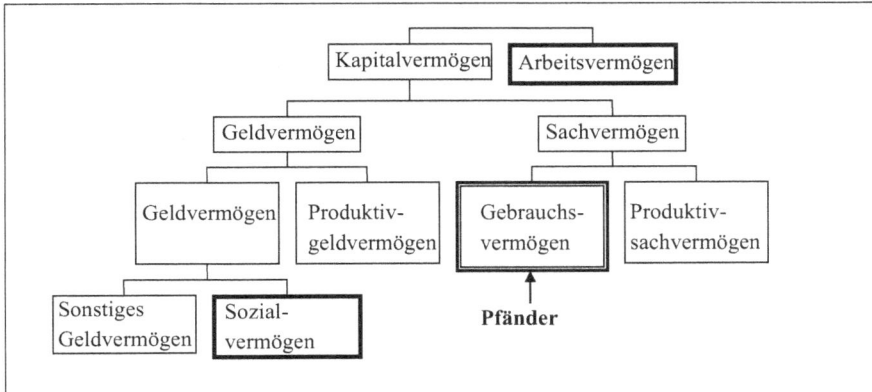

```
                    ┌──────────────────┬──────────────────┐
                    │ Kapitalvermögen  │ Arbeitsvermögen  │
                    └──────────────────┴──────────────────┘
          ┌──────────────────┐              ┌──────────────────┐
          │   Geldvermögen    │              │   Sachvermögen    │
          └──────────────────┘              └──────────────────┘
    ┌──────────────┬──────────────┐   ┌──────────────┬──────────────┐
    │ Geldvermögen │ Produktiv-   │   │ Gebrauchs-   │ Produktiv-   │
    │              │ geldvermögen │   │ vermögen     │ sachvermögen │
    └──────────────┴──────────────┘   └──────────────┴──────────────┘
 ┌──────────────┬──────────────┐              ↑
 │ Sonstiges    │ Sozial-      │           Pfänder
 │ Geldvermögen │ vermögen     │
 └──────────────┴──────────────┘
```

Hinweis: Die dick umrandeten Positionen werden in der verteilungspolitischen Vermögensrechnung nicht erfasst. Das Humanvermögen fällt unter das Arbeitsvermögen.

Quelle: Claupein, E. (1999): Vermögen und Vermögensbildungsprozesse der privaten
Haushalte. 62.

Eine besondere Position nimmt heute das eigene Auto ein. Da es für viele Haushalte, zumindest entsprechend ihrem Lebensstil, für den Weg zur Arbeit notwendig ist, wäre es dem Produktivvermögen zu zurechnen. Entsprechend groß sollte auch seine Bedeutung sein. Dem steht aber der eklatante tatsächliche Wertverfall von Autos gegenüber, der durch den sehr transparenten Gebraucht-wagenmarkt und entsprechende Preislisten, wie z.B. Schwacke, dokumentiert ist. Einige Leihhäuser beleihen speziell Autos.

Zur Abschätzung des Zugangs privater Haushalte zu Pfandkrediten ist die Kenntnis von deren Vermögensausstattung notwendig. Die Vermögenssituation eines Haushalts ist im Vergleich mit anderen Lebenslagemerkmalen sehr schwer zu erheben. Darum wird in der Literatur bei Erhebungen und Analysen zur finanziellen Ausstattung der Haushalte auf die Einkommenssituation abgestellt. Übliche Bewertungsmaßstäbe für das Vermögen beruhen auf Schätzungen und

Berechnungen.[13] Je nach Zweck der Bewertung kommen der Anschaffungswert (Herstellung), der Marktwert (Veräußerungs- oder Zeitwert), der Ertragswert oder der Wiederbeschaffungswert zur Anwendung. Für die Gebrauchsgegenstände des privaten Haushalts ist der Marktwert relevant.

Die Wertschätzung eines Gutes durch ein Individuum, damit die Zahlungsbereitschaft auf Seiten des Pfandleihers oder die untere Preisgrenze im Verkaufsfall bzw. bei der Verpfändung durch den Kreditsuchenden wird mikroökonomisch mittels der Nutzenfunktion theoretisch hergeleitet. Die quantitative Nutzenermittlung geschieht durch Anlegen einer kardinalen Verhältnis- oder Intervallskala. Ein homogenes Gut wird durch seinen stofflich-technischen Grundnutzen charakterisiert. Hierzu zählen z.B. der Materialwert, die Ertragskraft, die Restlebensdauer und die Desinvestitionskosten bzw. -erlöse. Bei dieser Betrachtung bleiben die Einflüsse der sozialen Sphäre außer acht. So können gemäß der Nutzenleiter der Nürnberger Schule für verhaltenswissenschaftliche Verbrauchsforschung subjektive Nutzenkomponenten hinzu addiert werden (Claupein 1990, 54):

- Zusatznutzen (seelisch-geistiger Art)
  - Geltungsnutzen aus der sozialen Sphäre, z.B. Prestige
  - Erbauungsnutzen aus der persönlichen Sphäre, Gegenstände, zu denen eine persönliche Beziehung besteht
    - Nutzen aus Leistung, z.B. einziges und notwendiges Fahrrad des Haushalts
    - Nutzen aus Wertung: ästhetischer und ethischer Nutzen, z.B. einfaches geerbtes Schmuckstück

Auch ohne Auto und Stereoanlage könnten die Menschen gut leben, doch werden mit dem Kauf von Konsumgütern noch andere als das die rein materielle Wertbeimessungen verbunden. Nach Mary Douglas können drei Konsumzwecke unterschieden werden: „material welfare, psychic welfare, and display. The first two are needs of the individual person: the need to be fed, clothed, and sheltered, and for peace of mind and recreation. The last is a blanket term that covers all the demands of society." (Douglas, Isherwood 1979, 3-4). Der Mensch braucht als soziales Wesen Konsumgüter zur Kommunikation mit

---

[13] Das für die steuerliche Bemessungsgrundlage maßgebliche Bewertungsgesetz nennt drei Wertansätze: Den gemeinen Wert, den Teilwert und den Ertragswert.

anderen, und um seine Stellung für die anderen sichtbar zu machen. "His overriding objective as a consumer, put at its most general, is a concern for information about the changing cultural scene." (ebenda, 95). Güter weisen einen milieuspezifischen Wert auf.

Die subjektiven Nutzenkomponenten sind für typische Pfänder aus dem Gebrauchsvermögen eines Haushalts meist persönlicher Art und werden von einer Dritten Person, hier dem Schätzer im Leihhaus, nicht als preissteigernder Nutzen bewertet. Verbrauchsgegenstände eines Haushaltes können allgemeingültig nur mittels ihres stofflich-technischen Nutzens zu einem Zeitwert (Marktpreis) bewertet werden. Ausnahmen hiervon bilden in einer großen potenziellen Käufergruppe erzielbare Preiszuschläge aufgrund von Sammelleidenschaft oder anderer subjektiv erhöhter Wertschätzung. Ein milieuspezifischer Geltungsnutzen aus der sozialen Sphäre ist z.B. der Markenwert einer Uhr (z.B. Rolex), deren Uhrwerk sich nicht von einer beliebigen Uhr unterscheidet.

Doch über welche verpfändbaren Vermögensgegenstände verfügen die potentiellen Leihhauskunden? Hochwertige Gebrauchsgegenstände gehörten im bürgerlichen Haushalt zu Generationen übergreifendem Familienbesitz. Erst gegen Ende des 19. Jahrhunderts waren gehobene Dinge des täglichen Bedarfs größeren Kreisen verfügbar. Mit der Verkleinerung der Wohnungen, Umzüge durch Flucht, Vertreibung oder Beruf und der verstärkten Nutzung von extern erbrachten Dienstleistungen und Vorprodukten verloren die Dinge des täglichen Bedarfs an Bedeutung und wurden durch Gegenstände für Freizeit, Unterhaltung und Bildung ersetzt. Ab den 1950er Jahren nahm der relative Anteil des Sachvermögens langsam ab (Miegel 1983, 184), während die Ausstattung der Haushalte mit technischen Gütern in der Wirtschaftswunderzeit zunahm. Die Nachkriegsgenerationen trennen sich schneller von „alten" Dingen, lassen sich stärker durch Trends zum Entsorgen und Neubeschaffen motivieren und stehen weniger unter dem Einfluss der Tradition der Bewahrung des Familienvermögens.

Für private Haushalte in Deutschland liegt frei verfügbar nur ihr Ausstattungsgrad mit bestimmten Gebrauchsgegenständen vor (Statistisches Bundesamt 1999 und 2001c). Heinrich Schlomann zeigte, dass das Gebrauchsvermögen bei jungen, im Aufbau ihres Haushalts befindlichen Familien, unabhängig von ihrer Einkommenssituation, einen großen Teil ihres Vermögens ausmachte (Schlomann 1989, 14ff). Für die USA ermittelte er für 1982 ein durchschnittliches Gebrauchsvermögen von armen Familien von ca. 9.000 USD, welches er aber als nicht in Geld transformierbar einstufte (ebenda, 18). Darüber hinaus stellt sich die Frage nach der Bedeutung des Sozialvermögens in Abhängigkeit von der Lebensphase und –lage und der Möglichkeit, es für kurzfristige Finanzierungsengpässe „mobilisieren" zu können. Während das Gebrauchsvermögen direkt mit dem Aufbau von Familie und Haushalt bis zu einer Sättigungsgrenze mitwächst, wächst das institutionalisierte Sozialvermögen in Form von Versicherungs- und Versorgungsansprüchen mit der Dauer der Berufstätigkeit. Doch sind diese Ansprüche nicht für kurzfristige Geldsorgen liquidierbar.

Das informelle, schwer quantifizierbare Sozialvermögen in Form von persönlichen Beziehungen, Einbettung in Netzwerken, Kenntnis von gesellschaftlichen Strukturen und mobilisierbaren Ressourcen muss nicht stetig wachsen. Gerade wenn Armut auslösende Ereignisse auch schrittweise offene oder versteckte soziale Ausgrenzung mit sich bringen oder Weiterbildung nicht erfolgt, kann das Sozialvermögen stark abnehmen. Auch ist nicht klar, wie das mobilisierbare informelle Sozialvermögen mit dem eigenen Milieu zusammenhängt. Tatsächliche Hilfsbereitschaft könnte bezogen auf das Einkommen in einkommensärmeren sozialen Gruppen stärker verbreitet sein als z.B. unter Mitgliedern eines edlen Clubs. Es stellt sich die Frage, ob das informelle Sozialvermögen auch in der Lage ist, konkrete finanzielle Bedürfnisse zu erfüllen, oder ob es nicht bevorzugt Unterstützung mit zwar materieller, aber nicht finanzieller Hilfe bietet. Hierzu sind die klassische Nachbarschaftshilfe bei handwerklichen Tätigkeiten, Nachhilfe, Tauschbörsen oder Seniorenpflege im Verwandtschaftskreis zu zählen. Die Ausbreitung des bargeldlosen Zahlungsverkehrs hat in Deutschland auch dazu geführt, dass direkte Unterstützung in vertragsfreien sozialen Netzen seltener wird: Einem Freund kann man mit seiner Geldkarte formlos nicht weiterhelfen, hierzu wäre der gemeinsame, eher entwürdigende Gang zum Geldautomaten notwendig.

Der Zusammenhang zwischen Milieu und individueller Strategie der Vermögensverwendung wurde durch Erika Claupein in einer allerdings älteren Studie zu „Vermögen und Vermögensbildungsprozessen der privaten Haushalte" deduktiv abgeschätzt (Claupein 1990, 150f). Claupein schloss monokausal von einem empirisch im jeweiligen Milieu erhobenen Wertesystem auf das Spar- und Konsumverhalten der zugeordneten sozialen Gruppen. Die Bedeutung des bereits verfügbaren Vermögensbestandes berücksichtigte sie nur indirekt durch die grobe Abschätzung der Haushaltsausstattung. Es ist jedoch naheliegend, dass vermögendere Haushalte ein höheres Einkommensniveau realisieren und bei etwa gleichen Konsumausgaben eine höhere Sparleistung erbringen bzw. einkommensarme Haushalte gar nicht die Möglichkeit zur

Bildung von Ersparnissen haben. Aber es gilt auch, dass „aus einem bestimmten Vermögensbestand nicht zwingend auf eine Lebensform oder einen Lebensstandard geschlossen werden kann" (ebenda, 164). Stattdessen können diese Haushalte über andere, teuere, evtl. im Pfandhaus nicht akzeptierte Vermögensgegenstände, wie z.B. Maßkonfektion verfügen (vgl. Sinus Sociovision 2002). Nach Mary Douglas sind die zur Schau gestellten Konsumgüter insbesondere eine Form milieuspezifischer Kommunikation: „It draws on the meanings of the hallmarking (Anm.: Feingehaltsstempel) of gold and silver" (Douglas, Isherwood 1996, 51). Darum kann aus der Verfügbarkeit bestimmter Pfänder, insbesondere schwerem Goldschmuck, bei Leihhauskunden auf deren Milieuzugehörigkeit geschlossen werden.

2.4 Konsumkreditverschuldung privater Haushalte

Eine weiterhin geltende Definition für den Kredit lieferte Max Weber in „Wirtschaft und Gesellschaft": „„Kredit" im allgemeinsten Sinn soll jeder Abtausch gegenwärtig innegehabter gegen Eintausch der Zusage künftig zu übertragender Verfügungsgewalt über Sachgüter gleichviel welcher Art heißen." (Weber 1972, 42). Dabei wird keine Aussage über die Wertrelation zwischen gewährtem Kredit und später fälliger Gegenleistung getroffen. Max Weber sah im Kredit zunächst die Chance für beide Seiten, Mehrwert zu schaffen und diesen zu teilen: „Austausch gegenwärtig fehlender, aber für künftig im Überschuss erwarteter Verfügungsgewalt einer Wirtschaft über Sachgüter oder Geld – gegen derzeit vorhandene, nicht zur eigenen Verwertung bestimmte Verfügungsgewalt einer anderen." (Weber 1995, 42). Doch führte er weiter aus „Kredit kann zum Zwecke der Befriedigung gegenwärtiger unzulänglich gedeckter Versorgungsbedürfnisse (Konsumtivkredit) genommen werden. Im ökonomischen Rationalitätsfall wird er dann auch nur gegen die Einräumung von Vorteilen gewährt. Doch ist dies (bei dem geschichtlich ursprünglichen Konsumtions-, insbesondre beim Notkredit) nicht das Ursprüngliche, sondern der Appell an Brüderlichkeitspflichten" (ebenda, 43), die Nutzung des Sozialvermögens durch den Bedürftigen. Die Einräumung von zukünftigen Vorteilen basiert auf einem Kompromiss zwischen der unterschiedlichen relativen Bewertung der zukünftigen Entwicklung und der damit verbundenen zukünftigen Wertmaßstäbe des Kreditgebers und –nehmers. Diese zukünftigen Wertmaßstäbe können durch äußere Umstände wie z.B. Inflation oder durch innere Umstände wie z.B. Haltbarkeit des Pfandes oder kulturelle Handlungsmaximen und Wertvorstellungen bestimmt sein (vgl. Schrader 2000d, 41).

Kredit dient seit dem zweiten Weltkrieg in wachsendem Maße der Konsumfinanzierung. Die Deregulierung des Konsumentenkredits 1967 war der Startschuss für dessen Siegeszug. Die Freigabe der Zinsen und der Werbung beschleunigte die rasante Verbreitung des von Geldinstituten angebotenen Konsumentenkredites. Mit ihrem parallel aufgebauten Filialnetz und der Werbung erreichten sie alle Dörfer. In den vergangenen 20 Jahren hat sich die Zahl der abgeschlossenen Konsumentenkredite fast verdreifacht (Nürnberger Nachrichten vom 20.1.2003)[14]. Der Kontokorrentkredit ist die heute dominierende Form des kurzfristigen Kredits.

Zu den gegenwärtigen Entwicklungen gehört der zunehmend offensivere Kreditverkauf durch die Banken. Hierunter fällt auch die Gewinnung weiterer Kreditnehmer im Marktsegment älterer Menschen durch Aufhebung geltender Höchstalter Beschränkungen. Risikotests zeigten, dass ältere Kreditnehmer über Jahre hinweg aufgrund ihrer Lebenserfahrung und ihres verantwortungsbewussten Handelns trotz des hohen Sterblichkeitsrisikos kreditwürdig sind (*sechsundsechzig/Hypovereinsbank* vom Juni 2003). Eine weitere Maßnahme ist die beschleunigte Kreditentscheidung, auch im online Vertrieb. Vor dem Hintergrund der Neufassung der Eigenkapitalrichtlinie bei der Kreditvergabe (Basel II) sollen die Risiken stärker dem verursachenden Kunden angelastet werden, er also bei schlechter Bonität höhere Zinsen zahlen, ohne dass ihm die Gründe offen gelegt werden. Problematischer ist die Ausgrenzung bestimmter Risikogruppen auch von minimalen Bankleistungen wie einem reinen Guthabenkonto (Hess 2004). Darum wird das Grundrecht auf ein Girokonto diskutiert.

Im Folgenden wird nach den Ursachen eines außergewöhnlichen oder ungeplanten Geldbedarfs gefragt. Dies kann die Ursache für die Aufnahme eines Pfandkredits sein, sofern sich der Finanzierungsbedarf in der für einen Pfandkredit typischen Größenordnung einiger Hundert Euro bewegt. Die individuelle Ver- oder Überschuldung wird durch Umgebungsfaktoren und Persönlichkeitsmerkmale bestimmt (Schufa 2003). Zu ersteren gehören der Angebotsdruck (Marketing) der Kreditwirtschaft und der Konsumwirtschaft und die Lebenslage. Der Person zuzurechnen sind ihre sozioökonomische Situation (Einkommen, Vermögen, Stellung im Familienzyklus), ihre Persönlichkeitsmerkmale (Risiko-

---

[14] Die auf Ratenkredite spezialisierte Norisbank konnte in 2002 den Neuumsatz mit dem standardisierten Konsumentenkredit „easy credit" um 22 % steigern (Süddeutsche Zeitung vom 8.5.2003).

einstellung, Rationalität, Lebensstil[15]) und die Grundlagen ihres Entscheidungs-
verhaltens (Bildung, Planung) (Hirseland 1999, 17). Zusätzlich sind „kritische
Lebensereignisse" im familiären und beruflichen Bereich ein Anlass, der zum
Einstieg in die mögliche Verschuldungsspirale führt. Bei Haushalten, die unter
relativer Deprivation, d.h. „Verarmung" auf hohem Niveau leiden, wären
aufgrund der gehobenen Vermögenssituation potenzielle Pfänder zu erwarten.

Die plausiblen Heuristiken von Schuldnerkarrieren basieren auf der
grundlegenden Annahme einer besonderen Situation: Es gibt einen Zeitpunkt, ab
dem bestehende Schulden mittels neu aufgenommener Schulden bedient werden
und damit die Tilgungskosten exponentiell zu wachsen beginnen. Dies kann ein
Motiv sein, einen Pfandkredit aufzunehmen, um weiterer Zinsforderungen bei
ungewissen Rückzahlungsmöglichkeiten zu entgehen. Neben der Erhöhung der
Schulden durch Altschulden ist auch von einer Verschlechterung der
Finanzierungskonditionen und dem Entstehen weiterer Kosten wie Strafzinsen,
Mahngebühren und Gerichtskosten auszugehen. Neben der psychischen
Belastung führt auch der immer kleiner werdende freiverfügbare Einkommens-
teil zu dem beginnenden sozialen Abstieg der Betroffenen. Die Angst vor
sozialer Stigmatisierung führt zu einer zu späten Inanspruchnahme von Hilfsan-
geboten. Diese Personen unabhängigen Ursachen werden durch personale
Anlässe objektiver Art wie Scheidung oder Arbeitslosigkeit oder auch
subjektive Probleme wie einen zu „lockeren" Lebensstil ergänzt.

Unterstellt man eine zeitliche Nähe und einen kausalen Zusammenhang
zwischen einem Einkommensverlauf im Bereich der Armutsgrenze[16] und der
Ausweitung von Schulden, so macht es Sinn, Ergebnisse aus der Armuts-
forschung mit der Entwicklung der durch externe Ereignisse angestoßenen
Verschuldung privater Haushalte oder deren mögliche Nachfrage nach Pfand-
krediten zu vergleichen. Dabei bleibt offen, ob derartige Ereignisse die
Gewährung (weiterer) Kredite erlauben oder auch die Kosten bestehender
Verbindlichkeiten erhöhen. Es stellt sich die Frage, ob ärmere Haushalte für das

---

[15] Definition: „Als Kategorie der kultursoziologischen Zeitdiagnose bezeichnet Lebensstil ein
Mittel der (sub-)kulturellen Einbindung und eine Form der Selbstpräsentation des
Individuums, die Zugehörigkeit zu einem bestimmten sozialen Milieu demonstrierend."
(Fuchs-Heinritz et al 1994, 394).
[16] Die Armutsgrenze ist politisch festgelegt, z.B. 50% des Äquivalenzeinkommens. Die
unterschiedlichen Definitionen des Äquivalenzeinkommens verfolgen alle das Ziel, das
Einkommen unterschiedlich großer und unterschiedlich zusammengesetzter Haushalte
vergleichbar zu machen.

gleiche netto Finanzierungsvolumen bei Banken höhere Preise bezahlen und damit sich automatisch stärker verschulden oder deshalb eine höhere Präferenz für Kreditnehmer unabhängig vergebene Pfandkredite zeigen. Hiervon ist zunächst auszugehen, da der Darlehenszinssatz neben den Refinanzierungs- und Abwicklungskosten auch das Ausfallrisiko der Bank beinhaltet. Bei gleicher Darlehenshöhe könnten für die Bank einkommensärmere Haushalte ein höheres Ausfallrisiko als reichere darstellen. Darum werden ärmere Kreditnehmer für ein Bankdarlehen einen höheren Preis zahlen müssen. Diese Betrachtung greift aber zu kurz, da weitere Faktoren Einfluss haben:

- Gleichmäßigkeit des Einkommens und Bonität des Arbeitgebers,

- Verhandlungs- und Darstellungsgeschick des Kreditnehmers,

- Markttransparenz und „Beschaffungsaufwand" des Kreditnehmers,

- Kostenstruktur des Kreditgebers,

- Ethik und Moral des Kreditnehmers und des Kreditgebers.

Im Leihhaus spielen diese Aspekte keine Rolle, jeder Kreditsuchende wird gleichbehandelt: Nur der Materialwert, nicht die Kreditwürdigkeit der Person wird beliehen. Somit ist davon auszugehen, dass ein ärmerer Haushalt relativ gesehen im Leihhaus zwar fairer bewertet wird, da nur sein Pfand interessiert, doch hilft ihm das nicht weiter, solange die Kosten im Leihhaus trotzdem über denen der Bank liegen sollten. Andererseits zeigt ein aktuelles Beispiel der wachsenden Intransparenz von Kreditkosten bei Banken für ärmere Haushalte (Öchsner 2003), dass der Pfandkredit nicht unbedingt teurer sein muss, aber er ist in jedem Fall transparenter in seinen Kosten.

Schulden bewältigen zu können, setzt zumindest voraus über eine bestimmte Zeitspanne hinweg ein niedrigeres Lebenshaltungsniveau und gegebenenfalls einen verminderten sozialen Status mit geringerem Prestige zu bewältigen und einen neuen Haushaltsstil zu finden. Unterstützung leisten beispielsweise Schuldner- und Verbraucherberatungen. „Deren Inanspruchnahme ist für die Betroffenen jedoch nicht selbstverständlich. In einer labilen Situation, die leicht zu Rückzug aus und Partizipationsverlust an Gesellschaft führen kann, unterbleiben häufig die notwendigen Informations- und Kommunikations-schritte." (Bundesministerium für Arbeit und Sozialordnung 2001a, 71).

Nicht selten führt die unbewältigte Verschuldung in eine Überschuldung. Zumeist entsteht die Verschuldungssituation - ausgelöst durch Arbeitslosigkeit und Niedrigeinkommen - durch Probleme der Haushaltsführung und des

Marktverhaltens (Haushalt, Konsum und Kredit) sowie Änderungen der Lebensbedingungen (Tabelle 2-1). Bildungsdefizite können diese Faktoren verstärken. Die Kausalität dieser Hypothesen ist nicht verifizierbar, da z.B. Überschuldung auch Anlass für eine Ehescheidung sein kann. Auch können die Veränderungen der Lebenslage unabhängig vom Wohlstandsniveau Ver- und Überschuldung auslösen (relative Deprivation[17], vgl. Schrader 2000c, 9). Pfandkredite allein tragen nicht zur Überschuldung bei. Da auch die üblichen Schmuckpfänder keine Dinge des notwendigen täglichen Bedarfs darstellen, verliert der Haushalt zwar durch den möglichen Verlust der Pfänder Vermögen, doch sind die materiellen Folgen ungleich weniger dramatisch als die Überschuldung mit den sich unbegrenzt aufhäufenden Zinslasten (ebenda, 7). Insofern könnte der Pfandkredit anstelle eines konventionellen Kredits zur Verhinderung von Überschuldung beitragen, solange Pfänder verfügbar sind und zukünftig wachsende Einnahmen erwartet werden.

Tabelle 2-1: Auslösende Faktoren der Überschuldung

Faktoren, Bundesgebiet 1999, Mehrfachnennung möglich	%
Arbeitslosigkeit	38
Trennung/Scheidung	22
Unerfahrenheit gegenüber Kredit- u. Konsumangebot	20
Dauerhaftes Niedrigeinkommen	19
Missverhältnis Kredithöhe-Einkommen	14
Suchtverhalten	10
Krankheit/Unfall/Tod	9
Suchtartiges Kaufverhalten	7
Geburt eines Kindes	6
Nichtinanspruchnahme von Sozialleistungen	3

Hinweis: Basis war eine Erhebung bei Schuldnerberatungsstellen im Jahr 2000.

Quelle: Korczak, D. u.a (2001b): Überschuldung in Deutschland zwischen 1988-99 - nach: Bundesministerium für Arbeit und Sozialordnung 2001a, 113.

Hirseland stellte fest, dass „einkommensschwache Haushalte überdurchschnittlich häufig bei (auch sittenwidrig) teuren und/oder unseriösen Kreditgebern

---

[17] Definition: "Wahrgenommene Diskrepanz zwischen den Werterwartungen der Menschen und ihren Wertansprüchen, d.h. als eine Diskrepanz zwischen den Gütern und Lebensbedingungen, die ihnen nach eigener Überzeugung zustehen, und den Gütern und Bedingungen, die sie ihrer Meinung nach tatsächlich erlangen und behalten können" (Gurr 1970, 268).

verschuldet waren, so dass offensichtlich ein Zusammenhang zwischen relativer Armut und prekären Kreditgeschäften besteht, welcher das Überschuldungs-risiko vergrößert." (Hirseland 1999, 16). Tatsächlich waren die größten Gläubiger überschuldeter Haushalte Kreditinstitute - sowohl in West- als auch in Ostdeutschland (Tabelle 2-2). Leihhäuser wurden per Definition in dieser Aufstellung nicht erfasst.

Tabelle 2-2: Gläubiger der überschuldeten Haushalte

Gläubiger im Bundesgebiet 1999	Gläubigergruppen, in %	
Mehrfachnennung möglich	Alte Länder	Neue Länder
Kreditinstitute	72	56
Inkasso-Unternehmen	40	50
Versandhäuser	32	42
Versicherungen	24	30
Finanzämter	18	21
Vermieter	16	32
Justizbehörden	18	19
Telefongesellschaften	27	25
Energieversorger	13	24

Hinweis: Basis war eine Erhebung bei Schuldnerberatungsstellen im Jahr 2000.

Quelle: Korczak, D. u.a (2001b): Überschuldung in Deutschland zwischen 1988-99 - nach: Bundesministerium für Arbeit und Sozialordnung 2001a, 114.

Während die Über- und Verschuldung gegenüber den Geldinstituten leicht und stetig zurückging, nahmen die Meldungen von Mobilfunkgesellschaften bei der Schufa in den vergangenen drei Jahren zu (Schufa 2003). Dabei ist die Definition von Einkommensschwäche zu hinterfragen, da heute neben der durchschnittlichen Höhe verstärkt auch die zeitliche Fluktuation des Einkom-mens Liquiditätsengpässe verursacht. Je nach Dauer eines Engpasses kann ein Pfandkredit ein mögliches Fehlverhalten, z.B. das Verdrängen bestehender Schulden oder Selbsttäuschung über die eigene Tilgungsfähigkeit, verhindern und somit den Schuldner vor unseriösen Gläubigern schützen. Der Anteil der Drei- und Mehrpersonenhaushalte (Westdeutschland) an den Haushalten mit Konsumkrediten liegt wesentlich höher als ihr Anteil an allen Haushalten (Tabelle 2-3). Alleinlebende Männer verschulden sich deutlich stärker als Frauen. Mit wachsender Haushaltsgröße steigt der Anteil von Kreditnehmer-haushalten. In den alten Bundesländern sind typische Familienhaushalte mit drei bzw. vier Personen weitaus weniger stark unter den Kreditnehmerhaushalten vertreten als in den Neuen Bundesländern.

Tabelle 2-3: Haushalte mit Konsumentenkrediten nach Größe

Haushaltsgröße, alte Bundesländer 1998	Anteil an Haushalten %	Anteil an Kreditnehmer- haushalten, %
alleinlebende Frau	27	11
alleinlebender Mann	14	22
alleinerziehende Frau		
mit einem Kind <18J	2	26
mit mehreren Kindern <18J	3	28
Paare ohne Kind	33	15
mit einem Kind <18J	8	27
mit 2 Kindern <18J	10	27
mit 3 oder mehr Kindern <18J	3	28

Quelle: Statistisches Bundesamt FS 15, Heft 2 (2001, 94ff).

Ein besonderes Phänomen sind junge Schuldner (Abbildung 2-2). Die Zahl der 20- bis 24-Jährigen, die wegen einer eidesstattlichen Versicherung oder Privatinsolvenz gemeldet waren, erhöhte sich seit 1999 um fast ein Drittel auf rund 174.000 Einträge (Schufa 2003).

Abbildung 2-2: Anteil privater Haushalte mit Konsumentenkreditschulden nach Alter des Haupteinkommensbeziehers

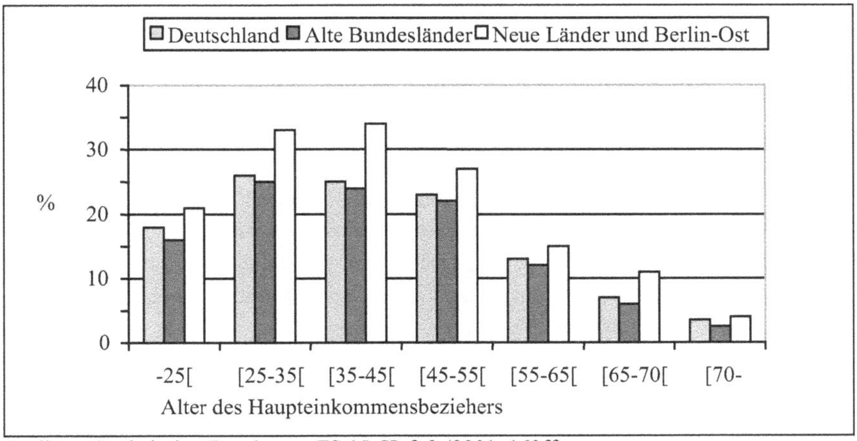

Quelle: Statistisches Bundesamt FS 15, Heft 2 (2001, 160ff).

Insgesamt ist die Zahl der überschuldeten Bürger 2001/02 um etwa 7,5% (von 2,05 Mio. auf 2,2 Mio. Personen) gestiegen. Dem SOEP zufolge sank die durchschnittliche monatliche Konsumkreditbelastung der privaten Haushalte (Zinsen,

Nebenkosten und Tilgung) bundesweit erstmals wieder in 2001 auf ca. 210 € pro Monat, nach einem mehrjährigen kontinuierlichen Anstieg von ca. 5% p.a.

Die Aufnahme eines Pfandkredits stellt keine Verschuldung dar, da der Anspruch des Gläubigers bereits vorne unter Vorbehalt durch die Rechte an dem hinterlegten Pfand bis zur Höhe der Beleihung und der Kosten, eingeräumt wurde. Für jemanden, der sich vor Schulden fürchtet, stellt dies gegenüber der mit einem konventionellen Kredit verbundenen Verpflichtung auch psychologisch einen grundlegenden Vorteil dar.

Der Pfandkredit als Alternative zum konventionellen kurzlaufenden Kredit stellt ein sinnvolles Angebot dar, um Schuldnerkarrieren frühzeitig zu begrenzen. Er schützt den Schuldner vor eigenen kaufmännischen und psychologischen Schwächen, indem er das Risiko auflaufender Zinsen bei verzögerter Tilgung vermeidet. Aufgrund des zu verpfändenden Gegenstandes bildet er eine für viele Schuldner nicht anschaulich vorstellbare Kreditsumme und ihre Zinslasten sofort, noch vor Vertragsabschluß, in die reale Güterwelt ab. Sollte es sich bei dem Pfand um einen Gegenstand mit hoher individueller Wertbeimessung handeln, wird das Bestreben, den Kredit zügig abzulösen, beim Schuldner hoch sein. Auch sollte die bis dato notwendige persönliche Überbringung der Zinszahlung ein weiteres Regulativ sein, anders als bei der diskreten Abbuchung der monatlichen Zinslast von einem (überzogenen) Girokonto. Der Betreuer im Leihhaus könnte theoretisch auch als Schuldnerberater fungieren, wenn auch dafür kein Eigeninteresse ersichtlich ist.

2.5 Untersuchungsrahmen und Aufbau

Die Untersuchung wurde durch Herrn Prof. Heiko Schrader (Otto-von-Guericke-Universität Magdeburg) begleitet und unterstützt durch den ZDP e.V., vertreten durch dessen Geschäftsführer Herrn Dr. Klaus German, zahlreiche Inhaber von Leihhäusern in ganz Deutschland und besonders auch den Vorständen und dem Direktor des *Leihhaus Nürnberg*. Ohne die engagierte Unterstützung dieser Personen wäre der Zugang zu den Datengrundlagen nicht möglich gewesen. Die durch das *Leihhaus Nürnberg* bereitgestellten umfangreichen Informationen aus der *Datenbank* des Unternehmens sind bislang für die Wissenschaft einmalig.

Mittels einer wirtschaftssoziologischen Untersuchung (Abgrenzung in Kapitel 3) werden die Ausgangssituation der Pfandkreditnehmer und ihr Verhalten theoriebildend analysiert (Kapitel 4). Zur Auswertung der *Datenbank* wurden eigene statistische Auswertemethoden für Zeitreihen entwickelt, um abstrahierte verallgemeinerbare Aussagen zu gewinnen (Kapitel 5). Dabei wird aufbauend auf den vorliegenden überwiegend ökonomischen Erkenntnissen über die Institution „Leihhaus" in dieser Nische des Finanzgewerbes mittels wirtschafts-soziologischer handlungsorientierter Ansätze das Bild der Person des Pfand-kreditnehmers dargestellt. Die Struktur der Untersuchung baut auf Erkennt-nissen und Erfahrungen einer Erhebung von Schrader (Schrader 2000c) bei Pfandkreditnehmern und Betreibern von Leihhäusern in St. Petersburg (Russland) aus dem Jahr 1999 und auf einem von ihm geleiteten studentischen Projekt in Magdeburg im Jahr 2001 auf. Ein Leihhaus bietet entsprechend den vorliegenden Erfahrungen (ebenda) den geeigneten institutionellen Rahmen, um die eigentlichen Forschungsobjekte, die Pfandkreditnehmer, zu erreichen. Aufgrund der geringen Verbreitung des Pfandkredits ist es sehr unwahrschein-lich, unter einer zufälligen Stichprobe der Bevölkerung einer deutschen Stadt mit Pfandhaus mehr als 3% Pfandkreditkunden zu treffen. Während in der gesamten Bevölkerung das Leihhaus als Geldgeber nicht im Bewusstsein veran-kert ist (vgl. Baumgartner 1982, 129), haben die Leihhäuser eine sehr hohe Kundenbindung (70% Stammkundschaft nach Presse-Informationen des ZDP e.V., 2002).

Um bei der Stichprobengröße der *Kundenbefragung* und der *Vergleichsgruppe* (je 41 Befragte) und wenigen narrativen Fallbeispielen die Menge an Einfluss-größen theoriebildend zu berücksichtigen, wurden für die Untersuchung Prioritäten gesetzt. Aufgrund der starken Alleinstellungsmerkmale des Pfand-kredits im Vergleich mit anderen kurzfristigen Darlehen, wurde nach den Gründen für die Entscheidung zugunsten des Pfandkredits geforscht, ohne eine Vergleichsgruppe nach ihren Gründen für die Ablehnung zu fragen, denn dies hätte den Rahmen dieser Untersuchung gesprengt.

Als Untersuchungsraum wurde die Großstadt Nürnberg gewählt (Kapitel 6.2). Hier sind drei allgemeine und ein Kfz-Leihhaus angesiedelt. Die Untersuchungs-ergebnisse erheben den Anspruch für das Leihhauswesen in Deutschland repräsentativ zu sein. Deutschland ist neben Großbritannien der größte Pfand-leihmarkt in Westeuropa. Der deutsche Markt für Pfandkredite ist ein Refugium weniger großer Filialisten und vieler kleiner, ausschließlich einheimischer Anbieter, meist Familienunternehmen. Expansionsinteressierte russische Leih-häuser bevorzugten Gründungen in den USA (Schrader 2000a, 212f). Dennoch zeichnet sich seit dem Jahr 2002, bedingt durch Betriebsübernahmen und um flankierende Dienstleistungen erweiterte Expansionskonzepte, etwas Bewegung unter den Anbietern ab. Allgemeine Informationen zur Vorbereitung und

Durchführung der Erhebungen wurden in Gesprächen mit Experten in ganz Deutschland erhoben.

Entsprechend ihrer wirtschaftssoziologischen Einordnung fokussiert diese Arbeit auf die Nachfrageseite, also die Pfandkreditnehmer. Zum Verständnis der Implikation der Anbieter auf die Nachfrageseite wurden diese auch analysiert. Die Anbieter, nämlich deutschlandweit ca. 230 Leihhäuser, zeichnen sich durch eine offensichtlich einfache Struktur aus. Im Frühjahr 2003 wurde die *Geschäftsführerbefragung*, eine Vollerhebung bei den allgemeinen Leihhäusern in Deutschland mit Unterstützung des ZDP e.V., durchgeführt (Kapitel 6).

Der Untersuchungszeitraum erstreckt sich auf die Jahre 1999 bis 2003. Die zufälligen Stichproben der direkten *Kundenbefragung* und der *Vergleichsgruppe* erfolgte in den Jahren 2002 und 2003, die *Datenbank* deckte über einhunderttausend Beleihungen von 4.000 zufällig und anonym ausgewählten Kunden in den Jahren 1999 bis 2003 ab (Kapitel 7). Der Zeitraum der Untersuchung war geprägt durch den Beginn und die Festigung der wirtschaftlichen Schwäche in Deutschland. Die Arbeitslosigkeit erreichte mit über 4,6 Mio. als arbeitslos registrierten und anerkannten Personen einen neuen Nachkriegshöchststand. Die deutsche Wiedervereinigung war weit von ihrem wirtschaftlichen Ziel „gleicher" Prosperität in Ost und West entfernt. Die Schwarzarbeit soll 5-17% des Bruttoinlandsproduktes erreicht haben und einzig die im Jahr 2003 erleichterte Schaffung von sogenannten Minijobs (Hartz Reform) führte zu einer Erhöhung des legal geleisteten Arbeitsvolumens, wenn auch in Form von Zweit- und Drittjobs.

2.6 Fragestellungen

Es wurde vermutet und durch die Voruntersuchung bestätigt, dass die Inanspruchnahme des Pfandkredits fast immer eine finanzielle Notsituation indiziert. Dem Pfandleiher, „der ja nur ein Überbleibsel, eine Larve des Wucherers ist" (le Goff 1988, 7), wird auch im 21. Jhdt. noch unterstellt, ein Geschäft mit der Armut zu betreiben. Trägt er nur eine historische Bürde oder gilt diese Behauptung noch? „Des Geldes Zinsgewinn ist der Seele Tod" (Papst Leo I., der Große, zitiert nach le Goff 1988, 31) ist in der westlichen Welt nur noch selten herrschende Meinung. Überwiegend haftet auch hohen Kapitalrenditen kein Makel mehr an. Bei vielen Produkten werden die hohen Renditen aber nicht

„sichtbar". Dennoch gewinnt die Frage nach dem Zusammenhang von materieller Armut[18] und der Bezahlung höherer Preise, gerade im Finanzsektor sowohl für Unternehmen (Risikozuschlag für Kredite entsprechend Basel II) als auch Privatpersonen an Aktualität (Prothmann 2004). Thematisch wurde darum überprüft, ob die Haushalte der Pfandkreditnehmer entsprechend einem gängigen Vorurteil der Kategorie „Arme" zuzurechnen sind. Damit einher ging die Frage, ob sie neben der Armut auch die klassischen Indizien sozial Schwacher[19] aufweisen. Wenn dem so wäre, könnte man vermuten, dass ihre Entscheidung für den Pfandkredit keine wahlfreie Entscheidung ist, sondern mangels Alternative getroffen wird. Hiermit einhergehen könnten Probleme im Umgang mit Geld und Krediten, was aus Bildungsdefiziten resultieren könnte (Schufa 2003, 6), die wiederum als Konsequenz sozialer Schwäche interpretiert werden könnten. Diese Bildungsdefizite könnten dann bei jenen sozial Schwachen zur Auswahl einer für sie suboptimalen und ihre Armut weiter erhöhenden Finanzierungslösung führen. Vom Standpunkt des Außenstehenden wäre man dann versucht, angesichts der relativ hohen Pfandkreditzinsen, von Wucher zu sprechen und einen besseren Verbraucherschutz anzumahnen. Somit stellen sich Fragen gesellschaftspolitischen und wissenschaftlichen Interesses zu den Pfandkreditnehmern, auf die Wirtschafts- und Sozialwissenschaften als die relevanten Disziplinen noch keine speziellen Antworten bieten, aber Methoden zu ihrer Beantwortung bereitstellen:

- In wie weit gehören Leihhauskunden zur Gruppe armer oder überschuldeter Haushalte?
- Welche Finanzierungsoptionen bedenken/haben die Kunden?
- Welchen Einfluss hat das Milieu auf die Art der Finanzierung eines Haushalts? Gehören die Haushalte bestimmten Milieus an oder zeigen sie bestimmte Lebensstile?
- Wie lässt sich der typische Leihhauskunde heute charakterisieren?

---

[18] Definition: z.B. das gesellschaftspolitisch verbreitete Konzept des Äquivalenzeinkommens je Haushaltsmitglied (auch bedarfsgewichtetes pro Kopf Einkommen), dessen Unterschreitung um 50% nach gängiger Meinung Armut indiziert (z.B. Andreß 1999, 84ff).

[19] Neben geringem Einkommen und Vermögen, Ver- und Überschuldung werden sozial Schwache häufig charakterisiert durch z.B. große Haushalte, zerrüttete Familien, beengte Wohnverhältnisse, schlechte Sprachkenntnisse, unterdurchschnittliche Bildung und Ausbildung, nicht Inanspruchnahme von öffentlicher Unterstützung, Krankheit oder Pflegebedürftigkeit (Bundesministerium für Arbeit und Sozialordnung 2001a).

- Warum ist das Leihhauswesen in Deutschland reguliert?

Das Untersuchungsobjekt sind die Pfandkreditkunden der Leihhäuser als handelnde Subjekte. Am Anfang ihrer Charakterisierung stand die Klärung ihrer Herkunft. Im ersten Schritt wurden die äußeren Merkmale der Leihhauskunden als mögliche Einflussfaktoren auf ihr Handeln erhoben und strukturprüfend analysiert:

- Soziale Strukturen: Familie, Wohnumfeld, Gruppenverhalten und Regeln, (Aus-)Bildung, Beruf.
- Kulturelle Merkmale: Heimat, Kulturkreis, Traditionen, Wertesystem.
- Regionale Merkmale: Distanz, Reiseaufwand, soziale Einstufung der Wohnadresse.

Im zweiten Schritt wurde nach der Art der Bedürfnisse der Kunden gefragt. Die Motive, ein Leihhaus zu besuchen, sind vielseitig. Daher greift es zu kurz, den ursächlichen *Finanzierungsbedarf* als einzigen Antrieb zu betrachten und monokausal zu analysieren. Weitere mögliche Bedürfnisse und Motive wurden erhoben und in ihrer Bedeutung strukturprüfend analysiert:

- Sozial: Persönlicher Kontakt, Besuch vertrauter Umgebung, kulturelle Abgrenzung.
- Finanziell: Regelmäßige Zahlungen, Rechnung(en), Konsum, Urlaub, Schadensbehebung.
- Situationsbezogen: Spontan-erratisch, spontan-überlegt, geplant.
- Zeitbezogen: Sofort, kurzfristig (wenige Tage), mittelfristig.
- Gegenstandsbezogen: Aufbewahrung (Schutz vor Diebstahl, Herausgabe, Verpfändung), Versicherung.

Diese Fragenkomplexe könnten bereits in den mikroökonomisch fundierten und betriebs- bzw. haushaltstheoretisch ausgeprägten Planungs- und Entscheidungstheorien subsummiert sein. Die betriebswirtschaftliche *normative Entscheidungstheorie* gibt Empfehlungen, um bei vollständiger Informationslage, unter Risiko oder bei Unsicherheit optimale Entscheidungen zu treffen (z.B. Wiese 2002). Sofern der Kunde tatsächlich eine Wahl hat, besteht das Entscheidungsproblem für ihn darin, aus unterschiedlichen Finanzierungsoptionen eine Menge von Optionen nach Kosten, Volumen, Zeitpunkt und –dauer auszuwählen, um damit einen gewünschten Kapitalbedarf darzustellen. Je nach Zu- und Abfluss an Einnahmen und Ausgaben aus Nichtfinanzierung, wird unter vollständiger

Informationslage, Risiko oder auch Unsicherheit entschieden. Mit Hilfe der *Erwartungsnutzentheorie* kann die Auszahlungsmatrix und eine Auswahlstrategie formuliert werden (ebenda, 11f). Die *deskriptive Entscheidungstheorie* zeichnet die durch die handelnden Akteure getroffenen Entscheidungen nach und will diese erklären (Klöti 1989, 194). Die normative Disziplin des *Financial Planning* versucht Haushalten Entscheidungshilfen zu geben (z.B. Böckhoff 1999). Die Fremdfinanzierung des privaten Haushalts bringt das Risiko der Zahlungsunfähigkeit mit sich. Darum erfordert die Aufnahme eines Kredites eine Planung durch den Haushalt oder den Kreditgeber (Weindlmaier 1982, 30f). Die theoretischen Ansätze des *Financial Planning* sind bisher auf größere und weitreichendere Entscheidungen, wie z.B. Altersicherung ausgerichtet (Dembowski, Ehrlich 2002, 22). Einen persönlichen Finanzplan erstellen zu lassen, ist mit erheblichem Aufwand verbunden[20] und für Fragen der Deckung von Liquiditätsengpässen in Niedrigkostensituationen ungeeignet. Es fehlt an einfachen Entscheidungsregeln.

Vorab wurde für diese Fragestellungen ermittelt, dass wegen der typischerweise relativ geringen nachgefragten Pfandkreditsumme von 230 € im Jahr 2002 die Handelnden Transaktionskosten scheuen, und darum die für eine Anwendung der wirtschaftswissenschaftlichen Entscheidungstheorien notwendige Informationslage nicht gegeben ist oder nicht bewusst reflektiert wird. Die weiteren Fragestellungen konzentrierten sich darum auf die Ermittlung der weichen flankierenden Faktoren der Handelnden, die mit dem Instrumentarium der Wirtschaftssoziologie hypothesenprüfend angegangen wurden. Welche Motivation und Rationalität liegt der Entscheidung des Kunden für den Pfandkredit zugrunde? Folgende Faktoren der Entscheidungsfindung der Kunden wurden als relevant und prüfenswert für die wissenschaftliche Untersuchung eingeschätzt:

- Soziale Wechselwirkung: Anonymität vor Familie, Nachbarn, Freunden, Arbeitgeber, vor der Bank (darum kein Darlehen aus dieser Gruppe) oder Empfehlung durch soziale Bezugsgruppe.

- Kulturelle Prägung: Präferenz von Schmuck etc. als Nebenwährung, Leihhaus als Bank der Familie, Instrument der Abgrenzung von westlichen Banken und Werten.

---

[20] Es wird eine Spanne von 250-12.500 € genannt, der Durchschnittswert soll in Deutschland bei 2.000 € liegen (Dembowski, Ehrlich 2002, 192).

- Transaktionskosten: Sofortige Bedürfnisbefriedigung, Komplexität der Abwicklung.

- Zinskosten: Nicht berücksichtigt, richtig oder falsch eingeschätzt.

- Beziehung zur Bank: Angst, Absage, verschuldungsunwillig.

- Kauffinanzierung: Raten-/Darlehenskauf nicht möglich oder abgelehnt, wäre unangenehm (Anonymität).

- Verkauf: Emotionale Bindung an Pfand, nicht berücksichtigt, keine Gegenstände zum Verkauf, es liegt kein Kaufangebot vor.

- Option der Ausgabenkürzung: Einmalig, mehrmalig.

- Erwerbseinkommen: Arbeits(un)fähig, -(un)willig, Beschäftigungsmöglichkeiten, Einkommenshöhe.

Die Würdigung dieser Aspekte bei der Entscheidung des Kunden für den Pfandkredit soll dazu dienen, die vordergründige Diskrepanz zwischen marktüblichen Bankkreditzinsen und dem Preis eines Pfandkredits zu klären.

3 WIRTSCHAFTSSOZIOLOGISCHE ANSÄTZE DER UNTERSUCHUNG

Die vorliegende Arbeit ist als wirtschaftssoziologische Studie angelegt. Wirtschaftssoziologische und wirtschaftswissenschaftliche Ansätze bieten gemeinsam Erklärungsmöglichkeiten bei der Untersuchung der Kunden des Leihhauswesens. Im Folgenden werden Wirtschaftssoziologie und –theorie unter dem Gesichtspunkt ihrer Akteursansätze voneinander abgegrenzt. Die diesen wissenschaftlichen Methoden zugrunde liegenden Menschenbilder implizieren eine bestimmte Sicht auf die Handlungen der Akteure und damit auch bestimmte Fragestellungen. Im Umkehrschluss werden bestimmte Fragestellungen ausgeblendet. Um ein umfassendes Bild zu erhalten, werden im Bezug auf die Motivation der Inanspruchnahme von Pfandkrediten und dem Verhalten der Pfandkreditnehmer die analytische Stärke wirtschaftssoziologischer und –theoretischer Akteursansätze als sich ergänzende Ansätze fruchtbar gemacht.

3.1 Abgrenzung der Wirtschaftssoziologie von der Wirtschaftstheorie unter akteurstheoretischen Aspekten

Der theoretische Ansatz dieser Arbeit ist wirtschaftssoziologischer Art. Die moderne Wirtschaftssoziologie als Teil der Soziologie versteht nach Mark Granovetter und Richard Swedberg (Granovetter/Swedberg 2001, 8)

- Wirtschaftshandeln als eine Form sozialen Handelns sowie
- als sozial angelegt oder „eingebettet" (embedded) und betrachtet
- wirtschaftliche Institutionen als verdichtete Handlungen.

Douglass North definiert Institutionen als „Spielregeln einer Gesellschaft oder ... die von Menschen erdachten Beschränkungen menschlicher Interaktion." (North 1992, 3): Der Geldsuchende und der Pfandleiher treffen und einigen sich und bilden damit in ihrem sozialen und ökonomischen Kontext eine Institution. Wenn Wirtschaftshandeln als eine Form sozialen Handelns erkannt wird, entsteht ein konzeptioneller Unterschied zu den nutzenorientierten Annahmen der neoklassischen Wirtschaftstheorie. Es bedeutet, dass Wirtschaftstheorie und Wirtschaftssoziologie bis zu einem gewissen Grad nicht auf dem gleichen erkenntnistheoretischen Feld spielen. Aber es bedeutet auch, dass die Wirtschaftssoziologie breiter ausgestattet ist, um mit vielen empirischen Sachverhalten umzugehen. Allerdings kann die Wirtschaftssoziologie die analytische Vereinfachung und mathematische Eleganz der meisten Wirtschaftswissenschaftler nicht erreichen. Andererseits werden die meisten Ökonomen, so lange sie mit zu stark vereinfachenden Konzepten wie ihn der wirtschaftswissenschaftliche Akteursansatz heute beinhaltet, arbeiten, immer Schwierigkeiten haben zu erklären, was in der tatsächlichen Wirtschaftswelt vorkommt (Granovetter/Swedberg 2001, 10), oder sich der Ökonomisierung des soziologischen Lebensweltkonzeptes so weit annähern, dass die Eleganz und Abstraktionsfähigkeit der ökonomischen Theorie verloren geht.

Der methodologische Individualismus der Wirtschaftswissenschaften steht dem soziologischen Ansatz des „Eingebettetseins" in sozialen Strukturen direkt entgegen: Er geht von dem einzelnen und seinen Handlungen aus, durch die zum Beispiel Unternehmen, soziale Institutionen und ähnliches gebildet werden. Aus Sicht der Soziologie ist der einzelne niemals isoliert (1), sondern steht im regelmäßigen Kontakt mit anderen Akteuren oder Gruppen. Außerdem (2) wird der Mensch bereits in eine schon bestehende soziale Welt geboren und damit bestehen schon soziale Strukturen vor der Existenz des einzelnen. Drittens (3) können soziale Fakten, einschließlich sozialer Strukturen, nicht allein durch persönliche Motive oder Vorlieben erklärt werden.

In der soziologischen Analyse werden Wirtschaftsinstitutionen in erster Linie als verdichtete Handlungen verstanden. Damit wird der Unterschied zwischen der soziologischen und wirtschaftlichen Perspektive im Bezug auf Institutionen herausgestellt. Wirtschaftssoziologisch betrachtet ist ein Leihhaus ein Ort des Zusammentreffens von sozialen Akteuren, deren Handlungen sich dort verdichten und bestimmten Regeln folgen. Ein Leihhaus ist indessen auch eine durch eine jahrhundertealte Tradition geprägte, funktionierende wirtschaftliche Institution. Daher ist es legitim unter wirtschaftstheoretischen Voraussetzungen anzunehmen, dass ein Leihhaus ein Ort effizienten, nutzenorientierten Wirtschaftshandelns von Subjekten ist (North 1992, 4f). In beiden Fällen spielt ein Handelnder und nicht eine Institution die entscheidende Rolle.

Im akteurstheoretischen Spektrum wurden in beiden Fachbereichen typische Handlungsträger entwickelt. Der *homo oeconomicus* steht für den wirtschaftswissenschaftlichen Idealtypus und der *homo sociologicus* – und ergänzend der emotional man und der Identitätsbehaupter[21] – für denjenigen der

---

[21] Die Modelle des emotional man und des Identitätsbehaupters sind noch im Entwicklungsstadium. „Das Ausleben von Emotionen und die Behauptung der eigenen

Soziologie. Allen ist gemeinsam, dass sie sowohl individuelle, kollektive als auch korporative Akteure sein können. Einen Überblick über die verschiedenen akteurstheoretischen Idealtypen liefert Uwe Schimank (Schimank 2000).

Im Modell ist der *homo oeconomicus* der idealisierte Mensch, der – bei gegebener Präferenzordnung, vollkommener Informiertheit und vollkommener Voraussicht – mit dem Ziel individueller Nutzenmaximierung seine Kauf- und Verkaufs-, Produktions- und Konsumtionsentscheidungen rational trifft. Ausgegangen wird von knappen Ressourcen, einem abnehmenden Grenznutzen bei der Befriedigung der Bedürfnisse und vorhandenen Opportunitätskosten bei zu treffenden Entscheidungen. Das Handeln des *homo oeconomicus* ist auf eine intentional-nutzenorientierte Auswahl zwischen verschiedenen Handlungsalternativen ausgerichtet. Diese können subjektiv sein und damit individuell verschieden (North 1992, 21). Der *homo oeconomicus* optimiert, indem er in jedem Einzelfall – subjektiv - Kosten und Nutzen abwägt. Durch den von Max Weber eingeführten Typus des zweckrationalen Handelns wird das Modell des *homo oeconomicus* zum umfassenderen Modell der *rational choice* erweitert.

Kritisiert wird das Modell des *homo oeconomicus* im Bezug auf die ausschließlich rationale Entscheidungsgrundlage (Archer 2000, 36). In der Realität handeln Akteure fast immer **nur begrenzt rational** (Simon 1992, 3). Die Akteure verfügen nicht über alle notwendigen Informationen, haben nicht die Zeit und Mittel diese Informationen zu beschaffen bzw. fällen Entscheidungen aus emotionalen Gründen. Oftmals sind auch Routinen oder die praktische Vernunft (Bourdieu 1998) entscheidend für eine Handlung. Routinen ermöglichen es den Akteuren, häufig zu fällende Entscheidungen ohne Kosten/Nutzen-Abwägung zu treffen. Rationales Handeln tritt tatsächlich nur in sog. Hochkostensituationen auf, in denen durch die Entscheidung viel auf dem Spiel steht und die anteiligen Transaktionskosten niedrig sind. In sogenannten Niedrigkostensituationen wie einem „30 € Leihhaus-Kredit" befinden sich die Akteure nicht unter Druck, sich um eine rationale, mühevollere Handlungswahl zu kümmern, oder sie fürchten die hohen Transaktionskosten der analytischen Handlungswahl, sofern sie überhaupt eine Alternative haben. Rational handelnde Akteure unterliegen häufig einer Rationalitätsfiktion. Die Handlung ist nicht rational motiviert, wird aber nach außen so dargestellt und verteidigt.

Identität stellen Handlungsantriebe dar, die immer wieder episodisch den *homo sociologicus* und den *homo oeconomicus* in den Hintergrund drängen können." (Schimank 2000, 143).

Nach Schimank wäre das Handeln ohne Rationalitätsfiktionen jedoch noch viel weniger rational, als es nach wie vor ist (vgl. Schimank 2000, 100). In dieser Untersuchung werden bei der *Kundenbefragung* Widersprüche in der individuellen Rationalität bei den Themenkreisen Kredithistorie und Handlungsoptionen bzw. –motivationen überprüft. Ein weiterer Kritikpunkt knüpft an die Frage an, wie die Akteure zu ihren Nutzenvorstellungen gelangen. Dieser Einwand richtet sich an die Nutzenkomponente des Handelns. Festgestellt wird ein Gegensatz zwischen dem abstrakten Modell des rational nutzenorientierten Akteurs einerseits und der empirisch beobachtbaren Nutzenorientierung andererseits. Hierzu gehören beispielsweise die Erklärung altruistischen Verhaltens, eine wertrationale, atypische Präferenzordnung oder Grenzen der sozialen Legitimation.

Um das Modell des *homo oeconomicus* für die Analyse des Pfandleihwesens verwenden zu können, ist es erforderlich, die Optionen, Restriktionen und den Nutzen der Institution Leihhaus für die beteiligten Akteure – Kunden und Betreiber von Leihhäusern - zu erfragen. So lassen die auf den ersten Blick sehr hohen vom Leihhaus geforderten Zinsen (mindestens 3% pro Monat) im Vergleich zu bankenüblichen Kleinkreditzinsen (ab 6% pro Jahr) eine rationale Entscheidung der Kunden von Leihhäusern von außen gesehen als fraglich erscheinen oder sprechen dafür, dass diese Menschen keine Handlungsalternative haben. Für den einzelnen kann es, um seinen individuellen Nutzen zu maximieren, dennoch rational sein, augenscheinlich zu hohe Zinsen in Kauf zu nehmen. Denkbar wäre als Erklärung dafür die beim Pfandkredit, im Gegensatz zum Bankkredit mit Schufa Auskunft, garantierte Anonymität des Kreditnehmers oder der kleine kurzfristige Kreditbedarf unter der bankentypischen Minimallaufzeit von einem Jahr. Zu untersuchen sind demnach die individuellen Nutzenmaximierungsstrategien der Akteure, aber auch ihre formlosen und formgebundenen Beschränkungen bzw. Restriktionen (North 1992, 43ff und 55ff).

Die Markttransparenz und die Informiertheit des Handelnden sind weitere in Frage zu stellende Voraussetzungen des *homo oeconomicus*. Während der Markt für Konsumkredite durch die verstärkte Werbung der Anbieter und die Bemühungen der Verbraucherschutzeinrichtungen an Transparenz gewinnt, wird das relevante Finanzwissen der Konsumenten als nicht ausreichend bewertet (vgl. Schufa 2003). Doch die wahrscheinlich zweifelhafteste Voraussetzung des wirtschaftswissenschaftlichen Modells betrifft die für Finanzierungsfragen typische Entscheidung unter Unsicherheit. Eine rationale Entscheidung erfordert in diesem Fall neben der Kenntnis der eigenen Präferenzordnung, der Markttransparenz, dem reproduzierenden und transferierenden Wissen um die Konsequenzen aus der Entscheidung auch eine stochastische Prognose der individuellen Zahlungsströme, auch wenn deren Zustandekommen außerhalb der Wirkungssphäre des Handelnden liegt. Beim Pfandkredit bedeutet dies, aufgrund seiner nur bei kurzer Laufzeit niedrigen spezifischen Kosten einschätzen zu können, wie wahrscheinlich es ist, einen Kredit nach wenigen Monaten zurückzahlen zu können. Voraussetzung hierfür ist die Fähigkeit, das eigene Einkommen abschätzen zu können, evtl. dabei die Bonität der eigenen Schuldner zu berücksichtigen oder die Chance auf Arbeitsaufnahme oder sonstige Einkommen einzugrenzen. Gleichwichtig ist die Kontrolle der eigenen Ausgaben und nicht zuletzt die Terminplanung zum rechtzeitigen Auslösen des Pfands.

Die Komplexität der bei einer Finanzierungsentscheidung zu berücksichtigenden Faktoren der eigenen und fremder Sphären macht deutlich, dass rationale Überlegungen alleine nicht den in der Tagespresse und Literatur (Schrader 2000c, 80) angeführten hohen Stammkundenanteil bei Pfandhäusern erklären. Für die teilweise langjährige Treue der Kunden zu ihrem Leihhaus spielen sicher auch persönliche, soziale und kulturelle Präferenzen und Restriktionen eine bedeutende Rolle. Die in der Tagespresse zitierte Handlungsmaxime von Pfandkreditnehmern „will keine Schulden machen" manifestiert einen übergeordneten moralischen Anspruch und begründet eine wertrationale Handlung, ohne dass dies ökonomisch zu rechtfertigen wäre. Es muss Erklärungsansätze für offensichtlich nicht vordergründig ökonomisch zweckrationales Verhalten geben. Einen solchen Versuch macht das Modell des *homo sociologicus*.

Der Begriff des *homo sociologicus* stammt von Ralf Dahrendorf, der den sozial Handelnden als einen Rollenspieler beschrieb (Dahrendorf 1977). Das Modell dazu geht auf die Soziologen Emile Durkheim, Talcott Parsons und Dahrendorf selbst zurück und sieht den Ausgangspunkt des sozialen Handelns der Akteure in deren Intentionen und in den an sie gestellten gesellschaftlichen Erwartungen. Das soziale Handeln des *homo sociologicus* ist damit nicht selbstbestimmt, sondern wie in der Schauspielerei an Rollenvorgaben gebunden. Die Person hat zu jedem Zeitpunkt mindestens eine Rolle inne, die als „Rollen-Set" durch die Gesamtheit der jeweiligen Bezugsgruppen instruiert, überwacht und sanktioniert wird. Im Modell des *homo sociologicus* verhält sich der Mensch in erster Linie entsprechend den gesellschaftlichen Zwängen; er passt sich seiner „Rolle" an und trifft quasi keine eigenen Entscheidungen, d.h. er wird nicht als Individuum wahrgenommen. Typisch für das Handeln des *homo sociologicus* ist ein primäres Streben nach Erwartungssicherheit, das durch normative Handlungsorientierungen gesichert werden kann.

In der soziologischen Akteurstheorie wird Handeln als sinnvoll motiviertes Verhalten verstanden. „Soziales Handeln ist dann solches Handeln, das in seinem Sinn auf andere Akteure gerichtet oder bezogen ist." (Schimank 2000, 36). Nach Alfred Schütz wird Handeln zur Handlung, wenn ein Bezug zu einem Entwurf besteht, wenn das Handeln also in irgendeiner Weise motiviert ist. Das Handeln selbst wird als subjektive Bewusstseinsleistung, die durch das Verhalten objektive Auswirkungen haben kann, dargestellt.

Es kann nicht (einzig) der mangelnden Kompetenz im Umgang mit finanziellen Belangen zugeschrieben werden (vgl. Schufa 2003, 6), dass sich ein Leihhauskunde aus Sicht des Ökonomen wirtschaftlich irrational verhält, denn es kann z.B. seiner traditionell geprägten Rolle in seiner Umgebung entsprechen, Geld auszugeben statt es zu horten (Schrader 2000d, 41). Vielmehr steht zu fragen, ob der Leihhausnutzer im Sinne des *homo sociologicus* durch die Erwartungen der sozialen Umgebung z.B. der Familie in die Rolle des vielleicht für ihn persönlich unwirtschaftlich agierenden Leihhauskunden gedrängt wird oder ob er diese Unwirtschaftlichkeit aufgrund seiner andersartigen, sozial verankerten Wertvorstellungen und seines Lebensstiles nicht als solche wahrnimmt. Möglicherweise entspricht es auch seinen individuellen Absichten, der sozialen Legitimität entsprechend die Interessen der Familie über ein rein materiell orientiertes, rationales, aber diesen familiären Interessen entgegenstehendes Finanzverhalten zu stellen. Auch das kulturelle Umfeld kann die sozialen Erwartungen an einen Akteur und dessen Handlungen mitbestimmen. Gehört es zu den normativen Handlungsorientierungen seiner Gesellschaft, sich den Belangen der Allgemeinheit unterzuordnen, steht es dem Akteur nicht frei, seine eigenen Interessen darüber zu stellen und entsprechend zu agieren.

Die Analyse der Wirtschaftssoziologie ist auf dem empirischen Feld angesiedelt. Gegenstand der Forschung ist das System der Wirtschaft in Bezug auf die Gesellschaft bzw. den Staat. Bei der Beobachtung der Realität nehmen empirienahe Methoden wie die Netzwerkanalyse und die Untersuchung von Institutionen breiten Raum ein. Im Mittelpunkt der Untersuchung steht der auf soziale Normen orientierte Akteur, der rational handeln kann, aber nicht rational handeln muss. Vielmehr ist sein ökonomisches Handeln ein soziales Handeln. „Statt auf Eigennutz fußen viele ökonomische Entscheidungen offenbar auf sozialen Normen." (Wilhelm 2002, 54). In den Wirtschaftswissenschaften ist die theoretische Erkenntnis vorrangig vor der empirischen Untersuchung. Analysiert werden wirtschaftsimmanente Themen. Das Handeln eines zweckrationalen, nutzenorientierten Akteurs, das unter klar definierten Prämissen stattfindet, bestimmt den akteurstheoretischen Ansatz der Wirtschaftswissenschaften.

Ausgegangen wird von einem methodologischen Individualismus, der den einzelnen und nicht seine Bezüge zur Gesellschaft fokussiert.

Die Wirtschaftswissenschaften konzentrieren sich auf das Wirtschaftssystem, das durch den theoretischen Ansatz in eleganter, schmaler Form untersucht wird. Dabei spielen mathematische Erklärungsmethoden eine wichtige Rolle: Die Untersuchung erreicht einen hohen Abstraktions- und Generalisierungsgrad. Die Wirtschaftssoziologie ist breit angelegt und vermag viele Themenbereiche einzubinden. Wirtschaft wird im Zusammenhang beschrieben mit Erscheinungen der Gesellschaft, Politik und Kultur wie auch mit Werten und Normen. Die Wirtschaftssoziologie vermag komplexe Sachverhalte der empirischen Realität zu erfassen und zu analysieren.

In der modernen Gesellschaft wird dem *homo oeconomicus* der **theoretische Primat** zugestanden. Funktionale Differenzierung, Affektregulierung, Leistungsansprüche, interessenkalkulierende Normkonformität, kulturelle Aufwertung von Eigeninteressen, eigendynamische Diffusion von Interessenverfolgung, Rationalitätsdruck und Rationalitätsdefizite sind Stichwörter, die belegen, dass der *homo oeconomicus* aus gesellschaftstheoretischer Betrachtung heraus theoretisch überlegen ist (vgl. Schimank 2000, 158-167). Die Akteursansätze beider Fachrichtungen sind selbstständig nebeneinander bestehende Modelle, bei dem nicht ein Modell als Spezialfall des anderen verstanden wird. Überprüft man diese Akteursansätze hinsichtlich ihrer erklärungsökonomischen Möglichkeiten auf individueller Ebene, muss dem *homo sociologicus* **die analytische Priorität** eingeräumt werden. „Wo immer es möglich ist, sollte man dieses Akteursmodell heranziehen – und nur dann, wenn es sich als untauglich erweist, sollte man auf eines der anderen zurückgreifen." (Schimank 2000, 158).

Aufbauend auf überwiegend ökonomischen und juristischen Erkenntnissen über die Institution *Leihhaus* wird mittels wirtschaftssoziologischer handlungsorientierter Ansätze das erst teilweise bekannte Entscheidungsverhalten der Person des modernen Pfandkreditnehmers vervollständigt (vgl. Schrader 2000c und 2000d). Mithilfe des wirtschaftstheoretischen Akteursansatzes des *homo oeconomicus* wird die Motivationsbreite durch eine theoretische Nutzenfunktion systematisiert. Wesentlich für die Konzeption dieser Arbeit ist der breite empirische Akteursansatz der Wirtschaftssoziologie, in Kombination mit der Berücksichtigung eines abstrahierbaren und statistisch signifikant analysierten, mikroökonomischen Erwartungsnutzens. Die Möglichkeiten nach den Motivationen für die Inanspruchnahme von Pfandkrediten zu suchen, sind damit vielseitiger als bei einer rein wirtschaftstheoretischen Analyse.

3.2 Entscheidungsorientierung und Nutzerverhalten - ein wirtschaftstheoretischer Ansatz

Im Folgenden wird unterstellt, dass der Handelnde tatsächlich eine Wahl unter verschiedenen Finanzierungsalternativen hat. Vor der Entscheidung für eine Option sollte der eigentliche Anlass hinterfragt werden. Die Frage nach der Sinnhaltigkeit der Verschuldung oder generell des Finanzbedarfs, insbesondere in Verbindung mit der eigenen Vermögensstruktur, wird hier nicht gestellt. Eine umfassende Sammlung der Gründe für den Bedarf einer kurzfristigen Finanzierung findet sich bei Weindlmaier (Weindlmaier 1982, 29ff). Auch wenn sich die normative Theorie mit Empfehlungen für die Grenzen des Kredit-einsatzes im privaten Haushalt befasst (ebenda, 32), so wird aufgrund der Komplexität der Empfehlung bezweifelt, dass derartige Regeln in den Überle-gungen der Mehrheit der eine kurzfristige Finanzierung suchenden Haushalte eine bedeutende Rolle spielen.

Der Finanzbedarf eines Individuums, sei er spontan oder geplant, kann auf alternativen Wegen befriedigt werden. Neben dem Gang ins Leihhaus könnte ein Bankkredit eine Option sein. Auf den ersten Blick ist die Entscheidung für einen Pfandkredit die unwirtschaftlichere Alternative im Vergleich zum Konsumkredit einer Bank: Höhere Zinsen, weitere Entfernung zum Leihhaus, restriktivere Öffnungszeiten des Leihhauses, eine geringere Reputation des Leihhauses und eine fragwürdige soziale Wertschätzung einer solchen Geschäftsbeziehung. Warum entscheiden sich wahlfreie, ökonomisch zweck-rational handelnde Akteure – wie sie in der Wirtschaftstheorie vorausgesetzt werden - für den Pfandkredit? Für die wirtschaftswissenschaftliche Analyse der Entscheidungen von Pfandkreditnehmern bietet es sich an, einen mikroökonomi-schen Ansatz im Zusammenhang mit dem im voranstehenden Unterkapitel erläuterten Modell des homo oeconomicus zu wählen (vgl. Varian 2001).

Bei der Mikroökonomik, der Analyseform der Mikroökonomie, handelt es sich um die *Analyse ökonomischer Entscheidungen* von Individuen und der Funktionsweise ökonomischer Koordinationsmechanismen oder auch um die Analyse des *Verhaltens der einzelnen Wirtschaftssubjekte* und der Aggregation ihres Verhaltens bei unterschiedlichen institutionellen Rahmenbedingungen. Es besteht eine strikte Trennung von Präferenzen (Bedürfnisse und „Bedürfnis-intensität") und Restriktionen (tatsächliche Möglichkeiten bzw. der faktischen Grenze der Möglichkeiten, Abbildung 3-1) des handelnden Individuums. Die Individuen handeln mikroökonomisch als *homo oeconomicus* vorrangig auf ihren eigenen Vorteil bedacht (Eigennutzannahme) und verhalten sich rational, d.h. sie wählen die für sie beste, den Eigennutz optimierende Möglichkeit.

Abbildung 3-1: Lineares Verhaltensmodell von Haushalten bei kurzfristigem Finanzierungsbedarf

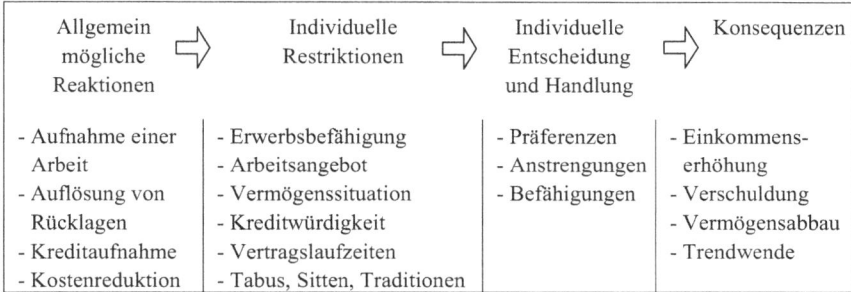

Allgemein mögliche Reaktionen ⇨	Individuelle Restriktionen ⇨	Individuelle Entscheidung und Handlung ⇨	Konsequenzen
- Aufnahme einer Arbeit	- Erwerbsbefähigung	- Präferenzen	- Einkommens-erhöhung
- Auflösung von Rücklagen	- Arbeitsangebot	- Anstrengungen	- Verschuldung
- Kreditaufnahme	- Vermögenssituation	- Befähigungen	- Vermögensabbau
- Kostenreduktion	- Kreditwürdigkeit		- Trendwende
	- Vertragslaufzeiten		
	- Tabus, Sitten, Traditionen		

Der *homo oeconomicus* trifft seine Entscheidungen, indem er seinen Nutzen aus wählbaren Verhaltensalternativen optimiert und dabei Restriktionen berücksichtigt. Die Beschränkungen können sich aus sozialen Normen wie Tabus, Sitten und Traditionen ableiten, so dass soziale Normen und Beziehungen in eine ökonomische Kategorie transformiert werden (North 1992, 56). In der kardinalen Nutzentheorie geht man davon aus, dass sich Nutzen metrisch messen lässt, d.h. die Abstände zwischen zwei Nutzenwerten interpretierbar sind. Die Theorie des rationalen Handelns nimmt an, das der *homo oeconomicus* rationale Kriterien anwendet (Schumann 1992, 103) und seine Präferenzen ihm rational zugänglich sind. Dem liegt die Theorie rational messbarer und zu bewertender Gütereigenschaften zugrunde. Diese Theorie für dingliche Güter lässt sich durch Hinzufügen zusätzlicher zeitlicher Restriktionen auf Güterströme und in einem weiteren Schritt auch auf Geldströme übertragen (ebenda, 93). Damit ist die Konstruktion einer Nutzenfunktion[22], die die Finanzierung des angestrebten Zwecks, sei er dinglicher oder geldlicher Natur, beinhaltet, möglich. Die konkrete Ableitung einer Nutzenfunktion zum

---

[22] Definition der Nutzenfunktion: Methodisches Hilfsmittel, das Präferenzordnungen so abbildet, dass diese der Marginalanalyse zugänglich werden. Nutzenfunktionen sind so konstruiert, dass sie einen höheren Indexwert für eine Alternative liefern, die die Wirtschaftssubjekte einer anderen Alternative vorziehen. Der Indexwert wird üblicherweise als Nutzen bezeichnet.

Vergleich unterschiedlicher Finanzierungsalternativen eines privaten Haushalts basiert auf den Ansätzen der betriebswirtschaftlichen Investitionstheorie bei vorgegebenem Kapitalbedarf und bildet die intertemporären Effekte der Finanzierungs- und Güterströme auf einen Zeitpunkt ab: Güter- und Zahlungsströme werden mittels eines Zinssatzes auf ihren Barwert abdiskontiert und damit die Zeit als Variable eliminiert (vgl. Hahn 1997, 288ff). Wird auch noch die Entscheidung unter Unsicherheit bei Interaktion mit weiteren Akteuren berücksichtigt, greift das Instrumentarium der Spieltheorie, um z.B. unterschiedliche Wahrscheinlichkeiten von Einnahmen und Ausgaben in ein Entscheidungsmodell abzubilden. Dem privaten Haushalt stehen theoretisch mehrere Alternativen zur kurzfristigen Finanzierung zur Verfügung. Die Optionen werden anhand ihrer Ausprägungen mikroökonomisch charakterisiert und damit einer Präferenzordnung zugänglich gemacht (Abbildung 3-2), bevor eine Auswahlentscheidung unter Nutzenaspekten abgewogen werden kann.

Abbildung 3-2: Mikroökonomische Aspekte zur Beurteilung von Handlungs-optionen der Finanzierung im Haushalt

Voraussetzungen	Entscheidungsrelevantes Wissen und Verhalten	Kosten und Nutzen	Sekundäre Rechte und Pflichten
• Marktkenntnis • Markttrans-parenz • Bonität (Einkommen) • Vermögens-situation	• (math.) Finanzwissen • Verbraucherschutzrechte • Einschätzung der eigenen Situation: Wahrscheinlichkeit und Zeitpunkt der Ein- und Auszahlungen • Kontrolle über den Ablauf	• Transaktionskosten für die Vorbereitung der Entscheidung und Umsetzung • Nebenkosten • Nettozahlungsströme • Zeitpunkt der Verfügbarkeit • Emotionen und Prestige	• Anonymität • Rücktritts-möglichkeit • Flexibilität bei Stundung und Tilgung • Konsequenzen bei Kreditausfall

Nicht nur empirisch, auch theoretisch ist davon auszugehen, dass die Restriktionen die Handlungsoptionen erheblich einschränken, insbesondere deshalb, weil das konstituierende Merkmal der Untersuchungsgruppe ein finanzieller Engpass ist. Sofern der Kunde die Bereitschaft hätte, sich auch über eine Bank zu finanzieren, ist in Form einer bereits überzogenen Banklinie oder eines Schufa Eintrags von einer dominierenden Restriktion auszugehen. Trifft dies noch mit mangelnder Erwerbsfähigkeit und keinen Einsparpotenzialen aufgrund eines bereits niedrigen Konsumniveaus zusammen, bleiben neben dem Kredit im sozialen Netz nur noch der Güterverkauf oder der Gang ins Leihhaus. Es ist es nicht zwingend, dass alle Personen mit Finanzierungsproblemen zwangsläufig am Ende nach Ausschöpfung aller ihrer Optionen doch noch Leihhauskunde werden: Ohne die Hoffnung auf zukünftige zusätzliche andere Einkünfte erscheint die rationale Auswahl der Option *Kreditfinanzierung* laufender Ausgaben, die nie nachhaltig sein kann, von Anfang an ökonomisch sinnlos. Insbesondere bei relativer (Einkommens-) Deprivation sind jedoch alle theoretischen Voraussetzungen für die rationale Auswahl der Option *Pfandkredit* gegeben.

Theoretisch ist die Selbstbeschränkung vieler Leihhäuser auf Schmuckgegenstände und Markenuhren eine strenge Restriktion: Die wenigsten Haushalte verfügen über Schmuckgegenstände mit einem Materialwert von mehreren 100 € oder hochwertigen Markenuhren. Diese Beschränkung macht Milieus, in denen solche Güter vorhanden sind, zum theoretischen Zielpublikum der Leihhäuser.

Im Folgenden werden die Finanzierungsoptionen theoretisch diskutiert. Der Güterverkauf, der Pfandkredit und das zusätzliche Erwerbseinkommen unter-scheiden sich von den anderen Finanzierungsalternativen grundlegend, da sie keine Schulden generieren und den Tausch eines Gutes oder von Zeit (Arbeit) in Geld darstellen. Vorbeugendes Sparen, um für überraschenden Geldbedarf gewappnet zu sein, bedingt vorab eine Entscheidung unabhängig vom tatsächlichen Eintreten des Bedarf auslösenden Ereignisses, seiner Höhe und seines Zeitpunkts zu treffen und einen entsprechenden Lebensstil zu führen. Damit sind keine Transaktionskosten verbunden, jedoch besteht die Restriktion der prinzipiellen Sparfähigkeit, d.h. dass die Einnahmen den unabdingbaren Grundbedarf des Haushalts übersteigen. Der entgangene Konsum könnte als Transaktionskosten mit Opportunitätscharakter interpretiert werden. Im Bedarfsfall zu beginnen, allgemeine oder spezielle Ausgaben zu reduzieren, um freie Mittel zu erwirtschaften, erfordert eine gute Informiertheit und kurzfristig realisierbare Kostensenkungspotenziale.

Eine Finanzierungsvariante ist der Verkauf von Vermögensgegenständen. Der Verkauf von persönlichen Gebrauchsgegenständen aus dem Vermögen des Haushalts erfordert ein entsprechendes Vermögen, den Zugang zu Absatz-märkten und die soziale Legitimation der Trennung von dem Gut. Letzteres ist z.B. mit niedrigen Transaktionskosten auf Flohmärkten, Kleinanzeigenmärkten oder Internetbörsen möglich. Jedoch können der Verkaufszeitpunkt und der realisierbare Preis nur schwer geplant werden. Im Gegensatz zum Pfandkredit wird durch den Verkauf der Gegenstand aus dem Vermögensbestand herausgenommen und lässt sich bei Überwindung der Finanzschwierigkeiten etwa im Fall von seltenem Schmuck nicht oder nur sehr schwer wieder beschaffen.

Bei einem freiverfügbaren Raten- bzw. Konsumkredit müssen Kreditmindestgrenzen und –laufzeiten akzeptiert werden, die für den Kreditnehmer bei kleinerem und/oder kürzerem Bedarf ein unpassendes Angebot zu überhöhten Kosten darstellen können. Bei mangelnder Bonität, d.h. zu niedrigem oder schwankendem Monatseinkommen bzw. negativer Schufa Auskunft, besteht das Risiko, abgelehnt zu werden. Die Rückzahlung erfolgt in Monatsraten, deren Bereitstellung ein Konto und die entsprechende Bonität erfordert. Kleinkredite der Banken für private Haushalte sind ein Markt mit hoher Transparenz.[23] Dies ist bedingt durch den Einsatz neuer Vertriebswege mit niedrigen Transaktions- und Abwicklungskosten.[24] Obligatorisch abzuschließende Kreditversicherungen können den effektiven Jahreszins verdoppeln (Öchsner 2003). Eine Kreditkarte zum Krediterhalt einzusetzen, erfordert in Deutschland eine hohe Bonität und steht nur einer Minderheit der Bevölkerung zur Verfügung. Gelingt es nicht den Kredit zu tilgen, besteht das Risiko wachsender Schulden und langfristig der Überschuldung. Eine Besonderheit stellen die mit Gütern verbundenen Finanzierungsangebote dar, wie sie z.B. bei Möbeln oder Pkw gängige Praxis sind. Hier kann kaum noch zwischen den Preisen für das Gut und seiner Finanzierung unterschieden werden, so dass dadurch die Auswahl einer Finanzierungsoption weiter erschwert wird.

Der früher weiter verbreitetere Arbeitgeberkredit und der Kredit im Familien- und Freundeskreis erfordern eine entsprechende soziale Vernetzung und die Teilhabe an derartigen, teilweise informellen Finanzgeschäften. Hierfür sind, um dazu zugehören, entsprechend Vorleistungen in Form von Engagement zu erbringen. Dafür kann mit schnellen Entscheidungen der Geldgeber gerechnet werden. Nachteilig wirkt sich aus, dass der Kredit meist vollständig erst zum Ende der Laufzeit zurückgezahlt werden muss und vom Kreditnehmer eine entsprechende Disziplin voraussetzt.

Die Fixierung auf die traditionelle Rolle der Hausfrau versperrt Frauen Erwerbsmöglichkeiten und machte sie damit zumindest historisch zu prädestinierten Leihhauskunden. Die Ausweitung oder die Aufnahme einer

---

[23] Der im Juli 2002 unterbreitete Kommissionsvorschlag zur Neufassung der EU-Richtlinie zum Kleinkreditwesen wird zu einer weiteren Erhöhung der Markttransparenz führen.

[24] Zu den Anfängen der Vergabe von Kleinkrediten durch Großbanken ab 1959 und der Preisbildung in der Startphase vgl. (Thomsen 1966).

Erwerbstätigkeit erfordert die körperliche, traditionskonforme und organisatorische Erwerbsfähig- und –willigkeit. Eine Alleinerziehende wird diese Restriktion auch bei Verfügbarkeit eines Arbeitsplatzes kaum überwinden können. Angesichts der angespannten Lage auf dem Arbeitsmarkt sind mit der Erwerbssuche erhebliche Transaktionskosten und vor allem eine hohe Planungsunsicherheit verbunden. Das Ausweichen auf eine illegale Beschäftigung kann bei guter Informiertheit kurzfristige Einnahmen, trotz des damit verbundenen rechtlichen Risikos, ermöglichen. In beiden Fällen sind Lohnvorschüsse sehr unwahrscheinlich, so dass die Zeitspanne zwischen Finanzierungsbedarf und erstem Lohn zu lange werden könnte.

Der Pfandkredit ist - ein Pfand vorausgesetzt – sofort ohne Bonitätsauskunft erhältlich, bei einer minimalen Laufzeit von einem Monat ab 3% absoluten Kosten sehr günstig und schon ab 5 € erhältlich. Zudem besteht kein Risiko wachsender Verschuldung, jedoch des Verlusts eines Vermögensgegenstandes. Konkret bestehen die individuellen *Präferenzen* theoretisch in der Vergabe ohne Prüfung, der vom Nutzer bestimmbaren sehr kurzen Kreditlaufzeit und in der hohen Flexibilität der Kreditsumme auch bei verhältnismäßig geringem Finanzbedarf (Abbildung 3-3). Die Nachteile liegen in der Verfügbarkeit eines werthaltigen Pfands und dem mit der geringen Angebotsdichte der Leihhäuser verbundenen Reiseaufwand. Je nach individueller Nutzenfunktion und Präferenz entscheidet sich der Akteur mit kurzfristigem Finanzbedarf für eine oder mehrere Möglichkeiten, seine Liquidität zu erhöhen. Der Wettbewerbsvergleich der einzelnen Finanzierungsangebote aus Sicht des nachfragenden privaten Haushalts gestaltet sich für große Bevölkerungsgruppen auch mangels Fähigkeit zur Zinsrechnung und zur Berücksichtigung von Zahlungsströmen als äußerst schwierig.[25]

Der hier beschriebene wirtschaftstheoretische Untersuchungsansatz baut zur Reduktion der Komplexität der Finanzierungsalternativen auf der *neoklassischen Nutzenfunktion* auf. Es ist zu vermuten, dass Nutzer von Pfandkrediten in ihre Entscheidung für einen Pfandkredit implizit aus der sozialen Sphäre erwachsende wertrationale Präferenzen und Restriktionen miteinbeziehen oder

---

[25] Beispiel: Gehobene Konsumgüter werden direkt mit der Kauffinanzierung angeboten. Ein durch Barzahlung erzielbarer Rabatt entfällt damit. Die Abwägung von „0% Finanzierungskosten" vs. „20% Rabatt auf den Kaufpreis abzüglich anderweitiger Finanzierungskosten" stellt erhöhte finanzmathematische Anforderungen an den Konsumenten.

durch diese sogar dominiert werden. Dieser Teil der Handlungsentscheidung wird mit der wirtschaftssoziologischen Methodik hinterfragt.

Abbildung 3-3: Theoretischer mikroökonomischer Vergleich der Handlungs-optionen bei Finanzbedarf im privaten Haushalt

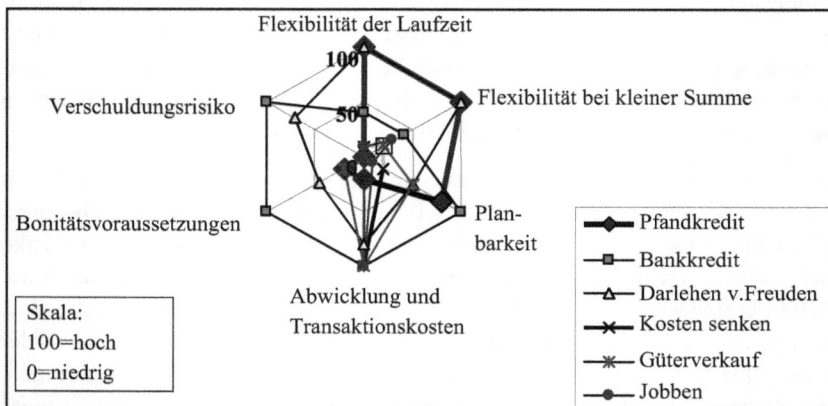

3.3 Motivationen für die Nutzung von Pfandkrediten - ein soziologischer Ansatz

Eine Person, die einen Pfandkredit in Anspruch nimmt, interagiert und konstituiert damit eine Institution. Dieser Leihprozess kann unterschiedlich motiviert sein. Zuvorderst ist davon auszugehen, dass die Handlung des Kredit-nehmers durch dessen Geldbedarf dominiert wird. Es fragt sich dann, weswegen der Kreditnehmer bereit ist, die vom Leihhaus geforderte Höhe der Zinsen zu akzeptieren. Dieses Wirtschaftshandeln gilt es zu erklären. Angenommen werden kann, dass die Entscheidung auf äußeren Zwängen, soziokulturellen Bindungen, sozialen Erwartungen, persönlichen Ritualen, Emotionen oder ähnli-chem basiert und daher bei unterstellter Wahlfreiheit nicht durch monetäre wirtschaftliche Rationalität im neoklassischen Sinn sondern durch Wertrationalität geleitet wird.

Die Handlungsbeschränkungen aus der sozialen Sphäre werden der Lebenswelt des Akteurs zugeordnet. Eine eindeutige soziologische oder politikwissen-schaftliche Definition des Begriffs „Lebenswelt" gibt es nicht (vgl. Gerdes 1989, 498). Angewandt wird der Lebensweltbegriff im Zusammenhang mit dem

Selbstmanagement der Akteure im Bezug auf ihre eigene Zeiteinteilung und – verwendung, wie auch im Zusammenhang mit deren Umgang mit Geld (vgl. Schufa 2003, 6), mit deren Glauben (vgl. Schrader 2000d, 41) und deren Konsumverhalten (Douglas, Isherwood 1996, 43). Der Begriff der Lebenswelt stammt aus der Phänomenologie und ist von Edmund Husserl geprägt worden (Fuchs-Heinritz 1994, 394), demzufolge darunter die selbstverständliche, unhinterfragte Grundstruktur der Gesellschaft verstanden wird. Nach dieser Struktur richten sich sowohl alltägliches Handeln und Denken als auch wissenschaftliche Theorien. Alfred Schütz, der die Phänomenologie entscheidend beeinflusste, erforschte die Grundmerkmale der Lebenswelt im Allgemeinen und die Sinnkonstitutionen von Handeln des Einzelnen. Für ihn waren Lebenswelten nicht festgefügt, sondern werden von den Menschen durch ihr Handeln immer wieder aufs Neue hergestellt. Aus der Vielzahl von Handlungsmöglichkeiten wählt das Individuum immer wieder diejenige aus, die in der Reichweite seiner derzeitigen Lebenswelt liegt.

Wie Max Weber strebte Schütz eine „Verstehende Soziologie" an, die nicht ausschließlich nach Logik und Gesetzmäßigkeiten gesellschaftlicher Klassen oder Gruppen fragt, sondern empathisch den Sinn (sozialer) Handlungen von Individuen zu erfassen sucht. Damit wird das Lebensweltkonzept eingesetzt, um verstehend gesellschaftlich mitbestimmte Lebensbereiche des Individuums wie auch dessen individuelle Erfahrungsräume zu beschreiben. Mit dem lebensweltlichen Ansatz kann demnach ein bestimmter Ausschnitt sozialen Handelns aus der sozial konstruierten und produzierten Welt eines Individuums wissenschaftlich erfasst werden. Die Lebensweltanalyse hat einen engen forschungspraktischen Bezug zu qualitativen Erhebungsmethoden, da sich die Lebenswelten des Einzelnen häufig den abstrakten Variablen der quantifizierenden Forschung entziehen. Auch wenn jeder in seiner eigenen Lebenswelt verhaftet ist und sich seine eigene Lebenswelt konstruiert, sind diese „nur" faktisch relativ verschieden, denn unter ähnlichen objektiven Bedingungen werden auch gleiche Lebenswelten konstruiert. Eine Dimension der Lebenswelt wird bestimmt durch Strukturen des Subjektiven, des Handelnden, der Person und des Milieus (vgl. Grathoff 1989, 135). Der Lebensstil ist ein Mittel zur Bezeichnung der Zugehörigkeit des Individuums zu einem bestimmten Milieu (Fuchs-Heinritz 1994, 394).

„Milieu bezeichnet die Umwelt im Sinn von Gesamtheit der äußeren und sozialkulturellen Faktoren, die auf eine Person oder soziale Gruppierung einwirken." (Pappi 1989, 568). Unter einem Milieu werden damit bestimmte Personengruppen verstanden, bei denen Grundwerte, Grundeinstellungen und Verhaltensmuster typischerweise zusammentreffenden. „Das Leben in solchen Milieus prägt Menschen und lässt sie ihre jeweilige Um- und Mitwelt (...) in bestimmter Weise wahrnehmen und nutzen." (Hradil 1995, 161). Traditionell geht der Begriff auf Emile Durkheim zurück. „Neuere Milieutheorien versuchen individuelles Verhalten oder die Wertorientierungen und Einstellungen von Individuen auf Milieufaktoren vor allem sozialer Art in der unmittelbaren Umwelt einer Person zurückzuführen." (Pappi 1989, 568). In der Milieuanalyse gilt die strikte Aufmerksamkeit des Forschers den Handlungsabläufen, ohne Normalitätsannahmen im Milieu vorauszuschicken. Es wird davon ausgegangen, dass die Konstitution und Sicherung personaler Werte eines Akteurs eine Erkenntnis von deren milieuhafter Bedingtheit verlangt. Die Milieuanalyse sensibilisiert den Sachverhalt intersubjektiver Wir-Beziehungen durch Darstellung von Vertrautheitsgraden und Bekanntheitsweisen (vgl. Grathoff 1989, 427f).

Was haben diese vorausschickenden Bemerkungen zur Lebenswelt- und Milieuanalyse mit den hier zu beobachtenden Kunden von Pfandhäusern zu tun? Die Voraussetzung für die Inanspruchnahme des Pfandkredites ist der Besitz eines werthaltigen Pfandes, oft Gold. Über ihre konstituierende Eigenschaft und Teil ihrer Lebenslage hinaus - den Liquiditätsbedarfs - lassen sich Pfandhauskunden durch den Besitz solcher Pfänder speziellen Lebensstilen und auch Milieus zuordnen. Der Bedarf an Kleinstkrediten kann ein weiterer Indikator für einen besonderen Lebensstil sein. Gleichzeitig wirkt die Wertbeimessung einer Geschäftsbeziehung eines Individuums zu einem Leihhaus in bestimmten Milieus ausgrenzend und damit auf die Attraktivität gegenüber diesen Milieus restriktiv. Daher ist das Leihhaus theoretisch als Ort des Zusammentreffens von Vertretern besonderer Milieus zu sehen.

Geld zu leihen, zumal bei einem Pfandhaus, ist indessen eine legitime und übliche Methode, Finanzierungslücken zu schließen und damit per se kein deviates Verhalten sozialer Randgruppen. Die Gründe für die Entscheidung für oder gegen einen Pfandkredit sollten also abfragbar und erklärbar sein. Es ist danach zu unterscheiden, ob es sich bei der Beleihung tatsächlich dem Sinn nach um eine Kreditaufnahme für einen unerwarteten Anlass handelt, oder nur um eine mögliche Form der temporären Liquiditätsschaffung aus dem planmäßig ersparten Gütervermögen. Letzteres ist der Fall, wenn die Person oder seine Gruppe ihr Vermögen bevorzugt in nicht monetärer Form, z.B. Schmuck, Kunst oder Edelmetall anlegt.

Dem Leihhauskunden steht eine breite Palette an Handlungsoptionen zur Verfügung. Diese Optionen können deduktiv aus der Charakterisierung des

Akteurs und seinem Lebensstil abgeleitet werden. So kann ein Akteur durch seine Person, seine Biographie, seine Umgebung und seine Beziehungen wie auch seine unmittelbar beobachtbaren Handlungen beschrieben werden. Sein Lebensstil und das Milieu, in dem er sich bewegt, charakterisieren den Akteur. Trotz starker Differenzierung der Lebensstile postuliert Schimank „hochgradig generalisierte" „Wollensvorgaben der teilsystemischen Orientierungshorizonte" (Schimank 1996, 246). Dieser Handlungsprägung des *Wollens* stehen restriktive Ordnungen des *Sollens* gegenüber. Da aus soziologischer Sicht verdichtete Handlungen Institutionen konstituieren (Granovetter/Swedberg 2001, 8), entspringen die Handlungsprägungen des *Sollens* dem Milieu und dem Lebensstil des handelnden Individuums, wo er seine Handlungen vollzieht. Ohne bereits die *Könnens* Prägungen der Akteur-Struktur-Dynamiken und die Selbstreproduktion seiner Teilsysteme (Schimank 1996, 246f) zu berück-sichtigen, zeigen die milieubedingten Handlungsprägungen den Wirtschafts-handelnden als Gefangenen seiner sozialen Sphäre. Nach dieser Theorie sollten über im Leihhaus angetroffene Kunden diese als Vertreter bestimmter Milieus identifiziert werden können und diesen Milieus daraus induktiv eine Leihhaus affine Prägung aller ihrer Mitglieder zugeschrieben werden können.

Die handelnde Person in ihrer Teillebenswelt als Leihhauskunde wird bestimmt durch ihre persönlichen Interessen und Motive der Gegenwart wie auch der Vergangenheit wie auch durch ihr soziales Eingebundensein in Familie, Freundeskreis, Kultur und Tradition. Im Ansatz des *homo sociologicus* werden diese Aspekte unter den Stichwörtern individuelle Intentionen und gesellschaft-lichen Erwartungen subsumiert. Die Trennungslinie zwischen sozialen Ansprüchen der Umgebung und den persönlichen Motiven ist nicht genau zu ziehen. Der Grund, einen Gegenstand zu beleihen und nicht zu verkaufen, mag persönlich motiviert sein, ebenso wie die beabsichtigte Verwendung des geliehenen Geldes, doch die sozialen Ansprüche der Umgebung sind bereits im Vorfeld der Entscheidung für einen Pfandkredit in die Überlegungen des Kredit-nehmers eingegangen. Die Tabuisierung bzw. Normalität einer Geschäfts-beziehung zu einem Leihhaus oder entsprechend zu einer Bank wird durch das Milieu stark beeinflusst. Ein lebensweltlicher Aspekt könnte die wiederholt in Berichten angesprochene persönliche Verbundenheit der Leihhauskunden zu „ihrem" Haus sein.

Die *Wollens* Handlungsprägung des Pfandkreditnehmers wird durch den Wunsch der Finanzierung einer bereits getätigten oder noch anstehenden Zahlung dominiert. Die zutreffende Entscheidung steht unter den handlungs-institutionellen und milieubedingten Restriktionen der *Sollens* und *Könnens*

Prägung. Die direkte Erhebung dieser lebensweltlichen Einflüsse auf die Handelnden wird durch die dafür notwendige Selbstreflexion der Befragten erschwert. Auch sind die Einflusskategorien nicht scharf zu trennen, sondern am ehesten noch als analytische Grundlage eines integralen Bildes des zu Beschreibenden zu verwenden.

3.4 Aufstellung der Untersuchungshypothesen

Die Hypothesen werden bereits in diesem Kapitel dargestellt, um die Zielrichtung der Arbeit zu verdeutlichen und damit die Lesbarkeit zu erhöhen. In der methodischen Abfolge im Sinne der Theorie der qualitativen Sozialforschung könnten die Hypothesen erst als Ergebnis der qualitativen Erhebungen formuliert werden, also nach Kapitel 7. In Kapitel 9.1 werden die hier aufgestellten Hypothesen anhand der Analyseergebnisse bewertet.

Allen Pfandkreditnehmern gemein ist der Liquiditätsbedarf. Ausgehend von den formulierten Fragestellungen aus der Alltagserfahrung (Kapitel 2.6) und den vorangegangenen theoretischen Überlegungen zur begrenzten Rationalität der durch die Pfandkreditnehmer getroffenen Entscheidungen wird die zentrale Arbeitshypothese des Forschungsvorhabens aufgestellt:

> Die Pfandkreditnehmer treffen zur Deckung ihrer Liquiditätsengpässe mikroökonomisch suboptimale Finanzierungsentscheidungen mangels Transparenz auf dem Markt und mangels grundlegender Fähigkeiten der Finanzierungsrechnung. Sofern sie sich des monetären Nachteils bewusst sind, übersehen oder tolerieren sie ihn, weil ihnen andere, nicht monetäre Aspekte aus der sozialen Sphäre wichtiger sind oder diese sie reglementieren.

Als Zielgruppen der Leihhäuser werden folgende Gruppen typischer Pfandkreditnehmer vermutet:

1. Kulturell „anders" geprägte Nutzer,

- die Schmuck- gegenüber Geldvermögen bevorzugen und darum das Pfandhaus zur temporären Liquiditätsschaffung nutzen.
- die nach Abgrenzungsmöglichkeiten in der westlichen Bankenkultur suchen.

2. Vermögende, nicht armutsnahe Nutzer bei relativer Deprivation,

- ohne Zugang oder Willen zur Bankfinanzierung.

3. Verkäufer,

- die Sachvermögen in Geld wandeln wollen und denen keine anderen Kaufangebote vorliegen.
- die indifferent bzgl. der Auslösung des Pfands sind.

4. Personen, die auch Probleme im Umgang mit Geld haben

- Inkompetenz, Sucht, fehlende soziale Integration als Ursache für ein- und mehrmalige Liquiditätsengpässe und die Entscheidung für den Pfandkredit.

5. Personen mit außergewöhnlichen Motiven, z.B.

- Pfandhaus als „versichertes Schließfach",
- der Schätzer als soziale Bezugsperson,
- Pfandschein als Nachweis für Bedürftigkeit.

Als weitere Hypothese wurde im Zusammenhang mit der Vermutung der Zwangssituation der Kunden ihre Abhängigkeit überprüft:

> Die Mehrheit der Kunden ist nicht gebunden (Gruppen 3, 4 und 5), sondern könnte ihre Finanzierung auch anderweitig erhalten.

Wissenschaftstheoretisch ist die Möglichkeit der Verifizierung dieser Hypothesen anhand exemplarischen Datenmaterials umstritten. Darum erfolgt in dieser Arbeit nur die Überprüfung der Falsifikation der Hypothesen. Aufgrund der Verfügbarkeit der umfangreichen, aber an soziologischen Merkmalen knappen Kunden-*Datenbank* wurde der Schwerpunkt des weiteren Vorgehens auf quantitative Methoden gelegt. Dabei wurde das Ziel verfolgt, statistisch signifikante Aussagen hoher Repräsentativität zu gewinnen. Um diese Ergebnisse soziologisch zu plausibilisieren, wurden aufwendige Analysemethoden entwickelt.

4 FORSCHUNGSMETHODEN

Das Ziel der Untersuchung ist die Überprüfung der oben dargestellten Hypothesen und damit indirekt auch die repräsentative Charakterisierung der Kunden von Kleinkrediten, die durch Pfandhäuser in Deutschland gewährt werden. Am Ende einer milieuspezifischen Betrachtung steht eine Beschreibung des Wirtschaftshandelns der Leihhauskunden. Der Schwerpunkt liegt auf den teilweise indirekt abgeleiteten milieuspezifischen sozialen Faktoren und deren Einfluss auf die Entscheidung für einen Pfandkredit. Durch die Möglichkeit, eine außergewöhnliche Datengrundlage nutzen zu können, erschien es lohnend, die Beobachtung der einzelfallbezogenen Entscheidung des einzelnen Akteurs zugunsten einer stärker abstrahierenden Betrachtung der Gruppe in den Hintergrund zu stellen. Hierfür waren eigens statistische Auswertemethoden zu entwickeln. Die verwendeten Quellen setzen sich aus selbsterhobenen Daten, Primärdaten einer Datenbank und statistischen Sekundärdaten zusammen (Tabelle 4-1).

Tabelle 4-1: Die Quellen und ihre Erhebungsmethoden

Quelle	Methode zur Datenerhebung	Phase
Graue und Fachliteratur	Inhaltsanalyse	
Sekundärstatistik		Vorstudie
Leihhausbesuche	Qualitative Beobachtung	
Zielgruppen Vertreter (Test)	Teilstandardisierte mündliche Befragung	
Kundenbefragung (N=41)	Vollstandardisierte mündliche Befragung, qualitative Beobachtung	
Vergleichsgruppe (N=41)	Vollstandardisierte mündliche Befragung von Passanten	Hauptunter- suchung
Geschäftsführerbefragung der Leihhäuser (N=52)	Vollstandardisierte postalische schriftliche Befragung	
Datenbank (N=4.000 Kunden)	Empirische quantitative Analyse	
Sekundärstatistik		

Quelle: Aufbau der Erhebung über Pfandkreditkunden.

4.1 Die Vielfalt verwendeter Methoden

Durch eine Methodenmischung wirtschaftssoziologisch ermittelter Kategorien von Individuen, Handlungsmustern und Theorie geleiteter allgemein gehaltener Nutzenfunktion wird versucht, das Verhalten der Individuen zu erklären.

Theoretisch kann mit Hilfe der Technologie zur Datenerfassung und –verarbeitung das Finanzierungsverhalten der privaten Haushalte und ihre Verhaltensweisen im Umgang mit Geld bereits umfangreich erhoben und beschrieben werden. Das Interesse der wirtschaftssoziologischen Forschung liegt bei den Motiven und den Charakteristika der handelnden Gruppen. Dafür ist der Zugang zu den personen-, gruppen- oder milieubezogenen Basisdaten der Handelnden notwendig. Doch es sind nur wenige Beispiele bekannt, bei denen solche Daten der wirtschaftssoziologischen Analyse zugänglich gemacht wurden (z.B. Schufa 2003). Die im Rahmen dieser Untersuchung getätigten Anfragen an Banken, Marktforschungsinstitute, Leihhäuser oder das Einwohnermeldeamt wurden mit einer Ausnahme alle abgelehnt. Das *Leihhaus Nürnberg* gestattete die wissenschaftlicher Nutzung einer anonymisierten Stichprobe (N=4.000 Kunden) seiner *Datenbank* und ermöglichte damit einen außerordentlichen Glücksfall für die Wissenschaft.

Die typischen Erhebungsmethoden der akteursbezogenen, lebensweltlich orientierten Ansätze der Soziologie sind qualitativer Natur. Auf der Grundlage der *Datenbank* als zentrale Quelle mit breiter, aber nicht tiefer und wenig wirtschaftssoziologischer Kundeninformation bietet es sich an, mit sich ergänzenden wirtschaftssoziologischen und wirtschaftstheoretischen Ansätzen zu operieren. Entsprechend bietet es sich auch an, eine Methodenmischung aus den dazugehörenden Erhebungsmethoden zu verwenden. Im Laufe der Entwicklung der sozial- und wirtschaftswissenschaftlichen Forschung wurden vielfältige Vorgehensweisen – Methoden - entwickelt, den Forschungsgegenstand zu beobachten, zu beschreiben und theoretisch zu erfassen. „Methoden sind (in erster Linie) **Systeme von Regeln**, nach denen in beobachtbarer Weise vorgegangen werden kann und nach denen auch bestimmte Werkzeuge, Requisiten u. dgl. verwendet werden können." (Roth 1989, 33 – Hervorhebungen und Abkürzungen im Original).[26] Methoden sind demzufolge Befragungen, Beobachtungen, Messungen, etc. Die dazugehörenden Werkzeuge sind bestimmte Erhebungsverfahren wie Fragebogen, Kategorienschema, Beobachtungsbogen und Statistiken.

Hintergrundsinformationen wie auch Informationen zum Einstieg in das Thema der Untersuchung wurden aus der Tagespresse gewonnen. Das Heranziehen

---

[26] Einem ähnlich breiten Methodenverständnis folgt auch (Kromrey 2000, 297). Andere Autoren wie (Friedrichs 1990, Diekmann 2001) fassen den Begriff „Methoden" enger und beziehen sich lediglich auf systematische Erhebungsverfahren.

alltäglicher Druckmedien zur Schilderung der politisch-ökonomischen Hintergrund-Situation bot sich an, weil damit die soziale Realität (mit)konstituiert wird (Lamnek, Pichler 1999, 5).[27] Der Verfasser setzte die Presseartikel bewusst für die Beschaffung seines Vorwissens und für die Vorbereitung von Akteurs- und Expertenbefragungen ein.

Die Befragung ist nach wie vor die am meisten angewandte Forschungsmethode in den empirischen Sozialwissenschaften und kam auch hier zur Anwendung. Gerade wegen der erschwerten Kommunikationssituation mit den Forschungs-objekten „Leihhauskunden" bot sich die direkte Befragung an, um alle Kommunikationskanäle zu nutzen und auch qualitative Daten zu erheben. „Jede Befragung beinhaltet Aussagen über die soziale Wirklichkeit, erfasst aber diese soziale Wirklichkeit nur ausschnittsweise." (Atteslander 2000, 178). Die empirische Aussagefähigkeit der gewonnenen Daten durch die Befra-gungsansätze steht - neben der wissenschaftlich richtigen Anwendung der Methode – in engem Zusammenhang mit der Stoßrichtung der jeweiligen Methode. Durch die personenzentrierte Konzeption der Befragung konnten „objektive" Sachverhalte und Vorgänge nur als „subjektive" Wahrnehmungen des Befragten ermittelt werden. Bei diesem akteurstheoretischen Ansatz stand die subjektive Wahrnehmung des Akteurs im Mittelpunkt des Interesses. Damit wurde der Gegenstand durch die Befragung zielgerichtet erfasst und konnte durch Vergleichsdaten ergänzt werden.

Es stellte sich die Frage, wer für die hier diskutierten Fragestellungen als Experte einzustufen war. „Ob jemand als Expertin angesprochen wird, ist in erster Linie abhängig vom jeweiligen Forschungsinteresse. Expertin ist ein relationaler Status." (Meuser, Nagel 1991, 443). „Als Experte wird interviewt, wer in irgendeiner Weise Verantwortung trägt für den Entwurf, die Implementierung oder die Kontrolle einer Problemlösung;" (Meuser, Nagel 2002, 215). Ein Experteninterview muss nach dieser Definition nicht frei von Eigeninteressen des Befragten sein. Sind Pfandhauskunden Experten in eigener Sache? Nein, sie sind im Kontext dieser Untersuchung nicht Experten, sondern beobachtete Akteure (forschungsinteressierende Objekte).

---

[27] „Die soziale Welt als Teil der Lebenswelt der Befragten, als von den Medien interpretierte und den Rezipienten reinterpretierte und damit wirkliche Lebenswelt ist ein zentrales Handlungselement (...)." (Lamnek, Pichler 1999, 5).

In dieser Arbeit kamen offene, teil-standardisierte und standardisierte Interviews zum Einsatz. Die Auswahl des Standardisierungsgrads der Interviews erfolgte nach den zu erwartenden Aussagen der Befragten bzw. den Möglichkeiten, die jeweilige Zielgruppe anzusprechen. **Offene, narrative Interviews** wurden hier zur Exploration, bzw. der Systematisierung des vorwissenschaftlichen Verständnisses des Themas und als Ergänzung und Validierung anderer Forschungsinstrumente eingesetzt. Demzufolge wurden Verbandssprecher, Wissenschaftler und Unternehmer mit Leitfadengesprächen befragt. Die genannten wurden als **Experten** interviewt, da sie über einen „privilegierten Zugang zu Informationen über Personengruppen oder Entscheidungsprozesse" verfügten (Meuser, Nagel 2002, 215). Sie besaßen aufgrund langjähriger Erfahrung ein bereichsspezifisches Wissen.[28] Gesehen wurden die „Experten als „Kristallisationspunkte" praktischen Insiderwissens" und wurden in der Explorationsphase „stellvertretend für eine Vielzahl zu befragender Akteure" interviewt (Bogner, Menz 2002, 7). Die Gespräche wurden von Forscher und Befragtem „auf gleicher Augenhöhe" geführt. Das implizierte, dass sich der Interviewer bereits über eine intensive **Literaturrecherche**, **Informationssammlung** und **Analyse der Sekundärstatistiken** fundierte Kenntnisse des Themas erarbeitet hatte, die Fachtermini und Zusammenhänge beherrschte und dem Experten das Gefühl vermitteln konnte, verstanden zu werden. Die Auswertung der Experteninterviews erfolgte „an thematischen Einheiten, an inhaltlich zusammengehörigen, über die Texte verstreuten Passagen" (vgl. Meuser, Nagel 1991, 453) und diente der Vorbereitung der Befragung der Kunden und Geschäftsführer von Leihhäusern.

Die Leihhauskunden wurden aufgrund der in der teil-standardisierten Testbefragung herausgefundenen schwachen Interviewbereitschaft mit Hilfe einer vollstandardisierten mündlichen Erhebung befragt. Ebenfalls mit Hilfe eines **Fragebogens** wurden Geschäftsführer von Leihhäusern in die Untersuchung mit einbezogen. Dabei handelte es sich aufgrund der großen Anzahl um eine schriftliche Befragung, die sich auch deshalb gut einsetzen ließ, da - bezogen auf das Thema - die untersuchte Gruppe homogen ist und kaum Sprachschwierigkeiten existierten. Einige Geschäftsführer, deren Auskunftsfreude sich

---

[28] „Experteninterviews sind auf die Generierung bereichsspezifischer und objekttheoretischer Aussagen angelegt, nicht auf die Analyse von Basisregeln sozialen Handelns bzw. auf universale konstitutive Strukturen." (Meuser, Nagel 2002, 214).

etwa bei einem rückfragenden Telefongespräch oder bei einem Besuch zeigte, wurden so erneut teil-standardisiert befragt.

Zur Kontrolle und Erweiterung der Erhebungsmethode wurden Leihhäuser in Deutschland besucht und die dortigen Geschäftsabläufe und Kunden beobachtet. Beobachtungen zeichnen sich durch die Authentizität der gewonnenen Daten aus (Atteslander 2000, 107). Bei einer nicht-teilnehmenden **Beobachtung** wie sie hier durchgeführt wurde, ist der Einsatzbereich sogar noch breiter als jener der Befragung. Beobachtet werden konnten auch Akteure, die keine verbalen Zeugnisse leisten konnten oder wollten, ebenso wie non-verbale Interaktionen generell. Hierzu gehörte das Verhalten von Leihhauskunden untereinander z.B. vor dem Betreten des Leihhauses, während des Aufenthalts oder nach dem Verlassen desselben.

Die Verfügbarkeit einer Stichprobe aus einer anonymisierten Kunden*datenbank* eines Leihhauses bietet die Chance, aus der nichtrepräsentativen qualitativen Befragung gewonnene Erkenntnisse mit der quantitativen *Datenbank* zu vergleichen und weitere statistisch abgesicherte Erkenntnisse zu erhalten. Die Auswertung der *Datenbank* erfolgt mit bekannten statistischen Methoden, wie Regressions-, Korrelations- oder Clusteranalyse (z.B. Bryman, Cramer 1994) und einer eigens entwickelten statistischen Zeitreihenanalyse (Kapitel 5).

Festzuhalten ist, dass die angewandte Methodenvielfalt aus verschiedenen Befragungstypen und statistischen Auswertungen, den sich ergänzenden Ansatz der Untersuchung aus wirtschaftssoziologischer und wirtschaftswissenschaft-licher Perspektive vervollständigt und eine Datenbasis eröffnet, die zu einem umfassenderen Bild des Handelns und Verhaltens von Pfandleihkunden führt.

4.2 Durchführung der Untersuchung

Die unterschiedlichen Perspektiven der Wirtschaftswissenschaften und der Wirtschaftssoziologie ergänzen sich bei der Erforschung des Wirtschafts-handelns der Akteure. Entsprechend der wirtschaftswissenschaftlichen Theorie wurde von den Kunden das Finanzierungsbedürfnis, das Haushaltseinkommen, der Transaktionskostenaufwand, die Attraktivität alternativer Finanzierungs-optionen und die wiederholte individuelle Handlungs- und Entscheidungs-abfolge beim Aufbau ihres Finanzierungsportfolios ermittelt und analysiert. Mittels Methoden der Wirtschaftssoziologie wurden indirekt Lebensstil und Milieu bestimmende Faktoren aus dem kulturellen und sozioökonomischen Wohnumfeld, der Wertbeimessung und der Art der eingesetzten Pfänder, der

Kontinuität der Finanzierungsentscheidungen und der Einbettung in soziale Netze ermittelt.

Der Untersuchungsaufbau und –ablauf folgt der Verteilung des Wissens über die Untersuchungsobjekte. Der Ausgangspunkt der Untersuchung war das Kontextwissen des Forschers und der intuitiv zuerst kontaktierten Personen. Parallel dazu wurde die aktuelle graue Literatur analysiert.[29] Die systematische Literaturrecherche zur wissenschaftlichen Aufarbeitung des Pfandkreditwesens liefert überwiegend historische, juristische und wenige aktuelle ökonomische Quellen. Vorliegende Daten über Pfandkreditnehmer in Deutschland sind dürftig und entstammen einer einzigen Quelle, dem ZDP e.V.[30] Sozialwissenschaftliche Ansätze in der Literatur sind in erster Linie auf dem Gebiet der Mikroökonomie und Wirtschaftssoziologie von Schwellen- und Entwicklungsländern zu finden. Die Nürnberger und bundesdeutsche amtliche Statistik wurde hinsichtlich der Größenordnungen von Daten (z.B. Anteil Konsumkredite im Verhältnis zu allen Privatkrediten) und Trends mittels qualitativer Methoden analysiert.

Bei den Leihhäusern liegt das Wissen über die Kunden einerseits beim Personal. Andererseits wurde seit Mitte der 1990er Jahre die Jahrhunderte alte Kladdenbuchhaltung um EDV-Systeme zur parallelen Erfassung der Kundendaten und ihrer Verpfändungsvorgänge ergänzt. Wie bei kleinen Einzelhandelsunternehmen üblich, werden die über die EDV erfassten Daten noch nicht für ein systematisches customer relationship management aufbereitet und verwendet. Damit verbleibt als Experte zum Leihhaus „nur" der begrenzt auskunftsbereite und –fähige Mitarbeiter: Es ist Teil des Wesens des Pfandkredits, keine personenbezogene Kreditprüfung durchzuführen, also auch keinen engeren Kontakt zum Kunden zu suchen.

Mit diesem Vorwissen gelang es qualitativ orientierte, nicht standardisierte einzelne Befragungen mit Nachfragern und Anbietern zu führen. Die tatsächlich resultierende Form dieser ersten Befragungen war von der angetroffenen Situation abhängig und schwer prognostizier- und steuerbar (vgl. Schrader 2000a, 201). Die Bandbreite reichte von kurzen telefonischen Auskünften bis zu narrativen Darstellungen mit biographischem Charakter. Es wurden 17 Leihhäuser in ganz Deutschland besucht (zufällige Teilerhebung) und dort jeweils ca. 30 min der Publikumsverkehr und die Geschäftsanbahnung und –

---

[29] Tagespresse, Verbandspublikationen, Hörfunk und Fernsehen.
[30] Pressemappe des ZDP, einzusehen oder zu beziehen über www.pfandkredit.org.

abwicklung vor und im Geschäftsraum erkundet. Die Beobachtungen wurden nichtstandardisiert erfasst und qualitativ ausgewertet. Die persönliche Anwesenheit des Beobachters führte zu Irritationen bei einigen Kunden, was z.B. durch Angst vor Verlust der Anonymität oder auch Beraubung erklärt wurde.[31] Mittels nicht standardisierten Interviews, meist persönlich, selten telefonisch, wurden Meinungsbildner, Wissenschaftler und Vertreter der einzelnen Zielgruppen befragt (*Vorstudie*). Neben inhaltlichem Erkenntnisgewinn zeigten sich typische Grenzen der Erhebungsmöglichkeiten: Auskunftsbereitschaft, eingeräumte Zeit, bevorzugte Erhebungsart, erwartete Gegenleistung oder kommunikative Barrieren. Bei den als Experten einzustufenden Personen wurden die Blickrichtungen einzelner Fachdisziplinen und die individuellen Standpunkte von Vertretern aus der Branche ermittelt. Damit wurden auch Ansatzpunkte zur Motivation der Befragten oder der sie reglementierenden Organisation identifiziert, um die Hindernisse bei der Erhebung zu mildern und die Auskunftsbereitschaft zu schaffen oder zu erhöhen, nicht jedoch die Auskunft an sich zu beeinflussen:

- Abbau von kommunikativen Barrieren durch Wahl der richtigen Befragungsmethode, Kleidung und Sprache: Offene, einfache Ausdrucks- und Frageweise, seriöse Freizeitkleidung, Bereitschaft zum längeren Zuhören.

- Gewinnung von Vertrauen durch Anpreisung der Partner ZDP e.V. und Otto-von-Guericke-Universität Magdeburg.

- Aufzeigen und Schaffen eines Nutzens für den Befragten: Partizipation am Erkenntnisgewinn durch pädagogisch aufgebauten Fragebogen oder Zusendung der Ergebnisse.

Damit standen die inhaltlichen Grundlagen für die Hauptuntersuchung bereit. Die aus der *Vorstudie* entwickelten Fragebögen wurden als teilstandardisierte mündliche Befragung bei Kreditsuchenden und Leihhausmitarbeitern getestet. Neben auch qualitativer inhaltlicher Erkenntnis standen die organisatorischen Konsequenzen im Vordergrund: Der Fragebogen für die Kunden wurde in Sprache und Logik deutlich vereinfacht und im Umfang reduziert. Der Einsatz einer Teilnahmeprämie wurde verworfen, um keine zusätzlichen Verzerrungen

---

[31] Einige Leihhäuser sind nur nach aktivem Türöffnen durch einen Mitarbeiter zugänglich. Ein in San Fransisco (USA) besuchtes Leihhaus bietet dem Kunden nach Geschäftsabwicklung die kostenlose Begleitung bis zur nächsten frequentierten Straßenkreuzung an.

bei der Auswahl der Stichprobe zu schaffen. Die standardisierte *Geschäftsführer- und Kundenbefragung* wurde als Vollerhebung bzw. zufällige Stichprobe gestaltet.

Im Zeitraum vom 23. Oktober 2002 bis zum 28. Januar 2003 erfolgte die vollstandardisierte mündliche **Kundenbefragung** von 41 Personen der beiden führenden Leihhäuser in Nürnberg – dem *Leihhaus Nürnberg* und dem *Leihhaus am Hauptbahnhof* – an verschiedenen Werktagen von der Öffnung des Leihhauses bis zur Schließung. Der Fragebogen umfasste drei Seiten und war in 10 min zu beantworten. Als **Vergleichsgruppe** wurden 41 Passanten im Oktober und November 2002 in der Fußgängerzone Nürnbergs vollstandardisiert interviewt. Dabei wurde nicht der Anspruch der Repräsentativität erhoben, denn es wurden qualitativ gestützte Zusammenhänge gesucht.

Die **Geschäftsführerbefragung** erfolgte als schriftliche vollstandardisierte Vollerhebung vorrangig postalisch, um für den Befragten den Aufwand zu mindern und die Vertraulichkeit zu erhöhen. Ihre Teilnahmebereitschaft (in der mündlichen Vorstudie: ca. 50%) an einer schriftlichen Befragung konnte durch Kooperation mit dem Dachverband ZDP e.V. und anschließender zeitnaher Mitteilung der Ergebnisse erhalten werden.[32] Den Teilnehmern wurde über die Befragung hinaus ein fortgesetzter Dialog zum Thema angeboten, von dem wenige Leihhäuser Gebrauch machten. Die Leihhausgeschäftsführer wollen, können oder dürfen einige für die sozialwissenschaftliche Forschung relevante Aspekte über ihre Kundschaft nicht preisgeben, teilweise weil sie die Daten nicht systematisch erheben,[33] teilweise weil sie es als geschäftskritisch betrachten.[34] Quantitative Fragen, z.B. der Stammkundenanteil,[35] wurden meist als Schätzwert beantwortet, obwohl ihnen eine exakte Ermittlung aus den Geschäftsunterlagen möglich gewesen wäre. Den Befragten wurde der wissenschaftliche Zweck der Befragung erklärt, darum ist anders als bei einem Pressegespräch hier nicht von einem verzerrenden Eigeninteresse der Befragten

---

[32] Vortrag „Chancen zur Geschäftsausweitung für Leihhäuser durch die Erschließung zusätzlicher gewerblicher Kunden", gehalten auf der Jahrestagung des ZDP am 26.9.2003 in Hannover durch den Autor.

[33] Hierzu gehören das Haushaltseinkommen der Kunden, der Verwendungszweck, die alternativen Finanzierungsoptionen und die Planungsfähigkeit der Kunden.

[34] Hierzu gehören die Bedeutung einzelner Kundengruppen, das Rückzahlverhalten oder die Differenzierung im Wettbewerb.

[35] Weiterhin gehören hierzu: Nationale Herkunft, Entfernung zum Wohnort, durchschnittlicher Wert der Pfänder, ihre Beleihungsdauer und ihre Verfallquote.

in ihrer Selbstdarstellung auszugehen. Dies wurde durch zahlreiche Details in Aussagen unterlegt, die durch Inhaber und Kunden konkret außerhalb der zitierfähigen Befragung gemacht wurden, mit dieser aber konsistent sind.

Die *Geschäftsführerbefragung* bei 115 etablierten Pfandleihhausunternehmen lieferte ergänzende Informationen der Makroebene. Der Fragebogen umfasste zwei Seiten, war in 5-10 min zu beantworten und fragte, um die Teilnahmequote zu erhöhen, nichts ab, was nicht mit erheblichem Mehraufwand auch anders hätte erhoben werden können.[36] Die Erhebung wurde trotz des vollstandardisierten Ansatzes durch einen flexiblen Ansatz ergänzt, um auch dort Informationen zu gewinnen, wo keine schriftliche Auskunftsbereitschaft bestand. Die Ergebnisse der 52 antwortenden Unternehmen wurden diesen zeitnah schriftlich mitgeteilt.

Eine umfassende quantitative Analyse auf der Mikroebene wurde durch Zugang zu einer Stichprobe aus der ***Datenbank*** des kooperierenden *Leihhaus Nürnberg* ermöglicht (Kapitel 5). Im Folgenden wird mit den Begriffen *Kundenbefragung*, *Vergleichsgruppe*, *Geschäftsführerbefragung* und *Datenbank* auf die hier vorgestellten Datengrundlagen verwiesen.

Die aus allen Quellen und Analysen abschließend gewonnene konzeptionelle Dichte ermöglichte die Sättigung[37] einer exemplarischen Theorie für den Untersuchungsraum.

4.3 Quellendiskussion

Die Pfandkreditnehmer werden aus dem Blickwinkel verschiedener Quellen analysiert:

- Die Selbstwahrnehmung der im Mittelpunkt stehenden nachfragenden Akteure: Die Pfandkreditnehmer und ihr soziales Umfeld.

- Die soziale Außenwahrnehmung der Handlung im Umfeld der Akteure.

- Die anbietenden Akteure: Inhaber und Mitarbeiter der Leihhäuser.

---

[36] Alternativen zur direkten Befragung der Leihhausinhaber bzw. Geschäftsführer sind die Beobachtung des Geschäftsbetriebs und die Befragung der Kunden, die qualitative und quantitative Inhaltsanalyse der gesetzlich vorgeschriebenen Versteigerungsankündigungen (PfandlV §9, Abs. 4) und die informelle Befragung der Mitarbeiter.

[37] Nach Strauss liegt eine gesättigte Theorie vor, wenn weitere Analysen keinen Beitrag zur weiteren Entdeckung von Neuigkeiten einer Kategorie liefern (Strauss 1998, 49).

- Die Gesellschaft und das allgemeine öffentliche passive Umfeld der Handelnden: das System menschlichen Zusammenlebens, als Prozess menschlicher Handlungen, die durch Beziehung zu anderen Menschen einen Sinn bekommen.

- Die Armutsforschung: Armut als charakterisierenden Sammelbegriff und Anlass für benachteiligte Personen, überteuert Geld zu leihen und damit möglicherweise Opfer von Wucher zu sein.

Im Vergleich mit der gesamten Kreditwirtschaft ist das Kreditvolumen der Leihhäuser sehr gering. Darum steht der gesellschaftliche Standpunkt als Quelle der Erkenntnis über den Pfandkreditnehmer hinter den beiden direkt handelnden Gruppen der Anbieter und Nachfrager[38] zurück. Tabelle 4-2 gibt einen Überblick über die Ausschöpfung der Quellen.

In dieser Untersuchung über das Finanzierungsverhalten mit Kleinkrediten in Form eines Pfandkredits erfolgt eine Beschränkung auf „kleine" beleihbaren Gebrauchsgüter aus der Sphäre des Haushalts, um die sozialen Besonderheiten rund um die Beleihung von Pfändern in einer durchschnittlichen Höhe von 220 € (Jahr 2000 in Deutschland, ZDP 2002a, 8) zu untersuchen und dabei die sehr kleinen Pfänder im Wertbereich ab 5 € bis 50 € zu berücksichtigen. Darum werden nur jene Leihhäuser in Deutschland betrachtet, die nicht auf die Beleihung von Kfz spezialisiert sind, sondern Pfänder aus dem Gebrauchs-vermögen des Haushalts beleihen. Das Segment der Kredite in der Größenord-nung von einigen tausend Euro Pfandkreditbetrag, wie es bei der Verpfändung eines Kfz üblich ist, weist zwar keine eindeutige absolute Untergrenze auf, doch zeichnet es sich dadurch aus, dass hierfür nur noch wenige Finanzierungsalter-nativen bereit stehen. Die Verpfändung und damit die Abgabe des (einzigen) eigenen Autos weist besondere soziale Implikationen auf. Noch stärker als ein mehrmonatiger Führerscheinentzug würde die mehrwöchige Weggabe des eigenen Autos in der sozialen Gruppe offensichtlich. Während sonstige Pfänder meist problemlos versteckt vor der eigenen Familie, Nachbarn und Kollegen ins Leihhaus getragen werden können, führt das Verschwinden des Autos zu Nachfragen. Gerade unter Bewohnern von Mehrfamilienhäusern zeigt ein Blick auf den Parkplatz, wie wichtig das Auto als Prestigeobjekt zur persönlichen

---

[38] Der ZDP sprach anlässlich seiner Jahrestagung 2003 von 1,1 Mio. Kunden, die im Jahr 2003 einen Pfandkredit in Anspruch nahmen (FOCUS 38 vom 8.9.2003, 202 und Nürnberger Nachrichten vom 24.9.2003, 7).

Abhebung von der Nachbarschaft ist. Entsprechend gehört das Auto vor der Doppelgarage zum Wesen einer Einfamilienhaussiedlung. Dessen Verschwinden wäre offensichtlich und stellt eine soziale Diskriminierung dar.

Tabelle 4-2: Die Ausschöpfung und die Themen der Quellen

Phase	Ausschöpfung und abgedeckte Themen der Quellen
Kontext-wissen	(Mikro)Kreditwesen, Finanzierung, Armutsforschung, amtliche Statistik, Leihhauswesen.
Vorstudie	1998-2002, im WWW: Internationale Aspekte, spektakuläre Einzelfälle.
	Ökonomische, historische und soziale Entwicklung des Leihhauswesens in Deutschland, Österreich, Russland und der Schweiz.
	Amtliche Statistik: Makro und Mikroökonomische Daten zu Güterausstattung, Einkommen, Vermögen und Schuldenstand der deutschen Haushalte. Statistik Nürnberg: Demographie, Haushalte, Bildung, Sozioökonomie der Stadtteile, Finanzierungsprobleme, internationale Migration. ZDP e.V.: Beleihungen nach Volumen und Stück in Deutschland. Branchenbücher: Adressen von 206 Leihhäusern.
Haupter-hebung	Besuch von 17 Leihhäusern in ganz Deutschland: Standort, Öffnungszeiten, Geschäftsablauf, Mitarbeiter, Kundentypen, Besonderheiten des Angebots und der Nachfrager, Kundengruppen und Kundengewinnung.
	Kundenbefragung und *Vergleichsgruppe*: je 41 Personen zu Demographie, Herkunft, Sozioökonomie, Haushalt, Bildung, Beruf, Kreditmarktkenntnis, Finanzierungsoptionen, Pfandkredit, Kriterien, Kredithistorie.
	Geschäftsführerbefragung: 52 Leihhaus Unternehmen mit 69 Filialen zu Öffnungszeiten, Unternehmenshistorie, Mitarbeiter, Werbung, Wettbewerb, Preis, Anzahl Verpfändungen, Pfänder, Verkauf, Kundenstruktur.
	Datenbank: 4.000 Kunden und deren ca. hunderttausend Beleihungen nach verschlüsseltem Namen/Straße/Hausnummer, Geburtsjahr, Geschlecht, PLZ-5 des Wohnorts, Nationalität, Datum, Beleihung, Status des Pfands, Beschreibung und Gütergruppe des Pfands; in den Jahren 1999 bis 2002.

Quelle: Eigene Untersuchung über Pfandkreditkunden.

Auch ist das Auto unter Nachbarn, Kollegen und in der Verwandtschaft ein häufiges Gesprächsthema, so dass auch hier unbequeme Nachfragen „drohen". Aus diesem Grund ist zu vermuten, dass bei einem Finanzierungsbedarf von mehreren tausend Euro zunächst mit großem Aufwand versucht wird, einen Ratenkredit oder Alternativen zu erhalten, aber nicht das eigene Auto abzugeben. Es gibt in Deutschland ca. 25 Leihhäuser, die auch oder nur

Kraftfahrzeuge beleihen. Verpfändete Kraftfahrzeuge werden nach Aussage zweier Leihhäuser meist nach einer Zeitspanne von wenigen Tagen am Monatsende[39] bis zu einigen Monaten wieder ausgelöst.[40] Dabei sind Beleihungswerte von einigen hundert bis über zehntausend Euro üblich, Grundlage ist die Schwacke-Liste, abzgl. eines Abschlages von 40-60%.

Im Jahr 1987 gab es in Deutschland angeblich ca. 140 Leihhäuser (Pfandkredit 1987, 3; zitiert nach Damrau 1990, 35). Im Jahr 2002 wurden in dieser Erhebung die Adressen von 206 Leihhausfilialen in Branchenbüchern gefunden. Insgesamt hat der Vergleich von Branchenbüchern der Jahre 1996 bis 2002 gezeigt, dass sich die Standorte der Leihhäuser kaum ändern. In den Neuen Ländern und in Berlin gab es zahlreiche Veränderungen nach Anzahl und Adresse, trotzdem kann nicht von einer regen Gründungstätigkeit gesprochen werden. Etablierte Unternehmen dominieren die Anbieterseite.

Von den 164 identifizierten Leihhausunternehmen mit zusammen 206 Filialen wurden im Februar 2003 115 Unternehmen mit insgesamt 156 Filialen nach telefonischer Bestätigung ihrer Adresse und Bedeutung (Größe, regionale oder organisatorische Alleinstellung) ausgewählt und angeschrieben. 50 der angeschriebenen Unternehmen antworteten schriftlich, 17 weitere wurden im vierten Quartals 2002 und im ersten Quartal 2003 persönlich besucht. Insgesamt 52 Unternehmen beteiligten sich schriftlich oder mündlich an der *Geschäftsführerbefragung*. Sie verfügen über 69 Filialen, einem Drittel der Grundgesamtheit. Berücksichtigt man, dass vermutlich mehr als die Hälfte der 50 nicht angeschriebenen Unternehmen nicht mehr existierte und die andere Hälfte als sehr klein oder unregelmäßig arbeitend eingestuft werden muss, stellen die in der Erhebung abgedeckten 156 Filialen die repräsentierende Grundgesamtheit der Anbieterseite dar. Damit entspricht die Beteiligung von 52 Unternehmen mit 69 Betrieben einer in seiner Zusammensetzung repräsentativen Quote von 45%, obwohl die neun großen Filialisten mit ihren 56 Betrieben unterproportional vertreten waren (vgl. Tabelle 6-4). Einige der Filialisten antworteten für jede Filiale separat, manche nur für das gesamte Unternehmen.

---

[39] Persönliche Mitteilung von Schrader nach einem Gespräch mit einem Kfz-Pfandleiher.

[40] Telefonische Aussagen des *1.Pfandleihhaus München GmbH* und des *Nürnberger Kfz-Leihhaus* im Dezember 2003. Ersteres warb in einer ganzseitigen Anzeige mit dem Slogan „SOFORT BARGELD! In 20 Minuten! €2.500, €5.000,..., €100.000 oder mehr?" (Süddeutsche Zeitung vom 15.12.2003, 42).

Die Anbieterseite ist durch die Stigmatisierung der Branche häufig wenig auskunftsbereit und beschränkt sich auf den Verweis der Diskretionspflicht gegenüber ihren Kunden. Die Inhaber der Leihhäuser haben zunächst kein Interesse an der Preisgabe von Wissen über ihre Kunden, da dieses geschäftskritisch sein könnte und als Betriebsgeheimnis behandelt wird. Hinzu kommt ein Legitimationsdruck gegenüber Außenstehenden aufgrund wiederkehrender Vorwürfe der Beteiligung an Hehlerei, Geldwäscherei[41] oder Vergehen gegen das Kreditwirtschaftsgesetz. Damit einher geht die Angst, in einem ungewohnten Kontext, wie ihn eine wissenschaftliche Erhebung darstellt, benachteiligt zu werden. Die privaten Leihhäuser in Deutschland haben sich in der Vergangenheit kaum der Wissenschaft geöffnet.

Die Analyse der Nachfrager erfolgte über drei unabhängige Wege: Die *Kundenbefragung*, die *Vergleichsgruppe* und die *Datenbank*-Stichprobe. Ergänzend wurde in der *Geschäftsführerbefragung* nach Spezifika ihrer Kunden gefragt. Die *Kundenbefragung* und die *Vergleichsgruppe* waren nicht repräsentativ, sondern ermöglichten qualitativ gestützte Zusammenhänge zu finden, die mit den repräsentativen Ergebnissen der *Datenbank*analyse in Beziehung gesetzt wurden.

Systematische umfassende statistische Informationen über Vergleichsgruppen[42] konnten nicht erschlossen werden. Hemmnisse sind im Bereich der Finanzdienstleister der generelle Unwille, andere als die in der amtlichen Statistik aufgeführten Daten über ihre Kunden preiszugeben. Da zu den Institutionen, bei denen sich durch ihre Verhaltensweisen definierte Vergleichsgruppen aufhalten, kein Zugang bestand, blieb hier nur die mit niedrigem Erkenntnisgewinn verbundene Befragung von Passanten.

Die Auskunftsbereitschaft der befragten Kunden über ihre finanzielle Situation war auch aufgrund der Tabuisierung von Armut und sozialer Ausgegrenztheit trotz anonymer Erhebung gering. Hinzu kam eine bei diesem Themenkomplex

---

[41] „Pfandleihhäusern haftet auch heute noch oft der Geruch von Wucher und Betrug an, den Charles Dickens den Kreditinstituten in der Serie „Sketches by Boz" 1831 angeschrieben hat." (Kieler Nachrichten vom 6.11.2002, 21).

[42] Es sind insbesondere jene finanziellen Transaktionen der privaten Haushalte interessant, die problematisch vom Muster der regelmäßigen Lohneinnahme und Konsumausgabe abweichen. Darum stellen z.B. Stromkunden mit Zahlungsproblemen, Besucher der Schuldnerberatung, Nutzer von Kontokorrentkrediten oder Nutzer von Ratenkreditkäufen eine relevante Vergleichsgruppe dar.

schwer zu motivierende Reflexion der Befragten über die eigene mehrjährige Verhaltensentwicklung bis zu ihrem aktuellen Zustand. Auch der Ruf der Leihhäuser in Zusammenhang mit der Jahrtausende alten Stigmatisierung des Zinsen fordernden Geldleihwesens[43] scheint teilweise auf die Kunden zurück zu wirken und beeinflusste die Bereitschaft einiger Kunden negativ.[44] Neben dem Einkommen berührt die Frage nach Einkommensoptionen ein zweites Tabu: Die individuelle Bewertung, Auswahl und Umsetzung einer auch illegalen Nebenverdienstquelle ist für den Forscher nur schwer zu ergründen. Die sog. „Schwarzarbeiter" sind sich meist der Strafbarkeit ihrer Handlung bewusst und fürchten, dass ihre Auskünfte mangels Vertraulichkeit zu Strafverfolgung führen könnten. Der Forscher kann das individuelle Potenzial zur Schwarzarbeit nicht einschätzen. Im Rahmen der in Nürnberg vor zwei Leihhäusern durchgeführten Erhebung war etwa einer von vier Kunden generell auskunftsbereit. Es konnte ansonsten kein weiterer Hinweis auf eine soziale Stigmatisierung von Leihhauskunden gefunden werden. Sprachliche und kulturelle Verständigungsprobleme hatten erheblichen Einfluss auf den Umfang und die Qualität der Befragung.

Die Analyse der *Datenbank* erforderte die Entwicklung neuer statistischer Methoden, um sowohl abstrahierbare und damit generalisierbare Informationen hoher statistischer Signifikanz zu gewinnen als auch indirekt aus den wenigen Datenmerkmalen auf wirtschaftssoziologisch relevante Merkmale schließen zu können. Dies wird im Folgenden dargestellt.

---

[43] „Leihst du einem aus meinem Volk, einem Armen, der neben dir wohnt, Geld, dann sollst du dich gegen ihn nicht wie ein Wucherer benehmen. Ihr sollt von ihm keinen Wucherzins fordern" (Altes Testament, Einheitsübersetzung, Exodus 22, 24).

[44] Schrader berichtet von unzureichender Auskunftsbereitschaft von Leihhauskunden in Magdeburg aufgrund der Angst vor sozialer Ausgrenzung (persönliches Gespräch im August 2002); vgl. auch (Baumgartner 1982, 19).

5 NEUARTIGE ANALYSEMETHODEN

Für die quantitative Analyse auf der Mikroebene mittels der *Datenbank* des *Leihhaus Nürnberg* (N=4.000 Kunden) wird aus einer Grundgesamtheit unbekannter Größe (Wahrung des Betriebsgeheimnisses) eine Zufallsstichprobe von anonymisierten Kundendatensätzen gezogen, aufbereitet und analysiert. Wesentlich ist die Datenmenge aus mehr als einhunderttausend Geschäftsvorfällen in fast vier Jahren von 4.000 Kunden. Damit stehen eine quantitative Auswertung mit hoher statistischer Signifikanz und indirekte Schlussfolgerungen auf wirtschaftssoziologische Informationen im Vordergrund. Der Schwerpunkt der Forschung liegt auf der Identifikation von Mustern im Längs- (Wirtschaftshandeln) und im Querschnitt (Milieus). Hierfür gilt es geeignete Methoden zu entwickeln.

Bei der Beschreibung der Leihhauskunden auf Basis der thematisch breit angelegten, aber nicht repräsentativen *Kundenbefragung* (Kapitel 7) werden zunächst durch milieubezogene charakterisierende quantitative Kriterien, wie Alter, Geschlecht, Status und Einkommensart, Zielgruppen gebildet. Diese Kriterien werden durch induktiv abgeleitete weitere Merkmale aus der Sekundärstatistik wie etwa das soziale Wohnumfeld oder demografische und sozioökonomische Merkmale der Haushalte ergänzt. Mit den Hinweisen aus der qualitativen *Kundenbefragung* werden **explorative Analyseansätze** auf der quantitativen *Datenbank* ausprobiert und es wird systematisch **nach Mustern gesucht**, um die geringe Tiefe der umfangreichen *Datenbank* optimal zu nutzen, bevor die eigentlichen **Hypothesen überprüft** werden. Mit diesem Ansatz werden die Vorteile der breiten, nicht repräsentativen *Befragung* und der repräsentativen, aber nicht soziologisch ausgerichteten *Datenbank* genutzt und versucht, die jeweiligen Nachteile zu kompensieren.

Die Aufbereitung der bereitgestellten *Datenbank*stichprobe beinhaltet die Herstellung des Zusammenhangs von anonymisierten Kunden und ihren Pfandscheinen, die Erfassung der Laufzeiten und den Status der Pfänder. Um den Belangen des Datenschutzes gerecht zu werden, können nur anonymisierte Daten verwendet werden. Dabei wurde ein **Verschlüsselungsverfahren** verwendet, das möglichst wenig an gewünschter wissenschaftlicher Kodierung verhindert: Die Kundendatensätze wurden anonymisiert, indem aus einer Liste von sechsstelligen Zufallszahlen die Untersuchungsmerkmale *Vorname, Nachname, Straßenname, Hausnummer und Kundennummer* jeweils durch eine eindeutige Zufallszahl ersetzt wurden (Methode „ziehen ohne zurücklegen"). Die Merkmale *Postleitzahl, Ort, Geschlecht* und *ID ausstellende Behörde* bleiben unverschlüsselt. Damit können Datensätze weiterhin auf Gleichheit von z.B. *Nachnamen* geprüft werden. Ein Rückschluss auf die Identität eines Kunden ist nicht möglich. Bei den Pfandscheinen wurde die Kundennummer ebenfalls verschlüsselt.

Als **Definitionsmerkmal** werden nur solche Kunden in der *Datenbank*-Stichprobe belassen, die in den Jahren 1999 oder 2000 mindestens einen Pfandkredit in Anspruch genommen haben, weitere Beleihungen in den Folgemonaten bis zum Ende des Erhebungszeitraums waren möglich. Es wird also solange aus der Grundgesamtheit ohne „zurücklegen gezogen", bis 4.000 Fälle das Definitionsmerkmal erfüllen. Diese Personen haben ca. einhunderttausend Beleihungsvorfälle im Zeitraum 1.1.1999 bis 15.10.2002 getätigt. Ein Beleihungsvorfall (ein Pfandschein) besteht aus den Merkmalen *Pfandscheinnummer und Kundennummer* (anonymisiert nach oben beschriebener Methode), *Status* (mit den Ausprägungen *offen, verlängert, ausgelöst, versteigert*), *Text* (Beschreibung des Pfands), *Beleihungsbetrag, Ausstellungsdatum, Verfallsdatum* und *Gütergruppe*.

Die Abschätzung der **Gebietsabdeckung** im Sinne eines Einzugsbereiches der Leihhäuser auf Basis sekundärstatistischen Materials ist methodisch begrenzt: Da die sekundärstatistisch nutzbare Luftlinienentfernung zweier Punkte von deren Verkehrsverbindung abhängt, liefert sie nur eine grobe Schätzung. Je näher die durch die Punkte repräsentierten Gebietseinheiten zusammen liegen und je größer diese sind, desto stärker streut die tatsächliche Entfernung in Abhängigkeit von der Wohnlage im jeweiligen Gebiet. Um die Verteilung der Nutzungsmöglichkeit in der Bevölkerung abzuschätzen, wird hier trotzdem der Versuch unternommen, makroskopisch das geographische Einzugsgebiet und die damit abgedeckten Haushalte zu ermitteln. Dies geschieht mittels des online-Werkzeugs geomarketing.de, indem um die Leihhausstandorte Kreise mit gleichem Radius von z.B. 25 km gezogen und die Postleitzahlgebiete (PLZ-5) aufgelistet werden, deren Schwerpunkte durch die Kreisscheibe überdeckt werden. Die Anzahl Haushalte in den PLZ-5 werden der nicht-amtlichen Statistik (MapPoint 2002) entnommen. Die Entfernung Wohnort-*Leihhaus Nürnberg* der Kunden aus der *Datenbank* wird nur aufgrund der Postleitzahl grob ermittelt, da die Variable *Straße* anonymisiert ist. Es wird der Schwerpunkt der Bevölkerungsdichte des Postleitzahlgebietes als geographischer Punkt geschätzt und die Luftlinienentfernung zum Leihhaus gemessen. Die so ermittelte **Reiseentfernung** ist eine grobe Näherung, sie berücksichtigt nicht die heterogene Besiedlung und die ungleichen Verkehrswege und Reisezeiten.

Die Kundenadresse ist neben Alter und Geschlecht das zentrale milieucharakterisierende Merkmal. Dies gilt es zu nutzen und **adressspezifische Milieuinformationen** aus anderen Quellen einzubinden. Da der Straßenname nur verschlüsselt vorliegt, kann keine Zuweisung der Kundendaten zu den 87 statistischen Bezirken der Stadt Nürnberg vorgenommen werden. Stattdessen wird die fünfstellige Postleitzahl zur Gebietsdefinition verwendet. Nürnberg umfasst 29 solcher Postleitzahlgebiete mit je ca. 17.000 Einwohnern. Es werden nicht amtliche Statistiken von Unternehmen herangezogen, um sozioökonomische Daten wie Demographie, Haushaltsgröße, Erwerbstätigkeit, Wohnungsgröße oder Ausländeranteil in der Gebietsabgrenzung nach Postleitzahlen zu erhalten. *MapPoint* von Microsoft stellt sozioökonomische Daten für das Jahr 2001 auf Ebene PLZ-5 bereit. Dessen Summenwerte werden mit der amtlichen Statistik abgeglichen (Matrix-Spalten-Zeilenausgleichsverfahren). Zur kartographischen Visualisierung wird *MapPoint* eingesetzt.

Um den Zusammenhang zwischen **kulturellem Hintergrund** und dem Verhalten in Bezug auf Pfandkredite zu prüfen, ist die kulturelle Prägung der Kunden von Interesse. Der lokale Ausländeranteil, d.h. der Anteil Bürger anderer Nationalität, der ein ausländisches Identifikationspapier besitzt, betrug 18% im Jahr 2002 in Nürnberg. Unter den in Nürnberg wohnhaften Bürgern könnte vermutet werden, dass Ausländer eine weitaus höhere Motivation haben, die deutsche Staatsbürgerschaft zu erhalten als Bürger deutschsprachiger Herkunft eine ausländische Staatsbürgerschaft. Darum könnte man vermuten, dass in Nürnberg in absoluten Zahlen, auch unter den Pfandkunden, mehr Bürger ausländischer Herkunft einen deutschen Pass besitzen als umgekehrt. Die Nationalität der Behörde, welche das Identifikationspapier des Kunden ausstellte, dient als Variable für die kulturelle Einbettung oder auch Herkunft (operationales Merkmal) des Kunden. Da Vor- und Zuname nur verschlüsselt vorliegen, können keine etymologischen Betrachtungen angestellt werden. Das Merkmal *Herkunft* wird weiter durch Assimilation und Einbürgerung aufgeweicht.[45] Es liegt darum eine nicht genauer quantifizierbare Verzerrung der Erhebung bzgl. des Merkmals *Herkunft* vor.

---

[45] Der Anteil Eheschließungen mit einem deutschen und einem nicht deutschen Partner betrug 26% in Nürnberg (Stadt Nürnberg 2002b, 49).

Beziehungen unter den Leihhauskunden können ein Indikator für gruppen-spezifisches Verhalten sein. Anhand gleichen Familiennamens oder auch gleicher Wohnadresse ist dies messbar. Da die anonymisierten Datenfelder bei Identität denselben Code haben, werden diese Codes auf Adress- und Namens-gleichheit geprüft. Bei identischem Namen und Adresse kann mit hoher Wahrscheinlichkeit auf **Verwandtschaft der Personen** geschlossen werden. Bei identischer Adresse und unterschiedlichem Namen kann mit großer Wahrschein-lichkeit gefolgert werden, dass die Personen sich kennen bzw. sich eine Empfehlung für das Leihhaus aussprachen. Diese Methode ermittelt eine untere Grenze für die Anzahl an Beziehungen, da z.b. Ehepartner mit unterschied-lichem Nachnamen nicht als „in Beziehung" stehend identifiziert werden. Hierzu wäre eine Lockerung der Anonymisierung erforderlich. Für die besonders große Gruppe der türkischen Kunden gilt ein Wahlrecht bei der Namensgebung. Nach Auskunft des Standesamtes der Stadt Nürnberg wird unter Türken in Nürnberg überwiegend nach türkischem Recht geheiratet. In diesem Fall nimmt die Frau den Nachnamen ihres Mannes an.

Ein Pfandschein kann für mehrere verpfändete Gegenstände stehen. Die **Pfänder eines Pfandscheines** werden in der untersuchten *Datenbank* als Fließtext erfasst, z.B. „1ARMKETTE GG 585 33,4GR 1RING GG 10KT. 6,6GR 1COLLIER GG 585 19,3GR 1 H. ARMBANDUHR ROLEX OYSTER PERPETUAL". Um abschätzen zu können, in wie weit die Kreditnehmer mittels kleiner Pfänder ihren gesuchten Geldbetrag möglichst passend zusammen-stückeln oder nur wenige große Pfänder wiederholt beleihen und dafür das Risiko genau taxieren, wird durch eine Volltextsuche nach dominierenden Pfandbeschreibungen gesucht und damit die Anzahl verpfändeter Gegenstände je Kreditnehmer grob ermittelt. Auch kann über die Art der Pfänder auf das sozioökonomische Umfeld rückgeschlossen werden: Ein Ehering, ein Halskreuz oder ein Amulett sind emotional wertvollere Pfänder als ein Ohrstecker. Nach folgenden Begriffen und Abwandlungen davon wurde in den Pfandbeschreibungen gesucht:

- Attribute der Pfänder: Gelbgold (GG), Weißgold (WG), Silber (AG), Platin, Brillant, Diamant, Granat, Perle.

- Schmuck- und Edelmetallpfänder: Uhren, Kreuz, Anhänger, Ohrring, Creole, Stecker, Ring, Ehering, Kette, Collier, Armband, Armkette, Armreif, Barren, Münze.

- Allgemeinpfänder: Ermittlung der Häufigkeit aller Begriffe und Gruppierung (z.B. Gruppen TV, Audio, Musikinstrumente).

Die Umstände der Entscheidungen der Personen und ihre Abfolge interessieren hier, nicht ihr einzelner Pfandschein. Darum werden Pfandscheine, die aus der Verlängerung eines vorhergehenden Pfandscheins resultieren, zu **Pfandschein-ketten** (PSK) zusammen gefasst und als neue Meta-Variable definiert: Der Datensatz einer PSK hat dasselbe Format wie der eines Pfandscheins, nur bestimmt sich die Differenz zwischen Verfalls- und Ausstellungsdatum aus dem Ausstellungsdatum des ersten Pfandscheins der Kette und entsprechend dem Enddatum des letzten Scheins der Kette. Dabei treten Verzerrungen durch die zeitliche Abgrenzung des Untersuchungszeitraums auf. Liegt für einen Kunden der erste erfasste Beleihungsvorgang im ersten Quartal 1999, kann es sich um eine Erstbeleihung oder eine Verlängerung des Pfands handeln. Jede sechste PSK der *Datenbank* wurde nach dem 15.7.02 (drei Monate vor dem Ende des Erfassungszeitraums) ausgestellt und am 15.10.2002 als „offen" bilanziert. Für sie ist nicht bekannt, wie oft sie noch verlängert wurden. Durch den Übergang von Pfandscheinen zu Pfandscheinketten wurde die Datenmenge erheblich reduziert und ermöglichte erst die weitere Analyse auf einem einfachen Personal Computer unter Verwendung von *Excel* und *SPSS*. Bei der Beleihung ist es üblich und aus Gründen der Risikominderung sinnvoll, die Pfänder auf mehrere Pfandscheine zu verteilen. Zur Analyse des tatsächlichen Kreditbedürfnisses eines Kunden wird der **Tageskredit** definiert als die Summe der Beträge aller an einem Tag beginnenden PSK des Kunden. Je nach Analysezweck wird im Weiteren aus Gründen der Vereinfachung teilweise auf alle Pfandscheine der Kunden Bezug genommen, einschließlich der noch offenen. Dabei werden durch diese Näherung auch die am Ende des Untersuchungszeitraumes noch offenen Pfandscheine als eingelöst bewertet. Dadurch kommt es bei den Kunden, die am Ende des Untersuchungsraumes noch Pfänder offen hatten, zu einer leichten Unterschätzung ihres individuellen Ausfallrisikos. Die damit erzielte Genauigkeit reicht für die in dieser Untersuchung angestrebten Aussagen aus.

Die zentrale Analyse dieser Arbeit mit statistischer Aussagekraft beruht auf der Identifikation und dem Vergleich von **Mustern im Zeitverlauf** in den hierzu definierten **fiktiven Schuldenkonten** der Kreditnehmer. Dieses Pfandkredit-konto definiert den weiteren Untersuchungsgegenstand: Die Veränderungen des fiktiven Kontos für jeden der 4.000 Kunden in der *Datenbank* im Verlauf von seinem ersten bis zu seinem letzten Besuch im Untersuchungszeitraum. Der Stand dieses Guthabenkontos stellt die tagesgenaue Summe der offenen Pfand-scheine des Kunden gegenüber dem Leihhaus dar. Nimmt ein Kunde einen Kredit auf, so steigt an diesem Tag sein Kontostand um die Höhe des zusätzlichen Pfandkredits an. Löst er ein Pfand aus oder lässt es verfallen, verliert er die Option auf Einlösung und sein Kontostand sinkt um den entsprechenden Betrag. Das Konto kann nicht ins Soll wandern, da das Leihhaus nie Ansprüche gegen den Kunden hat. Das Konto wird tagesgenau in der Höhe der Beleihungen geführt. Die Buchungen auf dem Konto resultieren in Graphen, deren Verlauf den eigentlichen Erhebungsgegenstand darstellt (Kapitel 8.1). Hierbei ist der unbekannte Kontostand zu Beginn des Erhebungszeitraums unerheblich, d.h. der Kontoverlauf spiegelt die Veränderung gegenüber dem 1.1.99 wider, nicht jedoch das absolute Niveau des Kontos. Für die mustererkennende Analyse spielt der Ausgangsstand des Kontos keine Rolle, da nicht die absolute Höhe des Kontos, sondern nur über dessen Veränderung analysiert wird.

Die **Mustererkennung** wird als Vergleich der Ähnlichkeit zwischen Graphen realisiert. Hierzu wird eine Routine programmiert, die für jeden Kontoverlauf die Parameter eines anzupassenden Polynoms n-ten Grades berechnet. Die so ermittelten Parameter ermöglichen nur mittels der Polynomparameter Aussagen zur Gleichheit und Abweichung der Kontoverläufe zu treffen. Beispiel: Prüft man die Richtung des linearen Trends aller Kontoverläufe, so liefert die Anpassung eines Polynoms ersten Grades (Gerade) zwei Parameter, den Achsenabschnitt und die Steigung der Geraden für jedes Konto. Somit wären dann statt 4.000 Kontographen nur noch 4.000 Zahlen zu interpretieren und zeigen z.B., dass die Konten im Schnitt weder fallen noch steigen, da der Mittelwert des Absolutbetrags der Steigungen der Geraden gering ist. Die Abweichung des Polynoms vom tatsächlichen Kontoverlauf liefert das Bestimmtheitsmaß der Regression. Zur Erfassung der Kontinuität des Kontoverlaufs wird das **Maß der Fluktuation** eingeführt: Die relative Anzahl der Vorzeichenwechsel der Differenzen von Polynom und Kontowert als ein auf]0;1[skalierendes Maß. Zur weiteren Plausibilisierung werden für alle 4.000 Kunden aus ihren Konten **Kennzahlen** gebildet: Anzahl, Anteil und Wert verfallener und Anteil vorzeitig ausgelöster Pfandscheine, Anzahl Besuche je Periodeneinheit. Das so konstruierte umfangreiche methodische Instrumentarium bietet eine gute Ausgangsposition zur Erforschung und Modellierung der individuellen Kontoentwicklungen und ermöglicht, abstrahierbare Rückschlüsse auf milieuspezifische Verhaltensmuster zu prüfen.

6   LEIHHAUSWESEN – ANALYSE DES ANGEBOTS VON PFANDKREDITEN

Ziel dieses Kapitels ist es, die Implikationen der Besonderheiten des Angebots der Leihhäuser auf die Nachfrager darzustellen. Konkret werden das Geschäftsmodell eines Pfandhauses erläutert, die regionale Verteilung von Pfandhäusern in Deutschland analysiert, an dem Fallbeispiel Nordbayern vertieft und die Entwicklung der Pfänder von Allgemeinpfändern zu überwiegend Edelmetallen aufgezeigt. Die zugrunde liegenden Informationen werden der mündlichen nicht standardisierten Befragungen von Leihhausmitarbeitern (Vorstudie), der *Geschäftsführerbefragung* (N=52), der Adressrecherche in Branchenbüchern und demographischer Sekundärstatistik entnommen.

6.1   Geschäftsmodell

6.1.1   Begriffsbestimmung

Praktisch jeder weiß, was ein Leihhaus ist. In der *Vergleichsgruppe* konnten mit Ausnahme einer Person alle befragten Passanten mit dieser Einrichtung etwas anfangen. Mehr als zwei Drittel der Personen kannten ein Leihhaus, jeder Vierte[46] gab an, schon einmal ein Leihhaus besucht zu haben. Ihre Kenntnisse beziehen die Befragten aus der Literatur, dem Film (vgl. le Goff 1988, 7) oder aus Musikstücken. Die Bandbreite des populären Themas *Pfandhaus* reicht vom gleichnamigen Film, den Charlie Chaplin 1916 (Mutual) abgedreht hat über Dostojewskis „Schuld und Sühne", bis zu dem Kinderhörspiel „Der Löwe muss ins Pfandhaus" von Johannes Schenk aus dem Jahr 1985 (Süddeutscher Rundfunk).

Ein Leihhaus ist eine Institution, die Bargeld ausschließlich gegen Hinterlegung eines Faustpfandes an natürliche Personen verleiht (vgl. Gramkow 1925, 333).[47]

---

[46] Dieser Wert liegt deutlich über dem Erwartungswert von 2-7% und kann nur durch die hohe Attraktivität des Schmuckverkaufsbereichs des *Leihhaus Nürnberg* erklärt werden.

[47] Als Synonyme für *Leihhaus* werden *Leihamt, Pfandhaus, Pfandleihanstalt, Versatzanstalt, Pfandleihkasse, Mobiliarleihkasse* oder auch *Pfandkredithaus* verwendet. *Leihamt* verweist auf die Entstehung als öffentliche Einrichtung. Die englischen Begriffe lauten *pawnshop, loan company* oder auch *pawnbrokery*.

Dem Leihhaus steht das Pfand als einzige Sicherheit für den Kredit zur Verfügung. Sollte der Kreditnehmer den Kredit mitsamt anfallender Zinsen und Bearbeitungsgebühren nicht tilgen können, muss das Pfandstück in einer öffentlichen Auktion versteigert (verwertet) werden.

Der Beleihungs- und Verwertungsvorgang im Leihhauswesen wurde juristisch umfassend behandelt und wird durch die Verordnung über den Geschäftsbetrieb der gewerblichen Pfandleiher (**PfandlV**) geregelt. Damrau legte 1990 den heute maßgeblichen Kommentar zur neuen, 1961 an die Bedürfnisse der Bundesrepublik Deutschland angepassten PfandlV vor (Damrau 1990). Die PfandlV soll den Pfandkreditkunden und die Öffentlichkeit schützen. Der Pfandleiher spielt eine nachrangige Rolle und wird in seiner gewerblichen Freiheit über den Geltungsbereich seiner Gewerbeerlaubnis definiert. Der soziale Charakter der PfandlV drückt sich im Schutz des Pfandkreditkunden vor Wucherzinsen und unrechtmäßigem Verlust des Eigentums an seinem Pfand aus. Die Öffentlichkeit soll vor dem Missbrauch von Leihhäusern als Versatzmöglichkeit für Hehlerware geschützt werden. Die vier verbliebenen öffentlichen Leihhäuser unterliegen nicht der PfandlV, sie wurde in den jeweiligen kommunalen Statuten berücksichtigt.

Leihhäuser spielten bei der Entstehung des Bankwesens seit dem 15. Jahrhundert eine wichtige Rolle. Viele der heutigen Sparkassen wurden durch die Städte als öffentliches Leihhaus und Sparkasse gegründet, um die Wucherzinsen privater Geldverleiher zu unterbieten.[48] Mittlerweile sind die öffentlichen Leihhäuser fast alle von den Sparkassen oder Kommunen getrennt und privatisiert worden.[49] Die letzten kommunalen Leihhäuser im deutschen Sprachraum befinden sich in Nürnberg, Stuttgart, Augsburg, Mannheim und Zürich.[50] Leihhäuser sind nach §2 Abs.1 KWG von den Regeln der Kreditinstitute befreit. Bei der Kreditvergabe wird die Person des Kreditnehmers nicht geprüft, sondern nur anhand der Legitimationspapiere (Personalausweis, Reisepass) registriert. Die maximalen Kosten werden bis zur Pfandhöhe von 300 € durch die PfandlV begrenzt, darüber liegen sie meist bei 4% pro Monat.

---

[48] „Mit dem nun eröffneten Pfandhaus soll eine Ersparungs-Kasse, unter nachfolgenden näheren Bestimmungen verbunden werden." (Ludewig, Großherzog von Hessen 1808).

[49] Die Notwendigkeit dieser Privatisierungen kann gerade heute angesichts leerer kommunaler Kassen bezweifelt werden: „Kommunale Unternehmen sind wahre Schätze, die von manchen Städten noch nicht gehoben wurden" (Michael Schöneich, Vorstand des Verbandes kommunaler Unternehmen (VKU), anlässlich einer Tagung 2003 in Nürnberg).

[50] Seit 1987 wurden kommunale Leihhäuser in Bremen, Köln und München geschlossen.

Der Interessenverband der privaten Leihhäuser in Deutschland, der *Zentralverband des Deutschen Pfandkreditgewerbes* (**ZDP e.V.**), sieht in den öffentlichen Leihhäusern seit langem (z.B. Hoch 1928) unerwünschte antiquierte Wettbewerber: „Die kommunalen Leihhäuser, von denen in den 60er Jahren noch zwei Dutzend und heute noch fünf existieren, spielen im deutschen Pfandkreditgewerbe heute nur noch eine untergeordnete Rolle. Kommunale Pfandleihen bieten dem Kunden außerdem oft einen geringeren Versicherungsschutz und sind in vielen Fällen teurer als private Pfandkreditbetriebe." (ZDP 2002b, 7). „Sie sind weder an die bundeseinheitliche Pfandleihverordnung noch an die für das private Pfandkreditgewerbe geltenden strengen Verbraucherschutz- und Haftungsbestimmungen gebunden. Der ZDP fordert seit Jahren auch im Interesse der Kunden den Abbau der teilweise aus dem 19. Jahrhundert stammenden Sonderprivilegien und einen chancengleichen Wettbewerb." (ZDP 2002b, 8). Doch die Kunden schätzen die besondere Position der öffentlichen Leihhäuser sehr wohl, wie diese Untersuchung zeigte.

Von den hier in die schriftliche Erhebung einbezogenen Betrieben wurden 40% nach 1980 gegründet. Ein gutes Viertel der Unternehmen kann zu den deutschen Traditionsbetrieben gerechnet werden, die bereits vor dem Ende des Zweiten Weltkriegs gegründet wurden. Historische Leihhäuser wie in Regensburg, Nürnberg, Mannheim oder das Dorotheum in Österreich datieren bis auf das 17. Jahrhundert zurück.[51] Die Leihhäuser in den Neuen Ländern sind Neueröffnungen der Nachwendezeit.

Der Markt für Pfandkredite war in Deutschland mit einem Kapitalumschlag von 392 Mio. € im Jahr 2002 (dpa vom 4.4.2003) bezogen auf das Kreditvolumen ein volkswirtschaftlich wenig relevanter Nischenmarkt.[52] 1989 betrug der Kapitalumschlag 400 Mio. DM.[53] Berücksichtigt man den geringen Beitrag der in diesem Zeitraum hinzugekommenen Betriebe in den Neuen Bundesländern,

---

[51] Die Pfandleihe Regensburg wurde 1650, das Städtische Leihamt Mannheim 1809 und das Leihhaus Nürnberg 1618 gegründet.

[52] Der Bestand an Pfandkrediten Ende 2001 beträgt weniger als 0,1% des Konsumentenkreditbestands in Deutschland (ZDP 2002 und Statistisches Bundesamt 2001c). Die Konsumentenkredite sind in der Vergangenheit schneller gewachsen als die Pfandkredite. Der ZDP e.V. berichtet von einem Wachstum für 2002 von 7% p.a., was über dem mittelfristigen Wachstum von 3,6% p.a. des Klein- und Konsumkreditgeschäfts der Banken liegt (Bundesverband der Deutschen Banken, 2002).

[53] Hochrechnungen des ZDP, basierend auf einer Erhebung bei 20 bzw. 25 Mitgliedsbetrieben (Pfandkredit 1987, 3) zitiert nach (Damrau 1990, 35) und (ZDP 2002, 4).

und setzt damit angenähert eine in beiden Jahren gleiche Bezugsgrundlage an, so errechnet sich eine nominale Wachstumsrate von 4,2% p.a. für den Kapitalumschlag, die um die Goldpreissteigerung zu bereinigen wäre. Unter Verwendung einer in der *Datenbank* (N=4.000 Kunden) ermittelten durchschnittlichen Anzahl von 10 Pfandscheinen je Kunde im Jahr 2000 ergibt sich aus den ca. 1,6 Mio. Beleihungsvorgängen im Jahr 2000 (Hochrechnung von ZDP 2001, 3 und 2002, 4) eine Gruppe von 160.000 Haushalten, die Leihhauskunde sind (für die Gleichsetzung von Kunden mit deren Haushalten siehe 7.1). Diese Gruppe machte 2% der 8,5 Mio. im Jahr 2001 mit Konsumkreditschulden belasteten Haushalte in Deutschland aus (Knies, Spieß 2003, 1).

Der Pfandkredit hat eine außergewöhnliche Stellung im Vergleich mit anderen Konsumkrediten und kurzfristigen Darlehen. Aufgrund der notwendigen Hinterlegung eines Gegenstandes stellt er die Verbindung zwischen Geld und Vermögen des privaten Haushalts her.[54] Ein Faustpfand in Form einer Geisel ist die älteste Art der Besicherung einer vertraglichen Forderung (Foerste 1999). Wenn das Pfand seine kulturgeschichtliche Wurzel in der Geisel hat, so erstaunt es nicht, dass die historische Betrachtung auch auf den schlechten Ruf des Pfandleihers und der Leihhäuser abstellt.

6.1.2 Standorte, Räumlichkeiten und Firmierung

Die Standorte der Leihhäuser in Deutschland orientierten sich am Wohnort oder den täglichen Wegen ihrer Kunden. Drei Fälle sind zu unterscheiden:

- Von Fußgängern gut frequentierter, zentraler, historisch gewachsener Standort in der Altstadt.

- Von Fußgängern, Pkw- und Radfahrern gut frequentierter Standort in Bahnhofsnähe, an einer Ausfall- oder Ringstraße.

- Wenig frequentierte, abgelegene Standorte: Vororte, Kleinstädte.

Der Typ „Altstadt" zeichnet sich meist durch ein gediegenes Gebäude in gehobenerer Einzelhandelsumgebung aus und unterscheidet sich wenig von

---

[54] In einer Beschreibung der Pfandleihe Regensburg werden die Geschäftsführer zitiert: „„Bei uns machen die Leute keine Schulden. Sie haben doch etwas hinterlegt", sagt Weigl. „Zu uns können sie mit hoch erhobenem Haupt kommen", ergänzt Andrea Weigl." (Süddeutsche Zeitung vom 21./22.12.2002, 54). Ob die Kunden den Gang ins Leihhaus auch so emotionslos wahrnehmen, wird bezweifelt.

einem gehobenen Juwelier. Die Erreichbarkeit ist für Passanten und Einheimische optimal. Parkplatzknappheit oder auch die Entfernung zum Bahnhof beeinträchtigen den Zugang für Auswärtige. Die hohe Passantenfrequenz an zentraler Lage beeinträchtigt die oft gewünschte Anonymität der Kunden. Derartige Mikrostandorte und ihr Flair ermöglichen einen Erlebniseinkauf im Leihhaus. Der Standort „Altstadt" wurde bevorzugt durch die öffentlichen Leihhäuser genutzt und wird von den Traditionsbetrieben besetzt. Hier Kunde zu sein und z.B. im abgeschirmten Beratungszimmer empfangen zu werden überdeckt den möglichen Makel eines Leihhausbesuches.

Am „Bahnhof" profitieren Leihhäuser von der guten Verkehrsanbindung für Auswärtige und niedrigeren Flächenkosten. Die Kunden schätzen hier die höhere Anonymität. Der Standort korrespondiert häufig mit bevorzugt angesprochenen Kundengruppen, wie z.B. bestimmten Berufsgruppen, Nationalitäten oder Nachfragemotiven. Zu diesen Gruppen gehören z.B. Gastronomen, Südost-Europäer oder auch Automatenglücksspieler.

Wenig frequentierte abgelegene Kleinstadt- oder Vorortstandorte sind die Ausnahme. Sie resultieren aus Nebenerwerbsgründungen oder hohem Flächenbedarf für Lagerkapazität. Dieses für Einheimische wenig anonyme Umfeld lässt vermuten, dass sich viele Kunden dort untereinander kennen. Herr Dr. Klaus Germann, Geschäftsführer des ZDP e.V., nennt als Faustregel für Neugründer einen Einzugsbereich von 250.000 Einwohnern je Leihhaus (persönliche Mitteilung 2003).

Der durch die PfandlV geschaffene Versicherungszwang für die verwahrten Pfänder machte früher einen begehbaren Tresorraum für Leihhäuser notwendig. Dies führte dazu, dass bevorzugt aufgegebene Bankgebäude verwendet wurden. Das *Leihhaus Nürnberg* verfügt an seinem Standort im historischen Speicherhaus am Unschlittplatz über einen mehrstöckigen Speicher, der z.B. mit Laufschienen zum Transport und zur Verwahrung von Zweirädern oder einer klimatisierten Kammer zur Verwahrung von empfindlichen Kunstgegenständen oder Musikinstrumenten ausgestattet ist. Solche Vorrichtungen zur Optimierung der innerbetrieblichen Logistik sind an keinem der besuchten Leihhäuser mehr im Betrieb. Stattdessen werden die meist kleinen Pfänder in Tütchen und Schächtelchen verwahrt und in konventionellen Tresoren versperrt. Der Kunde kann meist zusehen, wie sein Pfand weggesperrt wird.

Die Räume für die Pfandleihe der besuchten Leihhäuser[55] lassen sich zwei Kategorien zuordnen. Entweder entsprechen sie der Einrichtung einer seriösen Bank mit Sicherheits- und Diskretionsbereich wie z.b. im Leihamt Mannheim, oder sie tragen einen kostengünstigen Charakter, indem z.b. durch einfache Einbauten, ein abgetrennter Schalter für das Pfandkreditgeschäft geschaffen wurde (z.b. Pfandkredit Wagner, Augsburg, shop in shop Lösung). Die Waren in den dazugehörenden Verkaufsräumen, besonders im Bereich Schmuck und Uhren, werden in einigen Häusern ähnlich professionell wie in einem Juweliergeschäft präsentiert.[56] So ist in der Pfandleihe Regensburg „der Kundenraum in sanften Farben gehalten. (...) Jedes der Schmuckstücke in den dunkel furnierten Regalen und Vitrinen ist säuberlich mit Nummer und Preis versehen." (Süddeutsche Zeitung vom 21./22.12.2002, 54). Ähnlich verhält es sich im *Leihhaus Nürnberg*, dessen Verkaufsraum sich durch eine moderne Ladeneinrichtung mit beleuchteten Glasvitrinen auszeichnet. Andere Leihhäuser widmen der Warenauslage weniger Aufmerksamkeit. Das oft bunte Sortiment aus Wertsachen, Heimelektronik und manchmal billiger Neuware wird in einfachen Regalen und Schaufenstern zum Verkauf angeboten.

In der *Kundenbefragung* hielten es mehr als 80% der vor dem „kommunalen" *Leihhaus Nürnberg* Befragten für wichtig, dass es sich um ein öffentliches Leihhaus handelte. Es ist zu vermuten, dass den Kunden der historische Bezug des Leihhauses zu einer öffentlichen Einrichtung bewusst ist. Von den 164 identifizierten Leihhausunternehmen sind nur vier ein kommunaler Eigenbetrieb. Dennoch firmieren 47 (31%) weitere Unternehmen unter einem Namen, der einen starken Bezug zur Kommune herstellt, wie z.B. *Magdeburger Pfandleihe*. Es wird vermutet, dass den Kunden damit suggeriert werden soll, dass es sich um „kommunale" Einrichtungen (Regiebetriebe) handelt, um damit das Vertrauen des Kunden zu erhöhen. Viele Kunden fragen zunächst, ob es sich um ein öffentliches Leihhaus handelt, dies sei ihnen sehr wichtig, sagte der Geschäftsführer eines kommunalen Leihhauses.

Auch wenn diese eher traditionelle Branche bisher keinen Modetrends unterworfen war, so wächst der Kosten- und Innovationsdruck und führt bereits

---

[55] Besucht wurden 17 Leihhäuser in Deutschland und zwei in den USA (Anhang V).

[56] „Mit repräsentativen Geschäträumen, die wie Bankfilialen oder Juwelierläden aussehen, möchten viele der etwa 200 Leihhäuser in Deutschland eine seriöse Alternative zu den herkömmlichen Geldinstituten werden." (DIE WELT vom 28.5.2003, 32).

zu einer verstärkten Nutzung des Internet. Die Notwendigkeit der Bewertung des Pfandes von Angesicht zu Angesicht ist nicht zu ersetzen.

6.1.3 Geschäftsfelder und Kundenorientierung

Das über Beleihung und Verwertung hinausgehende Dienstleistungsangebot von Pfandhäusern ist weitreichend: Dazu gehören Schätzen und Verwahren wertvoller, kleiner Stücke; Handwerksleistungen im Bereich Uhren und Schmuck wie reparieren, reinigen und umarbeiten; Kommissionsgeschäfte und Ankauf; Neuwaren- und Gebrauchtverkauf. Bei der Rückgabe von Pfändern ist zu beobachten, wie das Personal auf Reparaturbedürftigkeit von Schmuck hinweist und Kleinigkeiten unkompliziert sofort behebt. Die Nähe zum Bankgeschäft zeigt ein Berliner Pfandhaus, das auch Geldwechsel (Devisen) und konventionelle Konsumkredite anbietet bzw. vermittelt.

Von den *befragten Geschäftsführern* (52 Antwortende) arbeiten fast die Hälfte in einem Klein- oder Familienbetrieb mit zwei bis höchstens fünf Vollzeitkräften. In einem sehr großen Teil der Häuser (38%) arbeitet lediglich der Inhaber mit höchstens einem Vollzeitmitarbeiter. Mehr als sechs Beschäftigte sind in sieben Häusern tätig, es ergibt sich ein Durchschnitt von drei Mitarbeitern je Haus. Da in den meisten Leihhäusern entweder kein Mitarbeiter oder höchstens ein Beschäftigter überwiegend in der Verwertung (Verkauf) tätig ist, gilt, dass die meisten Mitarbeiter Alleskönner sind, die sowohl als Schätzer in der Pfandleihe als auch als Verkäufer in der Verwertung eingesetzt werden. Ein Drittel der befragten Leihhäuser stellte 2002 weniger als 5.000 Pfandscheine aus (Abbildung 6-1), das entspricht ca. 17 Pfandscheinen pro Werktag.

Abbildung 6-1: Anzahl Leihhäuser nach ausgestellten Pfandscheinen

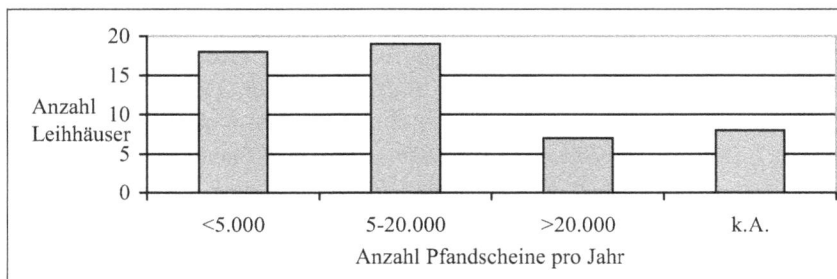

Quelle: *Geschäftsführerbefragung* im Jahr 2003 (N=52).

Die Pfandleiherverordnung regelt den Geschäftsablauf u.a. hinsichtlich Pfandannahme, Ausstellung des Pfandscheins, Aufbewahrung, Versicherung, Verwertung, Zinsen und Vergütung, Überschüsse aus der Verwertung und dem Aushang der Verordnung. In §5 der Pfandleiherverordnung ist die Annahme der Pfandleihe geregelt. Absatz 1 (PfandlV §5, Abs. 1) besagt: „Der Pfandleiher darf das Pfand nur annehmen, wenn er mit dem Verpfänder vereinbart, dass
1. er sich wegen seiner Forderungen auf Rückzahlung des Darlehens sowie auf die Zahlung von Zinsen, Vergütungen und Kosten nur aus dem Pfand befriedigen darf,
2. er berechtigt ist, zwei Jahre nach Ablauf des Jahres, in dem das Pfand verwertet worden ist, den Teil des Erlöses, der ihm nicht zu seiner Befriedigung gebührt und nicht an den Verpfänder ausgezahlt worden ist, an die zuständige Behörde abzuführen, und dass damit dieser Teil des Erlöses verfällt.
Er darf für die Fälligkeit des Darlehens keine kürzere Frist als drei Monate vereinbaren."

Wird ein Pfand angenommen, muss ein Pfandschein ausgestellt werden. Darin werden der Verpfänder, seine Adresse, sein Ausweispapier, evtl. die ausstellende Behörde, der Tag der Verpfändung und der Einlösung, die Darlehenssumme, Laufzeit, Zinsen und Gebühren sowie die verpfändete Sache festgehalten. Der Pfandschein dient dem Verpfänder, d.h. dem Kreditnehmer, wie auch dem Pfandleiher, das ist das Leihhaus, als Dokument. „Einmal soll der Verpfänder eine Urkunde darüber erhalten, was zwischen ihm und dem Pfandleiher vereinbart wurde, z.B. die Zinsen (...), damit er z.B. jederzeit nachschauen kann, wann das Darlehen zur Rückzahlung fällig ist. Zum anderen wird es dem Verpfänder durch das Papier erleichtert, seinen Anspruch auf Herausgabe der Pfandsache (nach Rückzahlung des Darlehens und Begleichung der Nebenkosten) zu beweisen (...)" (Damrau 1990, 151). „Für den Pfandleiher bringt der Pfandschein eine bedeutende Vereinfachung des Geschäftsbetriebs: Er muss bei Rückzahlung des Darlehens und Vorlage des Pfandscheins nur oberflächlich prüfen, ob der Vorlegende wirklich Berechtigter zur Empfangnahme der verpfändeten Sache ist, ob es entgegensprechende Anhaltspunkte gibt." (Damrau 1990, 151-152). Entsprechend der PfandlV (§3) müssen Pfandscheine weiterhin in einem gebundenen Buch erfasst werden. Häufig werden noch große schwere Kladden verwendet. Dieser archaische, aber auch Vertrauen erweckende Vorgang der Erfassung des Pfandes in einem solchen beständigen Buch findet teilweise noch in Anwesenheit des Kunden statt. Die handschriftliche Erfassung ist in den meisten Betrieben durch das Einkleben eines mittels EDV erzeugten Pfandscheins in die Kladde verdrängt worden.

Die Beobachtung zeigt eine hohe Gesprächsoffenheit der Mitarbeiter am Tresen. Man will dem Kunden die Angst und das Misstrauen durch Freundlichkeit nehmen und sich damit im Wettbewerb abheben.[57] Die Pfänder können der Gesprächsgegenstand sein, doch schweifen die Gespräche mit den deutschsprachigen Stammkunden häufig weit vom Anlass ab. Ob ein Kreditsuchender einen eigenen Wertgegenstand verpfändet hängt nicht nur vom ausreichenden Beleihungsvolumen, sondern auch von der eigenen Wertbeimessung, also dem den materiellen Wert übersteigende ideellen Mehrwert ab. Bei den meisten Pfändern wird nur der Materialwert beliehen, gefolgt von ästhetischer Einschätzung beim Verkauf des Stücks in seinem aktuellen Zustand. Diese Komponenten spielen bei der Festlegung der Bewertungs- und Beleihungshöhe für beide Parteien eine Rolle. Der Pfandleiher wird bei ihm bekannten Kunden die von ihm unterstellten Zusatznutzen beim Kunden und die daraus resultierende Bindung des Kunden an sein Pfand in seinen Bewertungsabschlag einpreisen. Der Kunde wägt das Verlustrisiko gegen die eigene über die Beleihungsgrenze hinausgehende Wertschätzung ab (vgl. Schrader 2000c, 156ff), sofern er rational handelt. An sich hat der Pfandleiher kein Interesse, einen hohen Bewertungsabschlag gegen den von ihm unterstellten Veräußerungswert durchzusetzen, da die Zinseinnahmen mit der Beleihungshöhe wachsen und er überwiegend von den Zinsen lebt. Der Kreditnehmer hat theoretisch kein Interesse, eine Beleihung über seinen tatsächlich benötigten Geldbetrag hinaus zu erzielen: Da damit für ihn das Ausfallrisiko steigt, könnte es sein, dass er die gesamte Summe nicht rechtzeitig wieder zusammen bekommt. Ob den Pfandkreditnehmern diese theoretische Bewertungsebene zugänglich ist, wird angezweifelt (ebenda, 86).

Nachdem der Besitzer der zu verpfändenden Sache diese auf den Tresen des Mitarbeiters legt, nimmt dieser die Sache in Augenschein, taxiert sie auf ihren Wert, wobei er sich auch Hilfsmitteln wie Lupe, Listenpreise, Materialprüfungen etc. bedient und bietet dem möglichen Kunden eine Kreditsumme an, die 20-80% des von ihm geschätzten Verkehrswerts der Sache entspricht. Ist der Kunde mit der Summe einverstanden, werden die Sache wie auch die Personalien des Kunden registriert, der Pfandschein ausgestellt und die Sache mit einer Nummer versehen als Pfand in Verwahrung genommen. Der Kunde erhält die vereinbarte Summe bar aus der Kasse durch den Leihhausmitarbeiter

---

[57] Ein Inhaber eines Münchner Leihhauses sah sein zentrales Alleinstellungsmerkmal in der Freundlichkeit seiner Mitarbeiter. Dies hat er durch die Befragung seiner Kunden bestätigt bekommen.

ausgehändigt. Der Pfandleiher beleiht auf eigenes Risiko.[58] Für die meisten im Leihhaus akzeptierten Gebrauchsgegenstände gibt es mittlerweile hoch liquide und transparente Sekundärmärkte, so dass für in ihrer Funktion und Lebensdauer homogene gebrauchte Güter Marktpreise ermittelt werden können.[59]

Kreditsuchende anderer kultureller Herkunft besitzen oft auch eine andere Ästhetik bei Schmuckstücken. Angesichts des aus Sicht des Pfandleihers erschwerten Wiederverkaufs außerhalb derselben Kulturgruppe wird er keine ästhetischen Komponenten in seine Bewertung einbeziehen. Dies könnte dem Kunden aufgrund seiner Kenntnis des Umfeldes und der eigenen Schwierigkeit der Wiederbeschaffung klar sein. Die Beobachtung zeigt, dass diese Kundengruppe meist Schmuckstücke mit niedrigem Lohn- oder Kreativkostenanteil und von leichter Teilbarkeit, wie z.B. dünne goldene Armreifen oder typische Halsketten aus Thailand, die dort als Meterware gehandelt werden, hier in ein Leihhaus bringen. Hieraus wird gefolgert, dass in bestimmten Kundengruppen das Pfand als Spardose fungiert.

Zumeist werden die Pfänder in einem Tresor gelagert. Allgemeinpfänder[60], die in der Regel sperrig sind, werden in gesicherten Lagerräumen aufbewahrt. Die Verordnung schreibt in §7 (PfandlV §7, Abs. 1) vor: „Die Pfänder sind in besonderen Räumen und Behältnissen und leicht auffindbar aufzubewahren. Diese Räume und Behältnisse dürfen nicht gleichzeitig für die Ausübung eines anderen Gewerbes benutzt werden. Die Räume müssen trocken, gut zu lüften und zur sicheren Aufbewahrung der Pfänder geeignet sein." Als in der Pfandleihe Regensburg noch Allgemeinpfänder angenommen wurden, wurde die Aufbewahrung auch als Dienstleistung geschätzt. „Die vornehmen Regensburger brachten im Sommer ihre Pelze, weil die an keinem anderen Ort so fachmännisch und preiswert gelagert wurden wie im Leihhaus." (Süddeutsche Zeitung vom 21./22.12.2002, 54) Darüber hinaus war der Pelz auch noch versichert, da den Leihhäusern durch die Verordnung vorgeschrieben ist, das Pfand mindestens zum doppelten Betrag des Darlehens gegen Feuerschäden,

---

[58] Das Risiko liegt z.B. in der Schwankung des Goldpreises, dem Verlust an Markenwert (z.B. bei Swatch-Uhren) oder im Nichterkennen eines Imitates.

[59] Preisinformationen liefern Kleinanzeigenmärkte, Flohmärkte, teilweise spezialisierte Second Hand Läden oder Internetauktionsplattformen. Für Kraftwagen steht anhand der Schwacke-Liste sogar eine zivilrechtlich akzeptierte Bewertungsskala zur Verfügung.

[60] Dazu gehören Audio-/Videogeräte, (Foto) Optische Geräte, Musikinstrumente, Silberwaren, Porzellan, (Klein-) Kunst, (Klein-) Antiquitäten, Teppiche, Modelleisenbahnen und -autos, Sammelobjekte, aber auch Handwerkermaschinen, Werkzeuge, KFZ, Zweiräder.

Leitungswasserschäden, Einbruchdiebstahl sowie angemessen zu versichern (vgl. PfandlV §8).

Nach wiederholter Aussage des ZDP e.V. (Pfandkredit 1999, 2000 und 2001) werden 90% der Pfänder nach Anzahl und Wert wieder ausgelöst.[61] Diese Aussage gilt in Bezug auf die Pfandscheine, so dass verlängerte Pfänder mehrfach gezählt werden. Reduziert man die Betrachtung auf das dingliche Pfand, faßt also Verlängerungen zu Pfandscheinketten zusammen, so zeigt diese Untersuchung dafür eine deutlich höhere Verfallquote (Kapitel 7.2.3). Für die verfallenen Pfänder gilt die Verwertungsvorschrift der PfandlV §9. Diese sieht vor, dass der Verleiher frühestens einen Monat nach Ablauf der Pfandfrist und spätestens sechs Monate nach Eintritt der Verwertungsberechtigung, das Pfand verwerten muss. Dazu hat der Pfandleiher eine Versteigerung zu veranlassen, die er nicht selbst durchführen darf und die er in einer Tageszeitung, in der üblicherweise amtliche Bekanntmachungen veröffentlicht werden, ankündigen muss. Die Auktion ist öffentlich. Der Fall, dass der Verpfänder über die Versteigerung versucht, sein Pfand zurück zu erwerben, ist die Ausnahme. Die Versteigerungen werden nach übereinstimmender Aussage der Leihhausbetreiber von professionellen Aufkäufern, Schnäppchenjägern und Sammlern besucht. „Ein Indiz für das günstige Preisniveau ist die wachsende Zahl von Wiederverkäufern bei den Versteigerungsterminen, die regelmäßig in der Tagespresse veröffentlicht werden." (ZDP 2002b, 6).

Leihhäuser genügen in unterschiedlicher Art ihrer Ankündigungspflicht. Während z.B. das *Leihhaus Max Walther KG*, München, durch auffällig gestaltete Anzeigen im Wirtschaftsteil der Süddeutschen Zeitung auf seine Versteigerung aufmerksam macht, schaltet das *Leihhaus am Hauptbahnhof*, Nürnberg, sehr unauffällige Kleinanzeigen. Die meisten Leihhäuser geben ihre Versteigerungstermine auf ihrer Internetseite bekannt. Die Kunden können jederzeit beim Leihhaus telefonisch erfragen, wann ihr verfallenes Pfand zur Versteigerung kommt. Aus der historisch begründeten Bringschuld dieser Information ist durch die Medien Telefon und Internet eine faktische Holschuld entstanden, die der

---

[61] „Zwischen 85 und 90% holen ihr Pfand wieder ab", sagt Weigl (Pfandleihe Regensburg – Red.), „irgendwann, nach Monaten oder Jahren." (Süddeutsche Zeitung vom 21./22. 12.2002, 54). Ähnlich auch der Direktor des *Leihhaus Nürnberg*, Zeller: „Bei uns wird beliehen, was einen Mindestwert von 20 € hat. Wir wollen nicht, dass nur Wohlhabende zu uns kommen. Und 90% der Pfandstücke werden wieder abgeholt." (Abendzeitung vom 3.4.2003, 7).

Gesetzgeber noch ignoriert. Es wird darum vermutet, dass gerade älteren Pfand-kunden die Beachtung der Versteigerungstermine schwer fällt.

Die *Geschäftsführerbefragung* zeigt, dass nahezu alle Betriebe (92%) einen Verkauf angeschlossen haben. Die meisten Häuser (90%) verkaufen Schmuck und Uhren aus verfallenen Pfändern. Diese Pfänder müssen dafür in der Auktion durch das Pfandhaus selbst ersteigert werden. Auch Neuwarenverkäufe oder Kommissionsgeschäfte werden durch Leihhäuser getätigt. Von den befragten Unternehmen verkauft die Hälfte auch Neuwaren. Einige Leihhäuser verzichten bewusst auf einen Verkauf, um sich stärker als banknahe Dienstleister zu positionieren und sich von An- und Verkauftrödlern abzusetzen (z.B. Leihhaus Grüne, Frankfurt). Das *Leihhaus Nürnberg* hat durch einen attraktiven Verkauf seine Bekanntheit deutlich erhöhen können.

Zinsen und Gebühren sind die wesentlichen Einnahmequellen der Pfandkreditgeber. Damit steigen die Einnahmen der Leihhäuser mit der Höhe des Darlehens. Bis zu einem Kreditvolumen von 300 € sind die maximalen monatlichen Zinsen und Gebühren („Vergütung") für die privaten Leihhäuser durch die Pfandleiherverordnung (§10, Abs. 1-5) begrenzt. Zinsen plus Vergü-tung ergeben die Gesamtkosten (Abbildung 6-2, linke Skala), die auch als effektiver Jahreszins ausgewiesen werden könnten (rechte Skala).

Abbildung 6-2: Maximal genehmigter Preis eines Pfandkredits bis 300 €

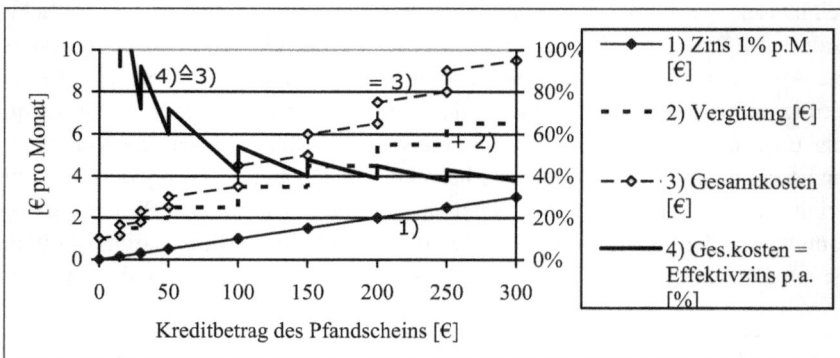

Quelle: Pfandleiherverordnung mit Änderung vom 14.11.2001.

Sie dürfen nicht im vorraus verlangt werden (§10, Abs. 4). Angefangene Monate werden als ganzer Monat berechnet. Die Kosten setzen sich aus einem Zins von 1% pro Monat und einer degressiv gestaffelten Gebühr für Lager, Versicherung und Verwaltung zusammen. Der maximale effektive Jahreszins für einen Pfandkredit unter 300 € beträgt für Kleinstpfänder unter 15 € über 92% p.a. bzw. 3,45 € (zuzüglich Zinseszinseffekt). Für Pfänder bis 300 € fällt der Effektivzins auf 38% p.a. Nur wenige private Leihhäuser sind billiger und unterschreiten diese gesetzlichen Grenzwerte. Für darüber hinausgehende Kreditsummen können die Leihhäuser Zinsen und Gebühren frei festlegen. Die befragten Leihhausbetreiber gaben für Kredite ab 300 € einen durchschnittlichen Prozentsatz von 3,4% für monatliche Zinsen und Gebühren an. Das öffentliche *Leihhaus Nürnberg* berechnet unabhängig von der Höhe des Kreditbetrages monatlich 3% für Zins und Gebühr und ist damit deutlich günstiger. Ein Pfandschein muss für eine minimale Laufzeit von drei Monaten ausgestellt werden. Eine vorzeitige Auslösung des Pfands ist möglich. Werden die nach der Laufzeit von drei Monaten fälligen Zinsen und Gebühren beglichen, kann der Pfandkredit beliebig oft um drei Monate verlängert werden. Hierzu muss formal ein neuer Pfandschein ausgestellt werden. Wenn der Pfandkredit mit 3% direkten monatlichen Kosten verbunden ist, übersteigen bei mehrmaliger Verlängerung ab dem 34. Monat die Zinskosten den Beleihungswert.

Die PfandlV ist nach §12 in den Geschäftsräumen auszuhängen. Die hierin enthaltene Gebührenordnung wird von den Leihhausbetreibern als „Preisaushang" verstanden und entspricht der Art und Weise, wie Banken ihre Konditionen eher als Kleingedrucktes in einer Ecke des Schaufensters ausweisen. Es konnte nicht beobachtet werden, dass das als Gesetzestext schwer lesbar formatierte Dokument von den Kunden beachtet oder gar gelesen wird. Dies unterstreicht auch die geringe Bedeutung des Preises für die Pfandkreditkunden. Die Hälfte der befragten Kunden glaubte die Höhe der Zinsen und Gebühren zu kennen (*Kundenbefragung*). Deren Wissenstand war zu 80% zutreffend. Die andere Hälfte der Kunden sagte offen, die Höhe der Kosten nicht zu kennen. Der ZDP e.V. stellte seinen Mitgliedern eine farbige einseitige DIN A4 Bildergeschichte zur Verfügung, die den Ablauf des Pfandkreditgeschäftes in einfachen Bildern erläutert und somit auch der Deutschen Sprache nicht mächtigen Kunden hilft. In vielen der besuchten Mitgliedsbetriebe lag diese Information am Tresen aus.

Kundenfreundliche Öffnungszeiten sind in Leihhäusern in Deutschland eher die Ausnahme als die Regel (*Geschäftsführerbefragung*). Fast zwei Drittel der Häuser (62%) hat banktypisch samstags geschlossen. Öffnungszeiten an allen anderen Werktagen kennen ebenfalls nur gut zwei Drittel der Pfandbetriebe (72%), meist die großen Häuser. Bei den übrigen Betrieben müssen sich die Kunden an die Öffnungszeiten der Leihhäuser anpassen. Die mangelnde

Anpassung an die Kunden wird durch die suboptimale Kostenstruktur der Klein- und Nebenerwerbsbetriebe erklärt.

Der Zugang zum Kunden wird nach Aussage der Geschäftsführer aktiv gesucht. Viele Leihhäuser verfügen über ein gut sichtbares Ladenschild, auf dem bei den Verbandsmitgliedern teilweise auch das Logo des ZDP e.V. als Qualitätssiegel mit Wiedererkennungswert dominiert. Wenige Leihhäuser verfügen über Schaufenster und setzten diese werblich ein. Soweit vorhanden, werden hier zum Verkauf stehende Pfänder und Neuwaren gezeigt. Nach eigener Aussage bewerben nahezu alle (92%) der befragten Leihhausbetreiber ihr Angebot (*Geschäftsführerbefragung*). Davon verwiesen drei Viertel auf ihre Anzeigen in Tages- bzw. Wochenzeitungen. Diese Angabe ist zu relativieren, da einige der Leihhausbetreiber bereits die – vorgeschriebene – Ankündigung der Versteigerungen als Werbemaßnahme (oft Kleinanzeige) verstanden wissen wollten. Ausdrückliche Werbung wurde im Branchenbuch (von 80% der Befragten), im Internet (von 50%), durch Plakatwerbung (von 17%) bzw. durch direkte Briefwerbesendungen (von 15%) betrieben.

Die Kunden werden jedoch eher durch Empfehlungen gewonnen als durch Werbemaßnahmen, wie die *Kundenbefragung* ergab. Für die Gewinnung von Neukunden ist daher die Pflege der Stammkundschaft wichtig. Stammkunden kommen regelmäßig über Jahre ins Leihhaus, identifizieren sich mit dessen Angebot und sind emotional daran gebunden. Der Betreiber der Pfandleihe Regensburg schätzte, dass mehr als die Hälfte seiner Kreditnehmer Stammkunden seien (vgl. Süddeutsche Zeitung vom 21./22.12.2002, 54). „Die Zufriedenheit ihrer Kunden ist für Deutschlands Pfandkreditunternehmen mit das wichtigste Kapital. Nicht zuletzt deshalb werden Neukunden noch immer überwiegend über die Mund-zu-Mund-Propaganda zufriedener „Stammgäste" gewonnen." (ZDP 2002b, 9). Bei 90% der befragten Geschäftsführer lag der Stammkundenanteil über 50%, bei 40% noch über 75%. Die Stammkunden reisten teilweise aus über 80 km Entfernung an.

6.1.4 Beispiel: Inhabergeführter Kleinbetrieb

Ein Inhaber und Betreiber eines Leihhauses (Telefonat vom 29.4.03 und persönliches Gespräch vom 26.9.03, anonymisiert):

Er hat sich vor ca. 15 Jahren (Ende der achtziger Jahre) mit einem Leihhaus in einem Mittelzentrum gegen einen lokalen Wettbewerber selbständig gemacht. Der Impuls wurde durch einen Verwandten gestärkt, der bereits ein Leihhaus betrieben hatte. Seine Software für den Betrieb und die Abwicklung der Pfandkredite hat er selbst entwickelt und mit innovativen, dem Kunden offensichtlichen Funktionen ausgestaltet.[62] Damit erhöhte er das Vertrauen des Kunden. In seiner etwa fünfjährigen Anlaufphase hat er den defizitären Betrieb durch einen parallelen Schmuckan- und verkauf finanziert und sukzessive seine Beleihungsobergrenze erhöht. Er hatte regelmäßig mit Liquiditätsproblemen zu kämpfen. Mittlerweile ist er der einzige Anbieter am Ort. Die nächsten beiden Leihhäuser gibt es in 50 km bzw. 100 km Entfernung in jeweils anderer Richtung in zwei Mittelzentren. Diesen Wettbewerb spürte er, jedoch deutlich schwächer als er den Wettbewerb in Großstädten einschätzte. Sein Einzugsgebiet erstreckte sich theoretisch in eine Richtung bis zur deutschen Grenze, doch verzeichnete er aus dem Grenzland kaum Nachfrage. Dies führte er dort auf mangelnde Bekanntheit von Leihhausangeboten zurück. Einige durchreisende Ausländer kamen bei ihm vorbei. Er lebte von den ortsansässigen Stammkunden. Er glaubte aber auch, dass er vor Ort nur wenig bekannt ist und würde dies gerne ändern. Dies machte er daran fest, dass die ehemaligen Kunden seines lokalen Wettbewerbers, der den Betrieb vor einigen Jahren einstellte, nur zu einem geringen Anteil zu ihm kamen, aber stattdessen nach seiner Einschätzung mehrheitlich die 50 bzw. 100 km ins nächste Leihhaus auf sich nahmen.

Sein Leihhaus verfügt über einen gemeinsamen Eingang für den Verkaufs- und den Pfandbereich. Auch im Innenraum wurde keine Trennung vorgenommen, sondern die Kunden sogar simultan bedient. Er glaubte nicht, dass seine Kunden eine höhere Diskretion wünschen, auch nicht, wenn es um die Beleihung hochwertiger Pfänder geht. Er sagte, dass es in seiner Stadt keine Schande mehr sei, in ein Leihhaus zu gehen. Besonders schätzte er seine tamilische Kundschaft, da diese wie die Türken auch ihre Ersparnisse oft und größtenteils in Form von Schmuckgold am Körper trugen, und darum zu ihren Pfändern eine engere Bindung hatten. Dies machte sich in niedrigeren Verfallsquoten bemerkbar.

Eine Ausweitung der Bedienung größerer Pfänder könnte an seine persönlichen Refinanzierungsgrenzen stoßen. Gegenüber seiner Bank verhandelte er hart und hat sich bereits mit den Konsequenzen von Basel II vertraut gemacht. Es ist ihm wiederholt gelungen, sehr gute Refinanzierungskonditionen zu erzielen. Es hat aber lange gedauert, bis seine Bank bereit war, sich mit seinem Geschäftsmodell vertraut zu machen. Darum hat er durch lange Verhandlung erfolgreich eine

---

[62] In Deutschland werden zwei EDV-Branchenlösungen angeboten, davon eine durch das Pfandhaus Schumachers.

zweite Bankverbindung aufgebaut. Seine dritte Finanzierungssäule stellte auf dem grauen Markt aufgenommenes Kapital dar. Dies ermöglichte es ihm, den Druck auf seine Banken zu erhöhen, Geldgeber an seinem Erfolg zu höheren als banküblichen Zinsen teilhaben zulassen und seine eigenen Kosten zu reduzieren. Diesen Weg würde er nicht gewählt haben, wenn ihm Risikokapital zur Erhöhung seiner Eigenkapitalquote zur Verfügung stehen würde.

Mit der Eröffnung einer Spielbank in der näheren Umgebung konnte er wider Erwarten keine steigende Nachfrage verbuchen. Durch den Verkauf von „1 € Artikeln" erhöhte er die Bekanntheit seines Geschäfts und holte damit erfolgreich neue Kunden in sein Haus.

6.2 Regionale Struktur des Leihhausangebots

6.2.1 Gebietsabdeckung und Wettbewerbssituation

Die Leihhausstandorte sind in Deutschland regional unterschiedlich verteilt. Während in den meisten großen Städten ein Leihhaus existiert (Abbildung 6-3), gibt es nur in wenigen Mittelzentren ein Leihhaus (Abbildung 6-4). Den 206 Leihhäusern stehen ca. 46.000 Bankfilialen gegenüber. Die meisten Leihhäuser befinden sich in Nordrhein-Westfalen (Tabelle 6-1). Berlin, München, Hamburg und Stuttgart sind weitere lokale Schwerpunkte, wobei Berlin die größte Dichte aufweist.

Abbildung 6-3: Leihhausverfügbarkeit nach Größenklassen der Stadt

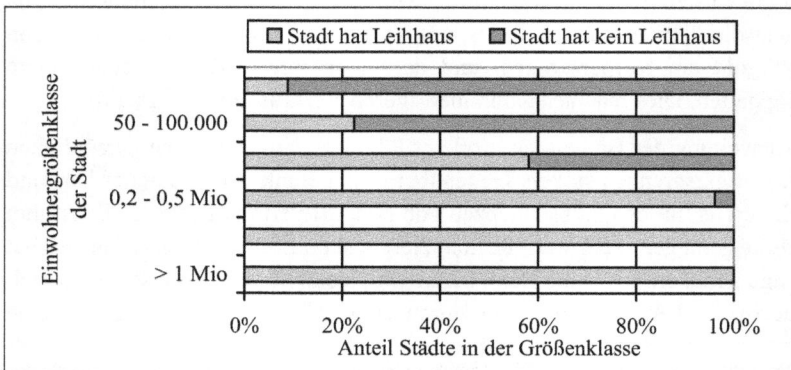

Quelle: Eigene Erhebung 2002 und Statistisches Bundesamt 2002.
          Basis: 428 Städte, ohne Einwohnerbegrenzung.

Abbildung 6-4: Standorte und Dichte der Leihhäuser

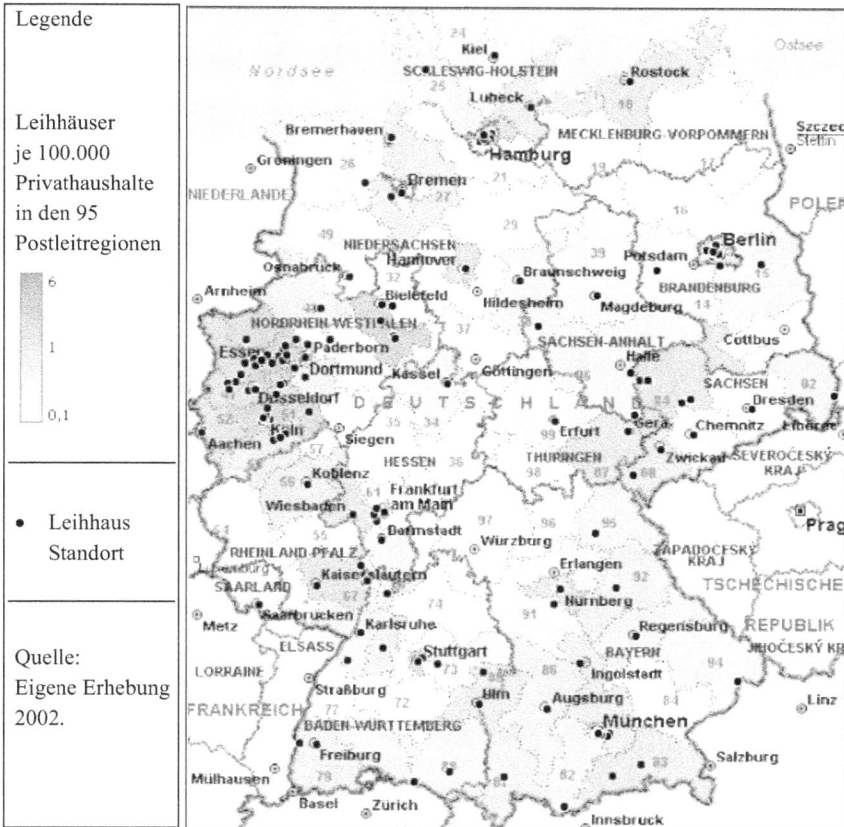

Die Leihhäuser in den Neuen Bundesländern sind allesamt Neugründungen, die überwiegend im Nebenerwerb geführt werden. Während nach Aussage vieler Leihhausbetreiber die zahlreichen Leihhäuser im Ruhrgebiet im letzten Jahrhundert sich an der Nachfrage der Immigranten des Industriearbeitermilieus orientierten, spielen vermehrt die regional gleichmäßiger verteilten Einwanderer aus Südosteuropa und der Türkei eine Rolle. Nach Meinung von Geschäftsführern sagt die regional unterschiedliche Verteilung nichts über Mentalitätsunterschiede der Bevölkerung aus. Die älteren, kommunalen Leihhäuser waren eher gleichmäßig auf heutigem deutschem Staatsgebiet verteilt. Auf Gebietsebene der 16 Bundesländer erklärt die Anzahl der Haushalte die jeweilige Anzahl Leihhäuser mit einem Bestimmtheitsmaß von 75%, nach Bevölkerung zu 72%. Auf Ebene der zehn einstelligen Postleitzonen (0-9) ist die Erklärungskraft durch die Haushalte mit 41% deutlich niedriger, die der Haushaltsdichte (private Haushalte je km^2) mit 32% noch niedriger. Auf Ebene der Bundesländer könnte die nicht erklärte Variation der Verteilung historisch, kulturell oder ökonomisch erklärt werden. Die Postleitzonen hingegen sind eher kulturell unabhängige Gebilde, die keine längere soziokulturelle Entwicklung aufweisen. [63]

Tabelle 6-1: Verteilung der Leihhausstandorte nach Regionen

Aggregat	Enthaltene Bundesländer	Leih-häuser	Anteil	Anteil Haushalte	Leihhäuser/ Mio. HH
NRW	Nordrhein-Westfalen	73	35%	22%	8,7
Süd	Bayern, Baden-Württemberg	43	21%	27%	4,1
Nord-west	Hamburg, Bremen, Schleswig-Holstein, Niedersachsen	29	14%	16%	4,6
Berlin	Berlin	23	11%	5%	12,0
NBL	Neue Bundesländer	21	10%	17%	3,3
Mitte	Saarland, Rheinlad-Pfalz, Hessen	17	8%	13%	3,3
Summe		206	100%	100%	5,4

Quelle: Eigene Erhebung 2002 und Stat. Bundesamt (2002b).

Auch wenn es Ausnahmen gibt, so wohnt die große Mehrheit der Kunden weniger als 25 km entfernt vom besuchten Leihhaus (vgl. 7.1.2). Dies entspricht der maximalen Entfernung Wohnort-Arbeitsort von 82% aller Pendler (Statistisches Bundesamt 2001). Bezogen auf einen durchschnittlichen Pfandkredit von 220 € im Jahr 2000 bzw. 230 € in 2002 (ZDP 2003) erscheint ein Reiseaufwand von 60 bis 100 min für die Aufnahme eines Pfandkredites und entsprechend für die Verlängerung oder Auslöse als Obergrenze.

Als Akteure werden die Haushalte als Ganzes betrachtet. Zieht man um jedes Leihhaus einen Kreis mit Radius 25 km und vereinigt (einfache Summation, keine Mehrfachzählung) die in den angeschnittenen Postleitzahlenbereichen[64] gemeldeten privaten Haushalte, so ergibt sich eine Obergrenze der Abdeckung von 65% der privaten Haushalte (Tabelle 6-2). Somit leben zwei Drittel der

---

[63] Die Postleitzonen (0-9) sind die kleinste Gebietseinheit, bei der alle Gebiete mindestens vierfach besetzt sind. Bei Bundesländern oder PLZ-2 Gebieten wären Gebiete zusammenzufassen, um den für statistische Tests notwendigen Mindestbesatz zu erhalten.

[64] Gebiete der fünfstelligen, vollständigen Postleitzahl. Im Jahr 2002 gibt es in Deutschland 8.268 Postleitzahlenbereiche, in denen auf durchschnittlich 43 km^2 4.600 Haushalte gemeldet sind.

Haushalte in weniger als 25 km Entfernung eines Leihhauses. Erweitert man diesen Radius auf 40 km, so sind ca. 80% aller Haushalte abgedeckt. Angebotslücken gibt es in der Mitte (Achse Heilbronn-Würzburg-Fulda) und im Nordosten Deutschlands.

Tabelle 6-2: Haushalte und Gebiete nach Entfernung zum Leihhaus

Radius um jedes Leihhaus	Haushalte, Mio.	%	Fläche, 1.000 km²	%
25 km	25	65%	130	37%
40 km	30	79%	203	57%
Deutschland, gesamt	38	100%	356	100%

Quelle: Statistisches Bundesamt 1999 und MapPoint 2002.

Im Schnitt hat ein Leihhaus vier Konkurrenzbetriebe am Ort, so die *Geschäftsführerbefragung*. Diese Zahl täuscht darüber hinweg, dass anders als in Großstädten in vielen Klein- und Mittelstädten lediglich ein, oder selten höchstens zwei Leihhäuser die Stadt und das Umland bedienen. Nahezu die Hälfte der befragten Leihhausbetreiber ist Monopolist oder teilt sich das Einzugsgebiet mit nur einem Mitbewerber. Deutschlandweit ergibt sich ein ähnliches Bild: In 78 Städten und in 31 Postleitregionen existiert genau ein Leihhaus (Tabelle 6-3).

Tabelle 6-3: Anzahl Leihhäuser nach Städten und Postleitregionen

Anzahl Betriebe in Stadt bzw. PLZ-2	Anzahl Städte	Anzahl PLZ-2 Gebiete	
0	k.A.	23	Erklärung:
1	78	31	Postleitregionen (PLZ-2) sind
2	14	16	Gebiete, bei denen die ersten
3	3	3	beiden Ziffern der Postleitzahl
4 oder mehr	12	22	identisch sind. Es gibt 95
Summe	107	95	Postleitregionen.

Quelle: Eigene Erhebung 2002.

In den 107 Städten, in denen es mindestens ein Leihhaus gibt, beträgt die durchschnittliche Dichte 120.000 Einwohner je Leihhaus (ohne Umland). Der Markt für Leihhäuser wurde in Deutschland im Jahr 2002 durch 14 Filialisten mit 66 Betrieben und 150 Inhaber geführte kleine (Familien-) Unternehmen bestimmt (Tabelle 6-4). Die Filialisten konzentrieren sich im Rhein-Ruhr-Raum (38 Betriebe) und in Nordwestdeutschland. Von ihren Vertretern wurde dies mit der für viele Leihhausgründungen ursächlichen Arbeitermigration im 19. Jhdt. in das Ruhrgebiet erklärt. Von den befragten *Geschäftsführern* hat die Mehrheit

(86%) nur eine Betriebsstätte. Da 14% der befragten Unternehmen über zwei und mehr Filialen verfügen, ergibt sich ein Durchschnitt von 1,2 Filialen bei den Teilnehmern der *Geschäftsführerbefragung*. Die Betreiber von Leihhäusern bevorzugen bei Neugründungen etablierte Standorte, da hier keine Werbung für das Leihhauswesen an sich mehr gemacht werden muss. Die Unternehmer der kleineren Leihhäuser äußerten wenig Interesse an Expansion. In den alten Ländern findet sich kein Beispiel für eine Neugründung in einer Stadt, in der es vorher kein Leihhaus gab.

Tabelle 6-4: Organisatorische Konzentration der Betriebe

Stadt bzw. Region, Jahr 2002	HH	K	B	F	M	E	D	RR	H	Anzahl Filialen
Grüne's Leihhäuser	7	1		2	3	3	2	4		22
Leihhäuser Kemp GmbH		6								6
Friedrich Werdier KG	1		1			1	1	1		5
Pfandhaus Schumachers GmbH	(1)							3	1	5
Pfandkredit Hütten GmbH	4									4
Leihhaus Anton Brocker GmbH								4		4
Exchange AG			4							4
Pfandkredit Wagner								3		3
Anton Brocker GmbH								3		3
5 sonstige mit je 2 Filialen	(2)				2	1		5		10
Summe	15	7	5	2	5	5	3	23	1	66

Hinweis: HH – Hamburg/Bremen/Bremerhaven, K – Köln, B – Berlin, F – Frankfurt/M, M – München, E- Essen, D – Düsseldorf, RR – Rest der Region Rhein/Ruhr.

Quelle: Eigene Erhebung 2002.

6.2.2 Beispiel: Nordbayern und Nürnberg

In Nordbayern gibt es neun Leihhäuser. Nürnberg ist mit ca. 0,5 Mio. Einwohnern die mit Abstand größte Stadt dieser Region. Hier bieten vier Leihhäuser, eines davon auf Kfz spezialisiert und im Folgenden nicht betrachtet, ihre Dienste an. Die anderen fünf Leihhäuser (Amberg, Bayreuth, Ingolstadt, Regensburg, Schwabach) können mit dem PKW und mit dem Zug in maximal einer Stunde Fahrzeit ab Nürnberg erreicht werden (Abbildung 6-5).

Den mikroökonomisch zu berücksichtigenden Transaktionskosten von Reisezeit und Kosten sind mit dem wirtschaftssoziologisch zu verstehenden Wunsch nach Anonymität oder anderen soziologischen Motiven zu vergleichen. Das Leihhaus in Schwabach liegt nahe an der Autobahn in einem Gewerbegebiet. Die anderen Leihhäuser befinden sich zentral in der Altstadt oder in Bahnhofsnähe. Die

Einrichtungen in Amberg, Bayreuth und Schwabach dürften nur über einen geringen Pfandkreditumschlag verfügen. Sie werden wahrscheinlich im Nebenerwerb betrieben, d.h. das Geschäft basiert auf anderen Einnahmen als durch Pfandkredite.

Abbildung 6-5: Standorte der Leihhäuser in Nordbayern

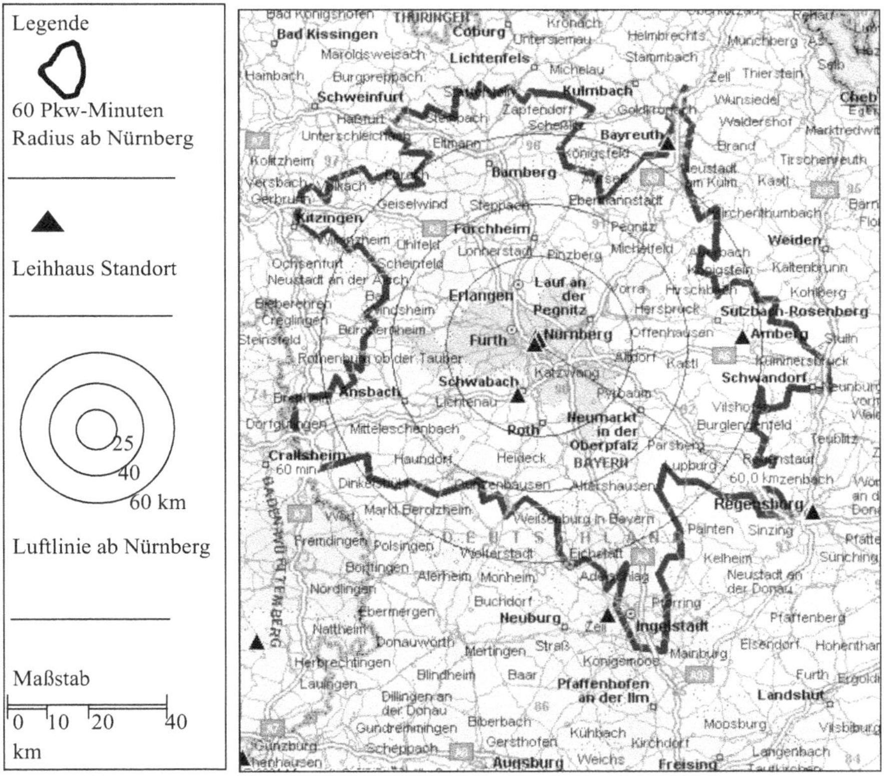

Für überregional Reisende sind alle genannten Standorte gleichermaßen erreichbar. Da Nürnberg als Agglomeration mit Erlangen, Fürth und Schwabach bereits zusammengewachsen ist, liegt allein das städtische Kundenpotenzial für die vier Anbieter auch ohne weiteres Umland deutlich über demjenigen in den Mittelzentren Amberg, Bayreuth, Regensburg und Ingolstadt. Diese Betriebe sind auf Kunden aus dem Umland angewiesen. Der nordbayerische Raum nördlich und nordöstlich von Nürnberg, d.h. Oberfranken und die nördliche Oberpfalz, zeichnen sich seit ihrer frühen Industrialisierung durch eine ausgewogene Siedlungsstruktur, einer frühen Industrialisierung und einem ausgeprägten Arbeitermilieu aus. Viele Mittelzentren ermöglichen der Landbevölkerung, je nach Präferenz unterschiedliche Funktionen und Angebote situationsspezifisch in verschiedenen Städten wahrzunehmen. Die Städte Bamberg, Coburg, Kronach, Kulmbach, Hof, Marktredwitz, Weiden, Amberg und Bayreuth stehen seit Hunderten von Jahren in einem harten Wettbewerb, ohne dass eine der Städte Dominanz erringen konnte. Die Einzelhändler und Gewerbetreibenden sind es dort gewöhnt, Stammkundschaft aus dem Hinterland zu pflegen. So kann zwar nicht erklärt werden, warum gerade in Amberg und Bayreuth Pfandleihe angeboten wird, doch ist nachvollziehbar, dass sich diese Unternehmen aufgrund des Arbeitermilieus und der Umlandorientierung trotz der geringen lokalen Bevölkerungszahl, im Unterschied zur Situation in anderen deutschen agrarischen Randregionen (z.B. Emsland, oder Mecklenburg-Vorpommern), behaupten konnten. Nürnbergs Innenstadt wird durch den Altstadtring dominiert (Abbildung 6-6). Innerhalb des Altstadtrings befinden sich die Fußgängerzone, die meisten kommunalen Verwaltungsstandorte und Arbeitplätze im Handel- und Dienstleistungsbereich. Die Altstadt kann mit dem PKW gar nicht und mit dem Fahrrad nur unbequem gequert werden. Innerhalb der Altstadt gibt es 17 Parkhäuser. Die U-Bahn Linie U1 und die Buslinie 36 queren die Altstadt. Beide zusammen bringen werktags 30.000 Personen in die Altstadt (Auskunft Verkehrsplanungsamt der Stadt Nürnberg). 1997 wurden im Juli an einem Werktag 53.000 KFZ- und 10.800 Fahrradeinfahrten in die Altstadt gezählt (Statistik Nürnberg 2002c, 216). Durch Fußgängerzählungen wurden 58.000 Personen beim Betreten der Altstadt erfasst (Verkehrsplanungsamt Nürnberg 2003; inkl. Bahnpendler, die ab Hauptbahnhof laufen). Unterstellt man den bundesdeutschen Kfz-Besetzungsgrad von 1,2, so kommen werktags 138.000 Menschen in die Altstadt.

Der Familienbetrieb *Leihhaus Nowak* liegt in der Fußgängerzone am Rande des Rotlichtmilieus. Von den drei Leihhäusern ist es das einzige, welches sich zwar nicht direkt, aber in weniger als 100 m Entfernung der großen Fußgängerströme befindet (Königstraße mit 40.000 Personen pro Tag). Das *Leihhaus am Hauptbahnhof* hat den vierspurigen Altstadtring ca. 200 m westlich des Hauptbahnhofs vor sich, ohne nennenswerte Fußgängerfrequenz. Das *Leihhaus Nürnberg* steht in einer 2a Einzelhandelslage in der westlichen Altstadt. Die meisten An- und Verkauf Läden (Uhren, Schmuck, Elektronik) befinden sich ebenfalls dort. Während die großen Pkw-Ströme vor dem *Leihhaus am Hauptbahnhof* zwar seine Bekanntheit erhöhen, lädt die lokale Stimmung nicht zum Erlebnisbesuch ein. Letzteres gilt aufgrund des Rotlichtmilieus auch für das *Leihhaus Nowak*.

Das *Leihhaus Nürnberg* liegt abseits der Passantenströme (Verkehrsplanungsamt Nürnberg 2003), glänzt aber mit Lokalkolorit und Altstadtflair. Motorisierte
Besucher des *Leihhaus Nürnberg* können ein öffentliches Parkhaus (ca. 150 m
entfernt) nutzen. In diesen Bereich der Altstadt fahren täglich ca. 14.000 Kfz ein
(Verkehrsplanungsamt Nürnberg 2002). Das *Leihhaus am Hauptbahnhof* verfügt
über Parkplätze im eigenen Hof.

Abbildung 6-6: Standorte der drei Leihhäuser in Nürnberg

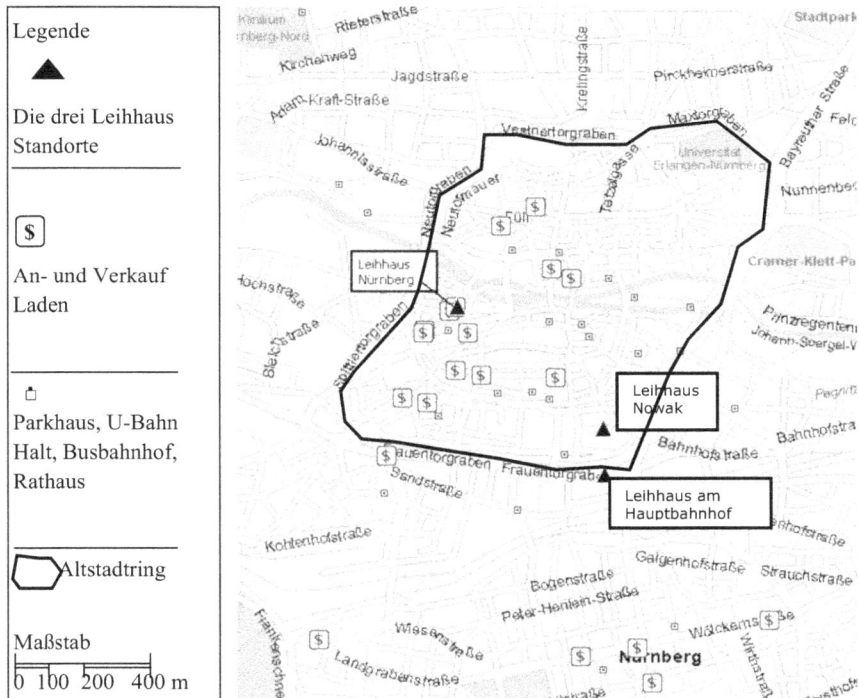

6.3 Struktur der akzeptierten Pfänder

Die Art der akzeptierten Pfänder über die Jahrhunderte hinweg ist eine
Geschichte der Entwicklung der privaten Vermögensstruktur, von Trends der

Wertschätzung und der Güterverwendung.[65] Über alle Epochen hinweg hat Gold als Pfand seinen Wert behalten. Das Sortiment der beliehenen Waren hat sich immer weiter reduziert. Nur noch wenige Leihhäuser beleihen auch andere Gegenstände als Schmuck, Gold und Uhren. Eine Renaissance der im Nachkriegsdeutschland häufigen Allgemeinpfänder wie Fahrräder und Pelze ist nicht zu erwarten, da hier die sachgerechte Handhabung zu hohen Lager- und Logistikkosten führt und diese den Ertrag schnell übersteigen. Der Mindestbeleihwert für ein Allgemeinpfand belief sich auf durchschnittlich 6 €. Die wirtschaftliche Bedeutung der Allgemeinpfänder – hier verstanden als „Nicht-Schmuck und Uhren" – wurde von den *Geschäftsführern* gering eingeschätzt. In persönlichen Gesprächen äußerten Leihhausmitarbeiter die Meinung, dass die Annahme von Allgemeinpfändern wichtig sei, um Kunden auch in Ausnahmefällen helfen zu können. Eine herausragende Stellung nimmt hierbei das Leihhaus Grüne ein, welches noch alle Gegenstände, die einem privaten Haushalt zugeordnet werden können, annimmt. Ein Mitarbeiter von Leihhaus Grüne, dem Leihhaus mit den meisten Filialen in Deutschland, wies darauf hin, dass es zum sozialen Auftrag des Unternehmens gehöre, auch geringwertigste Allgemeinpfänder, wie z.B. eine Filterkaffeemaschine für wenige Euro zu beleihen. Dies sei ja gerade die Alleinstellung eines Leihhauses. Da Schmuck, Uhren und Unterhaltungselektronik in vielen Trödel- Läden angekauft werden, stellt die Akzeptanz eines „Gegenstand, der zum üblichen Besitz eines Haushalts gehört" (Mitarbeiter von Leihhaus Grüne) eine echte Alleinstellung dar. Gewerbliche Pfänder, wie z.B. ganze Geschäftsausstattungen eines Juweliers, Maschinenparks oder Werkzeuge werden von wenigen spezialisierten, meist Kfz-Leihhäusern akzeptiert. Hier wurde von Problemen mit dem Eigentumsvorbehalt berichtet, welches das Risiko des Pfandleihers z.B. bei besicherter Ware erhöht. Das Leihhaus in Schwabach und das *Nürnberger Kfz-Leihhaus* nehmen derartige gewerbliche Pfänder an.

Entsprechend der *Geschäftsführerbefragung* beleihen sie alle Schmuck und Uhren. Allgemeinpfänder – hier im engeren Sinn verstanden - werden von fast der Hälfte der Unternehmen akzeptiert. Fast drei Viertel der Häuser nehmen Unterhaltungselektronik als Pfänder an. Nur wenige Leihhäuser akzeptieren Kunst und Antiquitäten. Schecks werden u.a. beliehen von Leihhäusern in

---

[65] Die Pfandleihkasse der Züricher Kantonalbank belieh 1980 nach Stück: 80% Gold, Uhren und Schmuck, 4,8% Pelze, 3,4% optische Geräte, gefolgt von Unterhaltungselektronik, Teppichen, Schreibmaschinen, Nähmaschinen und Sonstigen (Baumgartner 1982, 55).

Hannover und Berlin. Die beiden führenden Leihhäuser in Nürnberg unterscheiden sich insbesondere dadurch, dass im *Leihhaus Nürnberg* seit 1999 nur noch Schmuck und Uhren als Pfänder akzeptiert wurden, während das *Leihhaus am Hauptbahnhof* Allgemeinpfänder zulässt. Dennoch hatte von den befragten Kunden des *Leihhaus am Hauptbahnhof* die Hälfte ein Schmuckstück oder eine Uhr als Pfand versetzt. Die übrigen brachten DVD- und Videogeräte, Spielkonsolen und Laptops.

Die Problematik der Allgemeinpfänder aus Sicht des Leihhausbetreibers liegt in ihrem Wertverfalls-/Haltbarkeitsrisiko (z.B. Schädlingsbefall von Pelzen) und der aufwendigen innerbetrieblichen Logistik. „Bis vor zwei Jahren hätten sie auch Elektrogeräte genommen. Mittlerweile sei der Wertverfall zu groß und Neugeräte zu billig." (Beschreibung der Pfandleihe Regensburg, in: Süddeutsche Zeitung vom 21./22.12.2002, 54). Die Annahme von Allgemeinpfändern war Teil des sozialen Auftrags der kommunalen Leihhäuser aber auch Spiegel der Vermögensstruktur der Haushalte. Mit dem Verschwinden von Familientraditionen (Sonntagsgeschirr, Familiensilber etc.) stehen derartige beleihbare Vermögensgegenstände in abnehmendem Maß zur Verfügung. Gleichzeitig kommen neue Werte auf, deren Schnelllebigkeit wie z.B. von Marken die Verwertbarkeit spekulativ werden lässt.

Die Frage, ob durch die Auswahl der akzeptierten Pfänder eine Marktsegmentierung erfolgt und Personengruppen ausgegrenzt oder einbezogen werden, kann mangels Datenmaterial nicht beantwortet werden. Der Direktor des *Leihhaus Nürnberg* berichtete von keinen nennenswerten Veränderungen in der Kundenstruktur seit der Abweisung von Allgemeinpfändern. Das Ambiente eines Leihhauses wird durch die angenommenen Pfänder sehr stark bestimmt. Stehen derartige verfallene Pfänder in denselben Räumen auch noch zum Verkauf, entsteht schnell der Eindruck eines Trödelladens. Dies wirkt nach Aussage eines Leihhausinhabers abstoßend auf Kunden mit hochwertigen Pfändern. Andererseits konnte eine Solidarität unter den Kunden beobachtet werden: Die Achtung der Kunden untereinander in der Warteschlange wurde nicht durch die Art und Wertigkeit des evtl. ersichtlichen persönlichen Pfandes beeinflusst.

Auch wenn Leihhäuser nach außen teilweise verkünden, keine Allgemeinpfänder mehr anzunehmen, so zeigt die Realität Ausnahmen. Aus den Aussagen von Leihhausinhabern, die selbst auch am Tresen stehen und einen Teil ihrer Stammkundschaft sehr gut kennen, wird gefolgert, dass bei entsprechend positiver Kredithistorie bei hoher Auslösewahrscheinlichkeit trotzdem auch Allgemeinpfänder beliehen werden, da die Entscheidung selbst verantwortet wird und der Kunde gebunden bleiben soll. Dies könnte mit eine Ursache sein, warum Kunden auch ohne konkreten Bedarf eine Kredithistorie aufbauen oder aufrechterhalten, um in Notsituationen „gute" Konditionen bei ihrem Pfandleiher zu bekommen. Dies steht im Widerspruch zum Wesen der Pfandleihe, die einen Kredit unabhängig von der Person, rein auf dem Verkehrswert des Pfandes auszureichen behauptet.

Ein Vortrag durch den ZDP e.V. im Herbst 2002 über die Beleihung von Inhaberpapieren hat zur Verbreitung der Akzeptanz von Verrechnungsschecks geführt. Dies ist für jene Personen ein wichtiges Angebot, die über kein Konto zur Einlösung eines Verrechnungsschecks verfügen. Das Kreditwesengesetz (KWG) gewährt die Geldleihe in §2 Abs. 1 Nr. 8 auch „Unternehmen des Pfandleihgewerbes, soweit sie diese durch Hingabe von Darlehen gegen Faustpfand betreiben". Darum folgert Damrau, dass die Inpfandnahme von Forderungen und Rechten dem Pfandleiher heute nicht gestattet ist (Damrau 1990, 38), folglich sind damit Inhaberpapiere und Orderpapiere beleihbar, Rektapapiere (Namenspapiere) wie z.B. ein Sparbuch nicht.

Bei der Beleihung von Uhren und Schmuck galt nach übereinstimmender Aussage der Leihhäuser, dass Markenartikel wie z.B. Rolex-Uhren höher beliehen werden als nach technischer Funktionalität und Materialwert gleichwertige unbekannte Fabrikate. Dies liegt im höheren Wiederverkaufswert begründet. Markenpiraterie erhöhte für beide Seiten das Risiko der Beleihung. Der typische Leihhausbetreiber ist eher wertkonservativ und wird keine fluktuierenden Markenwerte der jungen Generationen über ihren Materialwert hinaus beleihen. Wenige Leihhäuser berichteten von Anfragen zwecks Beleihung von Schutzrechten, die mangels Erfahrung und Wissen in diesem Segment abgewiesen wurden. Die Beleihung von Schutzrechten (z.B. Patente, Wegerechte) ist nicht gesetzeskonform, da nur Inhaberpapiere beliehen werden dürfen, Schutzrechte aber i.d.R. Namenspapiere sind.

7 UNTERSUCHUNG DER KUNDENSTRUKTUR

Zinsen und Gebühren sind im Leihhaus, verglichen mit den Konditionen der Banken, auf den ersten Blick hoch. Zudem ist der Ruf des Leihhauswesens nicht der Beste, doch das Pfandkreditgeschäft wächst stark[66]. Es stellt sich demnach die Frage (Kapitel 7.1): Wer geht in Leihhäuser? Der Branchenverband beantwortete diese Frage so: „Die Kunden kommen vor allem aus der Mittelschicht: Handwerker, Beamte, Angestellte – denn: „Die Armen haben nichts und die Reichen brauchen nichts."" (chrismon 12/2003, 6). Wodurch heben sich Kunden[67] von Leihhäusern von dem durchschnittlichen Bürger ab? Sind Leihhauskunden auch Kunden bei Banken/Sparkassen? In Kapitel 7.2 wird nach den Motiven und Umständen gefragt, die Kunden zur Aufnahme eines Pfandkredits bewegten.

Zur Beantwortung dieser Fragen werden die in Kapitel 4.2 dargestellten Datengrundlagen mit ihren dort eingeführten Bezeichnungen verwendet: die mündliche standardisierte *Kundenbefragung* (N=41), wie auch die einer *Vergleichsgruppe* von Passanten (N=41), die schriftliche qualitative *Geschäftsführerbefragung* (N=52) und die Auswertung einer quantitativen *Kundendatenbank* (N=4.000). Im Rahmen der *Geschäftsführerbefragung* von Leihhäusern in Deutschland konnte der größte Teil der Befragten die Struktur ihrer Kunden nach dem Anteil Stammkunden, ausländischer Kunden und gewerblicher Kunden einschätzen. Demzufolge rechnete annähernd die Hälfte der Unternehmer mit einem Stammkundenanteil von durchschnittlich zwei Dritteln.[68] Etwa ein Drittel der Leihhauskunden rechneten die Geschäftsführer ausländischer Herkunft zu. Der Anteil gewerblicher Kunden wurde auf durchschnittlich 8% geschätzt. Der hohe Stammkundenanteil ließ es sinnvoll erscheinen, sich mit den Kunden des Erhebungszeitraums zu beschäftigen, da die gewonnenen Erkenntnisse über die vierjährige Momentaufnahme hinaus Aussagekraft haben.

---

[66] Im ersten Halbjahr 2003 wuchs der Umsatz um 15%, nach einem Vorjahreszuwachs von bereits 9% (FOCUS 38 vom 8.9.2003).

[67] Definition: Kunden sind hier Personen, die ein Leihhaus wegen eines Pfandkredits besuchen, aber nicht um ausschließlich verfallende Pfänder zu kaufen.

[68] Zum Beispiel sind nach Georg Weigl, dem Geschäftsführer der Pfandleihe in Regensburg, mehr als die Hälfte seiner Kreditnehmer Stammkunden (Beschreibung der Pfandleihe Regensburg, in: Süddeutsche Zeitung vom 21./22.12.2002, 54).

In diesem Kapitel wird die Kundenstruktur im Leihhauswesen mittels uni- und bivariater deskriptiver Statistik auf Basis der *Kundenbefragung*, der *Vergleichsgruppe* und der *Geschäftsführerbefragung* im Vergleich mit sekundärstatistischem Material der Stadt Nürnberg dargestellt. Gefragt wird nach den milieubestimmenden Faktoren der Kunden wie z.B. ihrer soziodemographischen Charakteristik, ihrem Wohnort und ihrer kulturellen Herkunft. Der Forschungsgegenstand ist der „registrierte Kunde", der mindestens einmal einen Pfandkredit genutzt hat. Kapitel 7.1 wird durch die Beleuchtung der Art der abgegebenen Pfänder abgerundet. In Kapitel 7.2 wird das Handeln des Kunden hinterfragt. Grundlage hierfür sind seine aus der Kundenbefragung gewonnen Motive und Rahmenbedingungen, ergänzt um quantitative Aspekte seines sozialen und ökonomischen Verhaltens im Leihhaus, ermittelt aus der *Datenbank*. Eingeleitet wird das Kapitel durch Beispiele, um die unterschiedlichen Motive von Leihhauskunden zu illustrieren. In Kapitel 8 steht die multivariate Analyse der *Datenbank* im Vordergrund. Es werden Zusammenhänge gesucht und die Hypothesen geprüft, die auch zukünftiges Handeln modellhaft erklären könnten.

7.1 Herkunft der Kunden

7.1.1 Soziodemographische Beschreibung der Kunden

Zunächst werden die verfügbaren soziodemographischen Daten aus der persönlichen *Kundenbefragung* wie Alter, Geschlecht, Haushalt, Einkommen und Erwerbstätigkeit dargestellt. Aufgrund der mit 41 Interviews kleinen Stichprobe in der *Kundenbefragung* werden im Weiteren die Kunden der beiden Häuser (*Leihhaus Nürnberg* und *Leihhaus am Hauptbahnhof*) zusammengefasst betrachtet. Zunächst werden die 41 Befragten der beiden Leihhäuser qualitativ verglichen. Dies vermittelt einen indirekten Eindruck vom Charakter der Häuser und ihrer Ausstrahlung und Anziehung auf die Kunden. Beim *Leihhaus Nürnberg* war der zufällig befragte Anteil von Männern und Frauen ausgewogen, während beim *Leihhaus am Hauptbahnhof* die männlichen Probanden eindeutig überwogen (70%). Beim *Leihhaus Nürnberg* waren die 45-65jährigen (42%) am stärksten vertreten, 35-45jährige Kunden machten ein Viertel der Besucher des *Leihhaus Nürnberg* aus. Beim *Leihhaus am Hauptbahnhof* überwogen die jüngeren Kunden. Der Anteil der 35-45jährigen (40%) dominierte, doch auch die 17-25jährigen (30%) waren stark vertreten. Mit einem Drittel stellten Rentner die stärkste „Berufsgruppe" beim *Leihhaus Nürnberg* dar. Ein knappes Fünftel der *Leihhaus Nürnberg* -Befragten wurde zu den Arbeitern bzw. unteren und mittleren Angestellten gerechnet. Diese Berufsgruppe überwog bei den *Leihhaus am Hauptbahnhof* Kunden mit 70%. Die Arbeitslosenquote war bei den *Leihhaus Nürnberg*-Kunden geringer als bei den befragten Kunden des *Leihhaus am Hauptbahnhof*.

Singlehaushalte (41%, Tabelle 7-1) stellen die größte Gruppe in der *Kundenbefragung*. Damit hebt sich ihr Anteil deutlich von jenem in der *Vergleichsgruppe* der Passanten ab, in der 22% der Befragten allein lebten, liegt aber unter dem Wert von 48% für Nürnberg (Lux-Henseler 2002a, 6). Die Hälfte der befragten Kunden ist verheiratet oder lebt in einer Lebensgemeinschaft, ein Drittel ist ledig und 15% (6 Personen) verwitwet oder geschieden. Ledig bzw. geschieden oder verwitwet sind somit knapp die Hälfte der Probanden, dies entspricht dem Anteil in der amtlichen Statistik. Darüber hinaus haben zwei Drittel der Personen keine finanziell abhängigen Kinder. Bei einem Drittel der Befragten leben Kinder im Haushalt, meistens ein Kind. Als kinderreich sind drei Befragte mit drei oder mehr Kindern einzustufen. Kinder gelten als Armutsrisiko in Deutschland. In der Kundenbefragung trat Kinderreichtum also selten auf. Die fünf Kunden aus Haushalten mit vier und mehr Personen sind ausschließlich jünger als 45 Jahre.

Tabelle 7-1: Alter und Haushaltsgröße in der Kundenbefragung

Anzahl Kunden nach Alter	Größe des Haushalts [Anzahl Personen]					
	1	2	3	4+	Summe	Anteil
17-44 Jahre	9	4	4	5	22	54%
45-64 Jahre	6	4	5		15	37%
65- Jahre	2	2			4	10%
Summe	17	10	9	5	N=41	100%
Anteil	41%	24%	22%	12%	100%	

Quelle: Eigene Kundenbefragung 2002/03 in Nürnberg (N=41).

Unter den 41 befragten Kunden haben sich zwei Drittel als Haushaltsvorstand bzw. Hauptverdiener des Haushalts bezeichnet. In dieser Untergruppe liegt der Anteil der Frauen bei 39%, damit deutlich unter dem Anteil weiblicher Kunden von 48% in der gesamten Gruppe. In der Gruppe der Personen unter 45 Jahren ist der Anteil der Haushaltsvorstände/Hauptverdiener mit 73% deutlich höher als im Durchschnitt. Weil der Haushaltsvorstand das Leihhaus aufsucht, ist zu vermuten, dass der Pfandkredit zur Deckung der Bedürfnisse des Haushalts eingesetzt wird. Besondere Bedürfnisse eines einzelnen Haushaltsmitglieds wie z.B. Trinksucht oder Spielschulden, die vielleicht vor den anderen Haushaltsmitgliedern verborgen bleiben sollen, wurden nicht ermittelt.

Sind Leihhauskunden arme Leute? „„Meine Frau war knapp, und hat den Schmuck hier reingebracht." Toni (51) ist selbständiger Dachdecker und viel unterwegs. Seine Familie ist ein treuer Kunde am Exer." (Kieler Nachrichten vom 6.11.2002, 21).[69] Ob das Leihhaus in Deutschland heute eine „Arme Leute" Einrichtung ist, ist Bestandteil dieser Studie, jedoch weist der ZDP e.V. darauf hin, dass prinzipiell kein „Geschäft mit der Armut" gemacht würde, da die „Armen" keine beleihbaren Gegenstände besitzen würden. „Die Kunden kämen nicht, weil sie überhaupt kein Geld hätten, sondern weil es angenehm ist, sich auf diese Weise kurzfristig Kredit zu verschaffen." (DIE WELT vom 28.5.2003, 32), so die Meinung der Geschäftsführerin Nicole Gentil vom Leihhaus am Eschenheimer Turm in Frankfurt. Mitarbeiter der in Nürnberg tätigen Schuldnerberatungsstelle ISKA sahen das ähnlich: Wer zu ihnen kam, für den ist ein Pfandkredit kein Thema mehr, da er sowieso nichts mehr hatte, es sei denn, die Ursache war eine zusammengebrochene Immobilienfinanzierung (Telefonat vom 20.1.2004).

„In überraschend hohem Maß nutzen vermutlich auch immer mehr Besserverdiener und Freiberufler, aber auch Arbeiter, Angestellte und Gewerbetreibende den unkomplizierten Darlehensweg „Geld gegen Pfand". Deren Sachwerte werden von Banken und Sparkassen mangels Fachkenntnisse nicht als Sicherheit akzeptiert. Unter den Pfandleihkunden kaum präsent sind die äußersten wirtschaftlichen Randgruppen: Höchstverdiener und Minderbemittelte. In wachsendem Maß frequentieren auch ausländische Mitbürger die Leihhäuser" (ZDP 2002b, 8), so die Meinung bzw. Werbung des Branchenverbandes.

Über ihr Einkommen schwiegen sich viele Personen vor dem *Leihhaus Nürnberg* in der *Kundenbefragung* aus (39%). Knapp ein Fünftel der Befragten verfügt über ein Nettomonatseinkommen zwischen 1.000 und 1.500 €. In der gleichen Sparte finden sich auch die meisten befragten *Leihhaus am Hauptbahnhof* Kunden (40%). Auffällig ist, dass ein Drittel der *Leihhaus am Hauptbahnhof*-Kunden von weniger als 500 € monatlich lebt. Die Kreditsumme am Befragungstag bewegte sich bei der Hälfte der jeweiligen Leihhauskundengruppen zwischen 50 und 250 €. Ein Drittel der Kunden nahm einen Pfandkredit über mehr als 250 € in Anspruch, jedoch mit einer Ausnahme jeweils unter 1.000 €. Die hier nachgefragten Kredite liegen also meistens deutlich unter der

---

[69] Portrait des Pfandleihhauses Jordan am Exerzierplatz in Kiel (Filiale in Bremen).

Mindestsumme von 1.000 € für ban|übliche Konsumkredite, dieser stellt also keine mögliche Alternative dar. Bei einem Drittel der Auskunft Gebenden betrug der Pfandkredit mehr als ein Monatseinkommen des Haushalts. Die Darstellung der Erwerbsgrundlagen der Kunden findet sich in Kapitel 7.1.4, die der Einkommenssituation in Kapitel 7.2.2. Obwohl fünf Personen ihren Gegenstand zweckfrei im Leihhaus verkaufen wollten, wurde der Verkauf von Eigentum als alternative Geldbeschaffung nicht in Erwägung gezogen. Ob daraus auf mangelnde Vermögensmasse oder eine enge Bindung an die werthaltigen Gebrauchsgegenstände geschlossen werden darf, ist zweifelhaft.

Zum quantitativen Vergleich der Grundgesamtheit „Bevölkerung Nürnbergs" mit den Pfandkreditnutzern der *Datenbank* und des darin abgebildeten Handelns nach Geschlecht und Alter werden vier Messgrößen verwendet:

- Die Anzahl der registrierten Kunden. Die Registrierung erfolgte mit der ersten ausgeführten Beleihung, sie ist ein Maß für die Bekanntheit des Leihhauses.

- Die Anzahl Besuche im Leihhaus im Untersuchungszeitraum, ermittelt aus dem Datumswert der Geschäftsvorfälle. Dabei wurden alle Vorfälle eines Tages als ein einziger Besuch interpretiert. Die Besuche sind ein Maß für die Nutzungsintensität.

- Die Anzahl der Pfandscheinketten[70] im Untersuchungszeitraum, als Differenzmaß in Verbindung mit den Besuchen für die Laufzeit und der Stückelung der Kredite.

- Die „Pfand-Leistung" als Produkt aus Laufzeit und Kreditvolumen der einzelnen Pfänder, als Maß für die absolute Kreditnutzung.

Die 4.000 Leihhauskunden der *Datenbank* entsprechen in etwa 0,8% der lokalen Bevölkerung der Großstadt Nürnberg. Männer machen in der *Datenbank* 52,1% aus, während sich in der Bevölkerung Nürnbergs signifikant weniger Männer wiederfinden (Tabelle 7-2). Die Korrelation zwischen den Variablen Bevölkerung und Nutzern ist mit 0,93 sehr hoch, 86% der Variation der Kunden nach Geschlecht und 73% nach Alter werden durch die lokale Bevölkerungsstruktur erklärt. In den drei Maßen der wirtschaftlichen Nutzung (Besuche, Pfandscheinketten und Pfandkreditleistung) dominieren die Frauen deutlich und sind

---

[70] Definition (siehe auch Kapitel 5): Die Zusammenfassung von aus Verlängerungen resultierenden Pfandscheinen desselben Pfands wird als Pfandscheinkette bezeichnet.

gegenüber der Grundgesamtheit überrepräsentiert. Der Chi-Test der Verteilungen der Pfandkreditnutzer nach Alter und Geschlecht zeigt mit 10^{-10} eine sehr niedrige Wahrscheinlichkeit der Homogenität der Verteilung nach Geschlecht.

Tabelle 7-2: Demographische Struktur der Datenbank und der Bevölkerung

Personen am 31.12.2001 älter als 15 Jahre	Geschlecht [%]	Verteilung nach Altersgruppen [nach Jahren, in %]				
		15-24	25-44	45-64	65+	Summe
Einwohner Nürnbergs N=426.415		**12**	**36**	**31**	**22**	**100**
Frauen	52,5	12	33	30	26	100
Männer	47,5	13	39	31	17	100
Leihhauskunden *Datenbank*, N=4.000		**8,5**	**47**	**36**	**9**	**100**
Frauen	48,0	7,5	43	37	12	100
Männer	52,0	9,4	51	34	6	100
Leihhausbesuche *Datenbank*		**4,9**	**42**	**41**	**12**	**100**
Frauen	54,7	4,7	39	40	17	100
Männer	45,3	5,3	45	42	8	100
Pfandscheinketten *Datenbank*		**5,1**	**42**	**41**	**13**	**100**
Frauen	57,2	4,9	38	39	18	100
Männer	42,8	5,4	45	43	7	100
„Pfand-Leistung" definiert als Laufzeit x Betrag		**2,1**	**36**	**48**	**14**	**100**
Frauen	56,2	2,1	34	48	15	100
Männer	43,8	2,1	37	48	13	100

Quelle: *Datenbank Leihhaus Nürnberg* (N=4.000 Kunden).
Stadt Nürnberg (2002b): Statistisches Jahrbuch 2002, 26f.

Der Vergleich der Altersstruktur zeigt, dass die wirtschaftlich aktivsten Gruppen (25-64 Jahre) am stärksten im Leihhaus vertreten und überrepräsentiert sind. Junge Menschen, meist Männer, spielen eine nachrangige Rolle, wie der große Unterschied zwischen Registrierung und Nutzung zeigt: Sie sind meist Laufkunden. Diese Beobachtung wird dadurch verstärkt, dass die Jüngsten in der *Datenbank* erst 17 Jahre alt sind und damit die Kohorte der Bevölkerung durch 15- und 16-jährige noch stärker verjüngt ist. Die starke Präsenz der Frauen könnte über deren niedrigere Erwerbsquote und damit höheren Anpassungsmöglichkeit an die restriktiven Öffnungszeiten des Leihhauses begründet werden (vgl. Baumgartner 1982). Die älteren, aus dem Erwerbsleben ausgeschiedenen Personen sind unterrepräsentiert, nutzen das Leihhaus aber überproportional, scheinen folglich meist Stammkunden zu sein. Entsprechend der mikroökonomischen Erwartung, sollten erwerbsfähige Personen die größte Hoffnung auf zukünftiges Einkommen zur Auslösung ihres Pfands haben. Wirtschaftssoziologisch ist zu erwarten, dass weniger die Erwerbshoffnung und damit niedriges Alter positiv stimulieren, stattdessen die individuelle Erfahrung positiv reflektierter Kredithistorie im Leihhaus zu Wiederholungsbeleihungen führt. Dies kann die starke Vertretung der 45-64jährigen erklären. Da der Pfandkredit das persönliche Erscheinen im Leihhaus voraussetzt, scheiden die nur eingeschränkt mobilen überwiegend älteren Bürger aus, was zu einer Verzerrung im Vergleich der Alterstruktur zu Gunsten der jüngeren Kunden führt. Eine Unschärfe entstand dadurch, dass die Alterskohorten der Leihhausstichprobe für das Jahr 2001 auf Basis des Geburtsjahrgangs ermittelt wurden. Für eine bestimmte Person könnte ein Geschäftsvorfall im Betrachtungszeitraum 1999-2002 in einer anderen Kohorte stattgefunden haben. Der Vergleich der Alterskohorten nach Geschlecht und Herkunft bestätigt die starke Vertretung der Erwerbsfähigen, unabhängig von ihrer Herkunft (Abbildung 7-1).

Abbildung 7-1: Alterstruktur in der Datenbank und der Grundgesamtheit nach Herkunft und Geschlecht

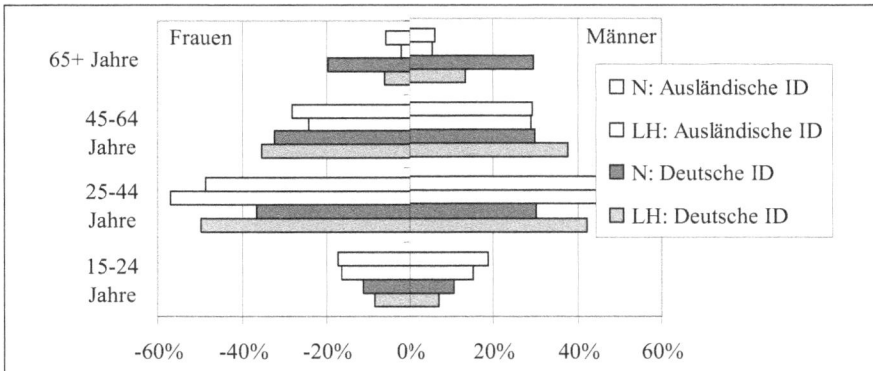

Hinweis: N – Nürnberger Bevölkerung, LH –Leihhauskunden der *Datenbank*.

Quelle: *Datenbank Leihhaus Nürnberg* (N=4.000 Kunden).
Stadt Nürnberg (2002b): Statistisches Jahrbuch 2002, 26f.

Herkunftsspezifische strukturelle Abweichungen zeigen sich bei den 45-64 Jahre alten Frauen: Deutsche sind im Leihhaus überrepräsentiert, Ausländer schwächer vertreten. Die nationale Herkunft wurde hier über die Nationalität der Behörde definiert, die das im Leihhaus vorgelegte Identifikationspapier (ID) ausgestellt hatte. Die Altersstruktur der weiblichen deutschen Bevölkerung erklärt die Variation der deutschen Kundinnen zu 50% (Korrelation 0,71), unter den Männern zu 87%. Anders bei den Ausländern beiderlei Geschlechts: Hier wird die Variation zu 98% bzw. 99% erklärt. Die Verteilungen der männlichen und weiblichen Ausländer unter den Kunden sind entsprechend dem Chi-Test mit einer Wahrscheinlichkeit von 25% homogen (Korrelation 0,99). Besitzer von IDs aus mehreren Staaten wurden in der *Datenbank* unter der bei der Erstregistrierung vorgelegten ID erfasst. Wie auch in der Bevölkerung zeigte die Alterspyramide für Kunden ausländischer Herkunft einen breiteren Sockel, also eine jüngere Struktur. In der persönlichen *Kundenbefragung* wurde eine etwas jüngere Alterspyramide ermittelt.

Fazit: Die Kundschaft von Leihhäusern ist jünger als die lokale Bevölkerung und wird durch Erwerbsfähige (25-64 Jahre) dominiert. Männer sind unter den Leihhauskunden im Vergleich zur Bevölkerung überrepräsentiert. Die beobachteten Leihhauskunden bezeichnen sich mehrheitlich als Haushaltsvorstand und leben überwiegend in Ein- bzw. Zweipersonenhaushalten. Ihr Einkommen bewegt sich im armutsnahen Bereich. Die Leihhauskunden gehen mehrheitlich einer gering bezahlten Arbeiter- bzw. unteren Angestelltentätigkeit nach.

7.1.2 Charakterisierung der Kunden über den Wohnort

Für die Betrachtung der Kundenstruktur ist von Interesse, in welchen Stadtvierteln die Leihhausbesucher beheimatet sind. In welchem lokalen Milieu wohnen sie? Sind es die direkten Nachbarn des Leihhauses, die aus Bequemlichkeit den Weg zur Bank scheuen? Ist es Laufkundschaft, die eben mal vorbei kommt und das Angebot prüft? Oder sind es seit Jahren gebundene Nutzer, die nach mehreren Umzügen mittlerweile weit entfernt wohnen und „ihr" Leihhaus immer noch frequentieren? Welchen Reiseaufwand nehmen die Kunden in Kauf? Berücksichtigt man, dass es in Deutschland (noch) mehr als 40.000 Bankfilialen gibt, aber nur ca. 230 Leihhäuser, so zeigt dies, dass die Entscheidung ein Leihhaus zu besuchen, sehr bewusst getroffen werden muss, da sie meist deutlich mehr Reiseaufwand erfordert als der Gang zu Bank. Diese Schlussfolgerung wird durch die in der *Geschäftsführerbefragung* bei über 50% der Leihhäuser ermittelten atypischen Öffnungszeiten untermauert (z.B. werktäglicher Ruhetag), die eine vorab Information des Kunden erfordern. Ein weiteres Indiz für die bewusste Planung ist die weit unterdurchschnittliche

Geschäftsentwicklung des dritten Leihhauses in Nürnberg (Fa. Nowak), welches im Spielautomaten- und Rotlichtviertel angesiedelt ist. Da diese Unterhaltungslokalitäten auch zu den Öffnungszeiten des Leihhauses Kundenfrequenz aufweisen, sollte man hier verstärkte Spontanbeleihungen erwarten. Dies wurde in einer mehrstündigen Beobachtung nicht registriert, auch wies der beim Registergericht hinterlegte Jahresabschluss nur einen niedrigen Pfandleihumsatz aus. „Spontan Beleihungen" von Laufkunden sind deshalb als unwahrscheinlich einzustufen, der Gang zum Leihhaus, selbst der erst- oder einmalige, wird bewusst geplant. Er dient deshalb zur Finanzierung von geplanten oder bereits getätigten Ausgaben, jedoch nicht für spontane Ausgaben.

Auf die Frage „Aus bis zu welcher Entfernung ihre Stammkunden anreisen" gaben über die Hälfte der *Geschäftsführer* „mehr als 80 km" an. Einige wenige von ihnen wiesen im persönlichen Gespräch darauf hin, dass sie Stammkundschaft europaweit pflegen. Dies ist besonders dann der Fall, wenn es für die Beleihung ihrer Expertise und weiterreichenden Vertrauens bedarf, z.B. bei Münzsammlungen oder Gemälden.

Anders als in Berlin (Telekom Telefonbuch 2003) oder z.B. Sankt Petersburg (Schrader 2000c, 34), wo es einige Dutzend räumlich homogen verteilte Leihhäuser gibt, liegen die drei Nürnberger Leihhäuser nicht entlang der täglichen Wege der meisten Nürnberger Einpendler. Welchen Reiseaufwand unternehmen die Kunden, um ihr Leihhaus zu besuchen, welche Bedeutung hat dieser Besuch in ihrem Alltag und wie berücksichtigen sie diesen Transaktionsaufwand in ihrer Entscheidung?[71] Auch interessiert, ob die regionale Herkunft Rückschlüsse auf die sozioökonomische Charakterisierung der Kunden erlaubt.

In der *Kundenbefragung* (N=41) kamen 73% der Personen aus Nürnberg. Von den elf Personen, die nicht in Nürnberg-Stadt wohnten, gaben neun Personen den Leihhausbesuch als zentrales Motiv an, zwei Personen kamen auch wegen ihrer Arbeit. Von den 4.000 Nutzern der *Datenbank* wohnen 60% weniger als 5 km und 90% weniger als 20 km vom *Leihhaus Nürnberg* entfernt (Abbildung 7-2).[72] Innerhalb des 5 km Radius liegen die Stadt Fürth und die meisten Nürnberger Stadtteile. Aus diesem Gebiet ist in Nürnberg eine gute Erreich-

---

[71] Schrader zeigte, dass Leihhauskunden in St. Petersburg auch aufgrund der hohen Angebotsdichte bevorzugt auf dem Arbeitsweg liegende Leihhäuser aufsuchten (Schrader 2000c, 91).

[72] Diese ca. 2.400 Kunden (60% der *Datenbank*) aus überwiegend unterschiedlichen Haushalten, stellten 0,9% aller 260.000 Nürnberger Haushalte dar.

barkeit des *Leihhaus Nürnberg* mit öffentlichen Verkehrsmitteln gegeben. Unabhängig vom verwendeten Verkehrsmittel beträgt in diesem Radius die realisierbare durchschnittliche Geschwindigkeit maximal 30 km/h, das entspricht einem maximalen Zeitaufwand von zehn Minuten bis zum Altstadtring (z.B. dem Plärrer, einem zentralen Verkehrsknotenpunkt) und weiteren fünf Minuten Fußweg für den einfachen Weg zum Leihhaus innerhalb des Altstadtrings. Vergleicht man die Entfernungsverteilung zum Leihhaus mit der täglichen Entfernung zum Arbeitsplatz der bundesdeutschen Berufspendler, so zeigt sich kein signifikanter Unterschied (Statistisches Bundesamt 2001).

Abbildung 7-2: Kunden der Datenbank nach Distanz zum Wohnort

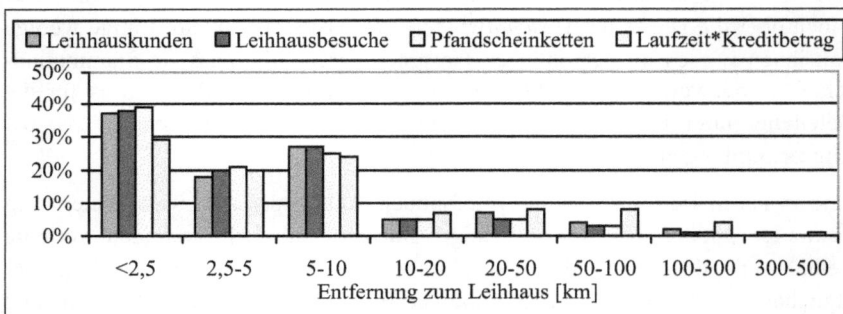

Quelle: *Datenbank Leihhaus Nürnberg* (N=4.000 Kunden).

Da keine anbieterspezifisch unterschiedlichen Determinanten für die Bedeutung der Entfernung hinsichtlich des Verhaltens der Pfandkunden ersichtlich sind, wird diese Beobachtung auf die beiden anderen Nürnberger Leihhäuser übertragen: Die Leihhäuser in Nürnberg sind eine überwiegend lokal, nur im geringen Maße auch regional genutzte Einrichtung. Dies bedeutet, dass für die große Mehrheit der Kunden nur das Angebot der lokalen Leihhäuser relevant ist. Dies ist mikroökonomisch plausibel, da für ein branchendurchschnittliches Pfand i.H. v. 220 € auch vielleicht deutlich günstigere Konditionen der nächsten, hier ca. 100 km oder 1 h entfernten Leihhäuser (Bayreuth, Regensburg, Augsburg, Amberg) sich nur in einem Zinsvorteil von 2-5 € pro Monat auswirken und damit den alle drei Monate notwendigen Reiseaufwand von 200 km nicht rechtfertigen würden. Im Umkehrschluss wird gefolgert, dass entfernter anreisende Kunden, ihren hohen Reiseaufwand in ihren Transaktionskosten kalkulieren und dem sehr hohe absolute Zinsvorteile entgegenstehen oder andere nicht monetäre Aspekte, wie z.B. Anonymität im fremden Ort, die Reisekosten gerechtfertigt erscheinen lassen. Letzteres ist nach Aussage nordbayerischer Pfandleiher das

Hauptmotiv ihrer aus München anreisenden Kunden. In Regensburg, Nürnberg, Augsburg und München sind Leihhäuser vom Hauptbahnhof aus in nur wenigen Gehminuten zu Fuß erreichbar. Diese Standorte sind meist nicht auf mit dem Pkw Anreisende optimiert, sondern sprechen den Bahnreisenden auch bereits über Werbung im Bahnhof an. Damit ist anders als durch einen eigenen identifizierbaren Pkw mittels der Bahnfahrt ein anonymer Besuch des Leihhauses möglich. Erwartungsgemäß tragen deshalb auch Kunden mit Anreiseweg ab 10 km überproportional zur Pfandkreditleistung bei, denn sonst wäre der hohe Reiseaufwand für sie schwer zu erklären (Abbildung 7-2). Bei Kunden mit Wohnadresse weiter als 300 km entfernt, ist das Geschäftsvolumen wieder deutlich niedriger. Eine Erklärung hierfür könnte die noch nicht erfolgte Umzugsmeldung sein. Die Beobachtungen steht im Einklang mit der mikroökonomischen und wirtschaftssoziologischen Theorie: Ein höherer Reiseaufwand führt zu geringerer Nachfrage und die Beibehaltung sozialer Werte wie Anonymität führt zu höherer Zahlungsbereitschaft.

Die wenigsten Leihhäuser bieten auf den ersten Blick am Schalter wirklich die Diskretion und Anonymität, die notwendig wäre, um es jenen Kunden, denen das sehr wichtig ist, zu gewähren. Auf Nachfrage wiesen einige Inhaber darauf hin, dass in solchen Fällen die Kunden außerplanmäßig in einen anderen Nebenraum gebeten wurden. Die Beobachtung in den beiden Nürnberg Leihhäusern und in den anderen besuchten Häusern ergab, dass die Kunden zwar häufig eher dicht gedrängt oder auch Schlange stehend vor dem Tresen warten, jedoch keine verbale Kommunikation untereinander stattfindet. Eine Ausnahme ergab sich, als der Beobachter selbst ein mögliches Pfand schätzen, dieses aber dann nicht beleihen ließ und das Leihhaus verließ. Ein hinter ihm wartender Kunde folgte ihm und bot ihm direkt vor dem Leihhaus 10% mehr als der Pfandleiher, jedoch zum Ankauf. Es ist wahrscheinlich, dass sich Kunden im Geschäftsraum auch ohne direkt miteinander zu kommunizieren gegenseitig genau wahrnehmen. Umso erstaunlicher ist es, dass viele Leihhäuser nicht darauf reagieren und in ihrem Tresenbereich die Diskretion nicht erhöhen. Die Kunden, denen Anonymität im Leihhaus von oberster Priorität ist, wie z.B. lokale bekannte Einzelhändler, werden darum auch einen größeren Reiseaufwand auf sich nehmen, sofern ein weiter entferntes Leihhaus ihnen die gewünschte Diskretion bietet.

Die räumliche Verteilung der Herkunft der Kunden entspricht zunächst dem Vorurteil, bevorzugt „sozial schwache" Stadtteile zu erwarten (zur sozialen Charakterisierung der Stadtteile vgl. Stadt Nürnberg 2004). Den Zusammenhang zwischen der Entfernung Wohnort – *Leihhaus Nürnberg* und der Anzahl

Kunden pro Haushalt (Dichte) im PLZ-5 Gebiet zeigt Tabelle 7-3 für die 16 PLZ-5 Gebiete mit den meisten Kunden und der größten Dichte an Kunden.

Tabelle 7-3: Gebiete höchster Kundendichte in der Datenbank

PLZ-5 90xxx N: Nürnberg, FÜ: Fürth - Stadtteil	Statist. Stadt- teil Nr.	Leihhaus- kunden/ 1.000 HH	Registrierte Leihhaus- kunden	Entfer- nung [km]	Haus- halte [1.000]	Wohlstands- indikator des Gebiets
402 N Altstadt (Standort)	0	23	84	1	3,7	Mitte
429 N Bärenschanze	0, 2, 6	22	284	2	12,7	Mitte
443 N Tafelhof	0	17	225	1	13,0	Armutsnah
439 N St. Leonhard	2	16	156	2	9,5	Armutsnah
762 FÜ Zentrum	-	16	149	6	9,1	Armutsnah
419 N St.Johannis-West	0, 2, 7	15	205	2	13,6	Reich
408 N G.h.d.Veste	0, 2, 7	15	124	2	8,3	Reich
403 N Zentrum	0	15	99	1	6,8	Mitte
459 N Galgenhof	1	14	209	2	15,2	Armutsnah
478 N St. Peter NO	0, 1	13	124	3	9,3	Mitte
763 FÜ Süd	-	11	138	7	12,3	Armutsnah
489 N Rennweg	0, 2, 8	11	129	3	12,2	Mitte
491 N Schoppershof	9	11	129	6	11,6	Reich
409 N Maxfeld	0, 2, 8	11	98	2	9,3	Mitte
461 N Rangierbahnhof	1, 4	9	120	4	13,1	Mitte
441 N Schweinau	1, 4, 5	9	90	5	9,6	Armutsnah

Hinweis: Die Tabelle ist nach Spalte 3 absteigend sortiert. Entfernungsmessung mittels Abschätzung der Schwerpunkte der PLZ-5 Gebiete.
Der qualitative integrale Wohlstandsindikator der Haushalte basiert auf dem Einkommen, der Haushaltsgröße und dem Zivilstand.

Quelle: *Datenbank Leihhaus Nürnberg* (N=4.000 Kunden).
Sozioökonomische Daten je PLZ-5 Gebiet aus MapPoint 2002.
Stadt Nürnberg (2004): Sozialbericht der Stadt Nürnberg. Band I. S.72f.

Als absolute Bezugsgröße für die räumliche Kundendichte wird die Anzahl Haushalte gewählt, da sich in der *Kundenbefragung* 68% als Haushaltsvorstand und/oder Hauptverdiener bezeichneten. Neben den aufgrund der geringen Entfernung erwarteten zentrumsnahen Gebieten im direkten Umkreis des Leihhauses sind erwartungsgemäß die wohlhabenderen Viertel Mögeldorf (PLZ 90482: 8 Kunden/1.000 HH), Schmausenbuck, Zerzabelshof und Tiergarten (90480: 4 Kunden/1.000 HH) nicht unter den 16 Gebieten mit der höchsten Kundendichte. Die umgekehrte Proportionalität zwischen Entfernung ($1/r$) und Kundendichte entsprechend einer Gravitationskomponente in den Transaktionskosten ist schwach ausgeprägt (40% Bestimmtheitsmaß). Anhand von sekundärstatistischen Daten wie Größe der Haushalte, Arbeitslosenquote, Haushalte mit sehr niedrigem und sehr hohem Einkommen wurden die PLZ-5 Gebiete Nürnbergs grob qualitativ in drei Klassen nach ihrem Wohlstand eingestuft (vgl. Stadt Nürnberg 2004, 72f). Sicherlich ist die Anwendung personenbezogener Merkmale auf Gebiete – hier verstanden als Gruppe der Wohnbevölkerung – methodisch und ethisch problematisch, doch kann sie einen Anhaltspunkt für den Zusammenhang von Handlung und Soziogeographie geben. „Armutsnahes Gebiet" orientiert sich an der allgemeinen Definition der Verfügbarkeit von weniger als 60% des Äquivalenzeinkommens. Als „armutsnah" gelten ca. 22% der Nürnberger Haushalte (Stadt Nürnberg 2004, 6), Tendenz steigend. Diese Gebiete zeichnen sich aus durch „hohe Bebauungsdichte mit hoher Mobilität, hoher Kinderanteil, hohe Arbeitslosigkeit und Sozialhilfedichte, hohes Armutspotenzial" (ebenda, 73). Zwecks stärkerer Kontrastierung werden entsprechend die oberen 20% der Gebiete und ihrer Haushalte als „reich" abgegrenzt und die verbleibenden Gebiete von ca. 60% der Haushalte als „Mitte" klassifiziert. Entsprechend dieser vereinfachenden integralen Klassifikation wohnen 19% der Nürnberger Haushalte in einem „armutsnahen" Gebiet, 22% in einem „reichen". Deutlich mehr, nämlich 24% der Pfandkreditnutzer kamen aus einem „armutsnahen" Gebiet und mit 23% überproportional viele aus einem „reichen" Gebiet. Eine derartige grobe Gebietsklassifikation könnte zwar Anhaltspunkte für die Affinität der Bewohner zum Leihhaus geben, doch wäre für eine quantitative Analyse eine personenbezogene Wohlstandsklassifikation notwendig.

Abbildung 7-3 zeigt die absolute Anzahl der Kunden und die relative Dichte an Kunden je 1.000 Haushalte nach PLZ-5 Gebieten für den näheren Untersuchungsraum. Es dominiert die historisch industriell geprägte Achse St. Peter-Hauptbahnhof - Nürnberg-Altstadt – Gostenhof – Bärenschanze- Doos - Fürth-Zentrum. Diese hier abgedeckten Gebiete der Nürnberger Südstadt werden durch das Industriearbeitermilieu, Industriebrachen, Arbeitslosigkeit und Maßnahmen im Rahmen der „EU-Ziel 2" Förderung geprägt.

Abbildung 7-3: Lokale Herkunft der Kunden der Datenbank

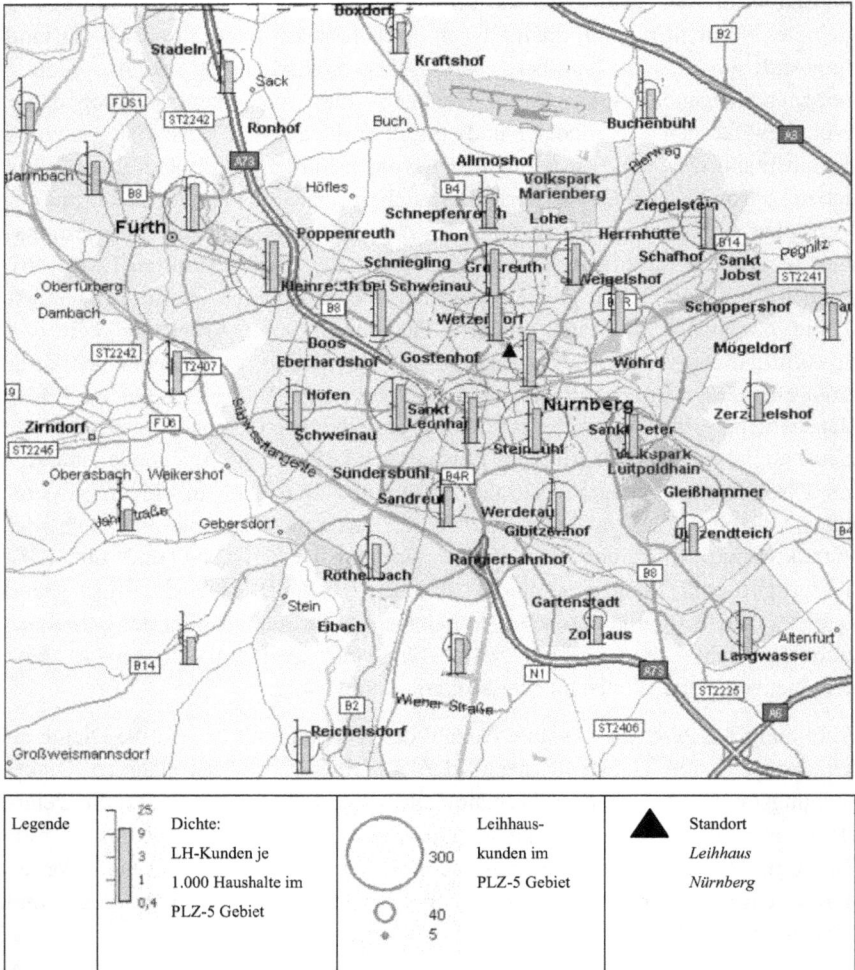

Legende	Dichte:	Leihhaus-	Standort
	LH-Kunden je	kunden im	*Leihhaus*
	1.000 Haushalte im	PLZ-5 Gebiet	*Nürnberg*
	PLZ-5 Gebiet		

Quelle: *Datenbank Leihhaus Nürnberg* (N=4.000 Kunden).
Anzahl Haushalte je PLZ-5 Gebiet aus MapPoint 2002.

„Fürth Zentrum" findet sich in Tabelle 7-3 auf Rang fünf, obwohl der Reiseaufwand trotz direkter U-Bahn Anbindung deutlich höher ist als für die nördlichen und südlichen Nürnberger Gebiete. Dies deckt sich mit der dominierenden Bedeutung, die die Achse Fürth-Nürnberg für die Berufseinpendler, bezogen auf alle Himmelsrichtungen, hat (Statistik Nürnberg 2000c), also den

Besuch im Leihhaus in Zusammenhang mit einem Arbeitsweg erklären kann. Es kann auch mit der durch das Mietpreisgefälle bekannten Bevölkerungsmigration von Nürnberg nach Fürth erklärt werden (Statistik Nürnberg 2003a), also Stammkunden die dem Leihhaus treu bleiben bzw. mangels Leihhaus in Fürth dort kein Angebot finden. Es ist aber auch denkbar, dass die fortwirkenden Einflüsse der historisch sehr großen jüdischen Gemeinde in der älteren Generation der Fürther noch eine überdurchschnittlich hohe Affinität zum Leihhaus erhalten hat. Die verkehrstechnisch vergleichbar gut angebundene Satellitenstadt Nürnberg-Langwasser wird zwar in der Tagespresse als sozialer Brennpunkt dargestellt, doch schlägt sich dies dort nicht in der Nachfrage nach Pfandkrediten nieder. Aus Langwasser kommen deutlich weniger Kunden als aus anderen sozial schwachen Stadtteilen wie z.B. St. Leonhard. Die Überschuldungsstudie der Schufa AG (Schufa 2003 und Borst 2003) zeigte, dass die kreisfreie Stadt Fürth die Gebietseinheit auf Landkreisebene mit der mit Abstand höchsten Schufa-Eintragungsquote (10-12%) pro Kopf in Bayern ist, gefolgt von der Stadt Nürnberg und der Stadt Augsburg mit jeweils 8%. Mit Ausnahme der Landkreise Roth und Stadt Erlangen (6 bzw. 5%) weist das Umland von Nürnberg nur eine Quote von 3-4% auf. Ein Schufa-Eintrag[73] bedeutet erhebliche Schwierigkeiten oder die pauschale Ablehnung bei der Beantragung eines Bankkredites. Dies kann auch zur Erklärung der relativ hohen Leihhauskundendichte in Fürth beitragen. In der Nürnberger Altstadt und in direkt angrenzenden Stadtvierteln (Statistischer Stadtteil 0) dominieren kleine Haushalte, häufig Alleinerziehende, die allgemein in der Literatur als „sozial schwach" eingestuft werden. Hier ist die Dichte an Leihhauskunden unter den Haushalten am größten (Tabelle 7-3). Da das *Leihhaus Nürnberg* in diesem Gebiet liegt, kann die räumliche Nähe zur Erklärung der hohen Kundendichte dort beitragen. Andererseits ist zu erwarten, dass eine 10 minütige zusätzliche Wegzeit zu einem Anbieter keine Finanzierungsentscheidung beeinflusst und darum andere, sozioökonomisch vergleichbare Stadtteile ähnlich stark vertreten sein sollten. Diese These wird durch die hohe Kundendichte von Fürth-Zentrum gestützt. Fürth-Zentrum unterscheidet sich zudem von der Nürnberger Altstadt durch deutlich größere Wohnungen, größere Haushalte und einem deutlich höheren Anteil vollständiger Familien, was entsprechend den Kriterien für „Soziale Schwäche" zu einer geringeren Nachfrage nach Pfandkrediten führen sollte. Erstaunlich ist der

---

[73] Die Schufa AG unterscheidet drei Merkmale („Schufa-Eintrag") auf Basis der durch ihre Partner gemeldeten Vorfälle: Zahlungsstörung, Eidesstattliche Versicherung und Haftbefehl zur Abgabe der Eidesstattlichen Versicherung.

deutliche Abfall in der Kundendichte ab Rang 3 und der Unterschied zwischen Nürnberg Altstadt und Zentrum von 23 bzw. 15 Leihhauskunden je 1.000 Haushalten (Tabelle 7-3).

Das Aggregat der statistischen Stadtteile 0+1+2 (Nürnberg Innenstadt) weist mit 14 Kunden je 1.000 Haushalte eine doppelt so hohe Kundendichte auf wie der Durchschnitt der Außenstadt-Stadtteile. Da sich für beide Aggregate die durchschnittliche Entfernung zum *Leihhaus Nürnberg* signifikant unterscheidet, aber die sozioökonomische und soziodemographische Zusammensetzung der zusammengefassten Stadtteile weniger kontrastiert, deutet dies darauf hin, dass die Entfernung für die Erklärung der Nachfragedichte eine wichtige Rolle spielt. Dabei wurde der Standort der Nürnberger Leihhäuser nicht in Bezug auf die Nähe zu „sozial schwachen" Wohnvierteln gewählt. Ein Standort wurde historisch gewählt, die anderen wegen ihrer Zentralität, allgemeinen Erreichbarkeit und Passantenfrequenz. Die als wohlhabend titulierten Viertel im Osten (Statistische Stadtteile 8 und 9) und die Ein- und Zweifamilienhaussiedlungen im Außenring (Statistische Stadtteile 4, 5 und 7) sind am schwächsten vertreten. In den Gebieten 8 und 9 dominieren wohlhabende Familien in der eigenen Immobilie mit hoher Selbständigenquote und hohem Bildungsniveau. In diesem Milieu ist nicht davon auszugehen, dass die Dienste eines Leihhauses benötigt werden. Falls dennoch Bedarf entstünde, ist es aufgrund der hohen Bedeutung des eigenen Ansehens als unwahrscheinlich zu beurteilen, dass ein lokales Leihhaus aufgesucht wird. Die Analyse der innerstädtischen Wanderungsbewegungen könnte weitere Hinweise zur Erklärung der Nachfrage aus atypischen Stadtvierteln liefern, doch würde dies hier, da die weiteren Analysen auf sekundärstatistischem Material mit geringer Tiefe beruhen, zu weit führen.

Im Ergebnis weist die räumliche Herkunft der Pfandkreditkunden aus der *Datenbank* des *Leihhaus Nürnberg* eine ungleichmäßige Verteilung in der Stadt auf. Leihhauskunden sind zwar häufig in sogenannten „sozial schwachen" Wohnvierteln des historischen Industriearbeitermilieus beheimatet, doch ein wesentlicher begrenzender Faktor für den Besuch eines Leihhauses ist auch der Reiseaufwand. Die große Nachfrage aus der ca. 6 km entfernten Stadt Fürth, die regional die höchste Quote an Haushalten mit negativem Schufa-Eintrag aufweist zeigt, dass der Einfluss der sozialen Bedürftigkeit den die Nachfrage begrenzenden Reiseaufwand schnell dominiert.

7.1.3 Kulturelle Charakterisierung der Kunden

Spielt die sich in Traditionen, Ritualen, sozialen Gruppen und Wertskalen manifestierende kulturelle Herkunft bei den Pfandkunden eine Rolle? Gibt es eine nationentypische Affinität oder Distanz zu Leihhäusern? Statistisch gesehen bestehen Gemeinsamkeiten bei Bürgern ausländischer Staatsangehörigkeit, die ihre Nachfrage nach Pfandkrediten pauschal beeinflussen könnten (Statistisches Bundesamt 2001a und Stadt Nürnberg 2004, 34f):

- Über die Hälfte der Ausländer hat einen relativ sicheren Status, sollte also über eine stabile Bankverbindung verfügen und rein ökonomisch gesehen kein Leihhaus mehr brauchen, doch vielleicht seine traditionellen Umgangsformen mit Geld bewahren wollen.

- Deutsche Frauen heiraten am häufigsten Türken. Sollte der Ehemann die Haushaltskasse führen, könnte seine Tradition im Umgang mit Geld auf die Gattin abfärben.

- Ausländerhaushalte sind überdurchschnittlich groß, bewohnen 20% kleinere Wohnungen, meist in Mehrfamilienhäusern und haben oft ein unterdurchschnittliches Einkommen. Diese Indikatoren für „sozial Schwache" könnten zu einer höheren Pfandkreditnachfrage führen.

- Ausländische Paare sind relativ kinderreich.

- Ausländer sind überdurchschnittlich auf Sozialhilfe angewiesen.

- Jeder vierte im Hotel- und Gaststättengewerbe Tätige ist ausländischer Herkunft. Dies könnte aufgrund der Saisonabhängigkeit auf eine höhere Affinität oder Abhängigkeit von Pfandkrediten verursachen.

Die kulturelle Herkunft könnte ein Indikator für eine andere soziokulturelle Nutzung von Pfandkrediten sein. Daher interessiert für die wirtschaftssoziologische Deskription die Nationalität als mögliche Erklärungsvariable für das Finanzierungsverhalten nicht nur unter dem Gesichtspunkt der Bedürftigkeit, sondern auch im Sinn von Tradition und Ritual. Weit stärker als Deutsche sehen Türken auch aufgrund ihrer kulturellen Prägung in Schmuck auch eine Geldanlage (z.B. zur Aussteuer) und stellen diesen Geschmack und Besitz auch entsprechend ihres Lebensstils zur Schau. Damit präqualifizieren sie sich als Leihhauskunde.

Mehr als die Hälfte der *befragten Geschäftsführer* gab unter seinen Kunden den Anteil der Ausländer mit etwa 30% und mehr an. Der Durchschnitt lag ebenfalls bei 30%. Lediglich von einem Vertreter wurde gesagt, dass man beabsichtige, eine türkische Mitarbeiterin einzustellen, um die Kundschaft in ihrer

117

Muttersprache bedienen zu können - eine Dienstleistungsqualität, die in Filialen von Stadtsparkassen in Stadtvierteln mit großem türkischstämmigen Ausländeranteil, die Regel ist. Die Sprachbarriere hatte entsprechend den beobachteten Situationen keinen Einfluss auf die Geschäftsabwicklung und die Auswahl des Leihhauses. Die Leihhäuser zeigen insgesamt keine Anstrengungen, sich gezielt Kundengruppen anderer Kultur- und Sprachkreise anzubieten. Es gibt einige, die von diesem Personenkreis selbst betrieben werden. Von deutschen Leihhausbetreibern und einem türkischen Bankdirektor wurde die Vermutung geäußert, dass diese Kulturgruppen informelle, Islam konforme Leihhaus- oder Geldgeschäfte anböten.

„Bei der Kreditbeschaffung setzen die in Deutschland lebenden türkischen Staatsbürger immer mehr auf die Finanzangebote der über 170 Pfandkreditbetriebe in der Bundesrepublik. ‚Bei Leihhäusern in Großstädten mit vielen türkischen Bürgern, etwa in Berlin oder im Ruhrgebiet, liegt der Anteil der türkischen Kunden mittlerweile bei 50 Prozent und mehr', sagte der Vorsitzende des ZDP e.V., Joachim Struck. ‚Unsere ausländischen Kunden spüren, dass wir im Gegensatz zu anderen Kreditgebern keinerlei Unterschiede bei der Bewertung der Kreditwürdigkeit machen.'" (ZDP 2002b, 20). „90% der Umsätze in den deutschen Pfandkreditbetrieben entfallen heute auf Schmuck. ‚Auch türkische Kunden hinterlegen heute fast ausschließlich Schmuck als Sicherheit', sagte der stellvertretende ZDP-Vorsitzende Jochen Brauers." (ZDP 2002b, 22).

Einem Ausländeranteil von 17,5% in der über fünfzehnjährigen Bevölkerung Nürnbergs steht eine stark unterdurchschnittliche Repräsentation im *Leihhaus Nürnberg* (9,6%) gegenüber (Abbildung 7-1). In der *Datenbank* sind 42 andere Nationalitäten vertreten, darunter dominieren die Bürger türkischer Staatsbürgerschaft (3,4%), gefolgt von den Italienern (2,2%). Die weiteren Nationalitäten folgen mit großem Abstand, wobei die überwiegend slawische Kulturgruppe aus Mittel-Ost-Europa dominiert (1,8%), als Einzelnation hingegen Thailand (darunter fast 90% Frauen). Italiener sind als einzige EU-Nationalität unter den Kunden überrepräsentiert. Alle anderen europäischen Nationalitäten sind zwar in Nürnberg deutlich vertreten, doch finden sie sich nicht in der *Datenbank*. Bürger der UdSSR-Nachfolgestaaten spielen in der *Datenbank* keine Rolle, was dadurch erklärt wird, dass die Bürger dieser Herkunftsländer als Spätaussiedler über ein deutsches Identifikationspapier verfügen. Von 1995 bis 1999 wurden ca. 3.200 Bürger aus Russland und Kasachstan in Nürnberg eingebürgert. Dem standen nur ca. 2.600 Einbürgerungen türkischer Staatsangehöriger gegenüber (Statistik Nürnberg 2002b, 69), bezogen auf ca. 8.600 Einbürgerungen insgesamt. 1999 betrug mit dem Rückgang der

Spätaussiedler der Anteil türkischer Mitbürger an der Einbürgerung in Nürnberg wieder 50%, der bundesdeutsche Wert lag bei 73% (Statistisches Bundesamt 2001a, 109). Die absolute Zahl der jährlich eingebürgerten Türken war in Nürnberg wieder steigend.

Der Anteil von Kunden mit nicht deutscher Herkunft war in der *Kundenbefragung* (N=41) vor beiden Leihhäusern in Nürnberg sehr hoch (44%). Die größten nationalen Gruppen bildeten Kunden türkischer und italienischer Nationalität (je 10%). Aus Osteuropa bzw. Staaten der früheren Sowjetunion stammten 19% der Kunden. Von den befragten Kunden des *Leihhauses Nürnberg* waren jene nicht deutscher Herkunft fast ausnahmslos seit mehr als 10 Jahren in Deutschland beheimatet. Der in der direkten *Kundenbefragung* ermittelte Anteil lag deutlich über dem entsprechenden Anteil in der lokalen Bevölkerung und über dem Anteil in der *Datenbank*. Bei der direkten Befragung wurde nach der „Herkunft der Familie" gefragt, nicht nach der aktuellen Staatsangehörigkeit. Türken, Italiener und Thailänderinnen zeigten in der *Datenbank* eine überdurchschnittliche Inanspruchnahme von Pfandkrediten. Weiter fällt auf, dass Türkinnen zwar häufig beliehen, jedoch im Unterschied zu Türken die deutlich kleineren Pfandbeträge oder kürzeren Laufzeiten verursachten. Gleiches zeigte sich bei den Bürgern aus den mittel-osteuropäischen Staaten. Bei Italienerinnen war es gerade umgekehrt: Frauen realisierten das überdurchschnittliche Geschäftsvolumen im Vergleich zu Männern.

Da über 80% in der *Kundenbefragung* trotz nicht deutscher Herkunft auch angaben, seit mehr als 10 Jahren in Deutschland zu leben, ist zu vermuten, dass einige sich bereits einbürgern ließen. Von den verbleibenden 20% war keiner weniger als 5 Jahre in Deutschland. Aufgrund der geringen Stichprobengröße in der *Kundenbefragung* (N=41) kann nicht gefolgert werden, ob das *Leihhaus am Hauptbahnhof* für Bürger anderer kultureller Prägung attraktiver ist als das *Leihhaus Nürnberg*. Im *Leihhaus am Hauptbahnhof* bedienen die teilweise aus Südosteuropa stammenden Mitarbeiter ihre Kunden auch in ihrer Muttersprache.

Nutzen Moslems Leihhäuser als eine Form Islam konformer zinsloser Bankgeschäfte (vgl. Schrader 2000d, 40)? Weder in Gesprächen mit Experten aus der Leihhausbranche (Funktionäre und Inhaber) noch aus dem Bereich der akademischen Finanz- und Bankbetriebswirtschaft konnten Hinweise hierauf gewonnen werden. Niemand wollte die Hypothese von der Hand weisen, doch stichhaltige Indizien für Deutschland wurden nicht gefunden. Dagegen spricht, dass Türken, als unter den Kunden dominierende Vertreter islamischer Religion und Kultur, im Leihhaus im Vergleich zur Gesamtbevölkerung nur unterdurchschnittlich vertreten sind. Dies wird aber durch das überproportionale Geschäfts-volumen der türkischen Kunden kompensiert. Die Geschäftsbeziehung zum Leihhaus als identitätsstiftende und abgrenzende Handlung gegen die fremde Gesellschaft kann angesichts der doch mehrheitlich deutschen Kunden über die Kriterien des Islam hinaus für die Kunden anderer Herkunft kein starkes Motiv sein (vgl. ebenda, 52), gegenüber dem westlichen Bankenwesen als mittlerweile globalisierte Industrie hingegen schon. Die Nürnberger Filiale der türkischen Işbank GmbH hat nur 1.800 türkische Kunden aus ganz Nordbayern. Sie bietet keine Islam konforme Finanzprodukte an (Nürnberger Nachrichten vom 23.3.2004, 17 und Telefonat mit dem Direktor vom 25.3.2004).

Die kulturelle Charakterisierung der Leihhauskunden ergibt zusammenfassend, dass das Interesse ausländischer Bürger an den Dienstleistungen eines Leih-hauses groß ist. Die größte Einzelgruppe nicht-deutscher Kunden stellen Bürger türkischer Nationalität, dicht gefolgt von Italienern, die damit auch den größten Anteil an nicht-deutschen EU-Bürgern ausmachen. Der Anteil Leihhausnutzer mit fremder Staatsbürgerschaft ist signifikant geringer als ihr Anteil in der Bevölkerung. Der Vergleich der persönlichen *Kundenbefragung* (N=41) und der Analyse der *Datenbank* (N=4.000) weist auf einen großen Anteil eingebürgerter Personen ausländischer Herkunft hin. Das Merkmal *Nationalität* ist zur Beschreibung des kulturellen oder milieuspezifischen Hintergrundes der Kunden unzureichend.

7.1.4 Soziale Charakterisierung der Kunden

Welchem sozialen Umfeld und Milieu lassen sich Leihhauskunden zuordnen? Welche sozialen Merkmale, treten gehäuft bei Leihhauskunden auf? Welche Bedeutung hat Armut als Handlungsmotiv? In der *Kundenbefragung* erhoben wurden der Bildungsstand und die Erwerbstätigkeit der befragten Besucher, der Charakter des Geschäftsverhältnisses der Leihhauskunden zu ihrem Leihhaus sowie das Milieu und die soziale Gruppe, in der sich die Leihhauskunden bewegen. Der Pfandkredit scheint für viele der Befragten die einzige Möglich-keit zur Geldbeschaffung. Trotz möglicherweise enger sozialer Einbindung sahen fast zwei Drittel der Befragten keine Alternative zum Pfandkredit, nur ein Kunde hatte „Freunde und Familie" als mögliche Geldquelle in seine Entscheidung mit einbezogen.

Der Bildungsgrad ist unter den Leihhausbesuchern breit gefächert. Die überwiegende Mehrheit der befragten Kunden hat einen Schulabschluss, meist die Hauptschule. Über eine höhere Schulbildung verfügt ein Drittel der

Befragten, darunter waren auch Hochschulabsolventen. Ob die Kunden ihre Bildung auch einsetzen, um sich über die Konditionen des Leihhauses zu informieren, scheint fraglich, da die Hälfte aussagte, die Höhe der Zinsen und Gebühren im Leihhaus nicht zu kennen. Von der anderen Hälfte der Kunden, die meinte die Kosten eines Pfandkredits zu kennen, lagen 62% richtig („3-4% pro Monat"), ein knappes Drittel unterschätzte die Kosten („kleiner als 2% p.M.") und 8% überschätzten die Kosten („größer als 4% p.M."). In der mündlichen Befragung wurde offensichtlich, dass ein großer Teil der Kunden große Schwierigkeiten hat, Monats- und Jahreszinsen (ohne Zinseszinseffekt) zu unterscheiden und die Umrechnung, d.h. eine Multiplikation bzw. Division mit zwölf durchzuführen.

Die Finanzierungsoption *Kontokorrentkredit* setzt ein Girokonto und Bonität voraus, was aus verschiedenen Gründen bei einzelnen Kunden nicht gegeben sein muss. Kontokorrent- und Konsumkredite werden so aggressiv beworben, dass ein Kreditsuchender, der über die Kosten reflektiert und nach alternativen Geldbeschaffungswegen sucht, auch ohne eigenes Konto diese Information aufnehmen und mit seinem eigenen Pfandkredit vergleichen kann. Nur 15% der befragten Pfandkreditnehmer meinten, die Zinsen bzw. Kosten eines Kontokorrentkredits bei der Bank zu kennen und lagen dabei mehrheitlich richtig („12-13% p.a."). In der *Vergleichgruppe* der Passanten kannten zwei Drittel ein Leihhaus und ein Viertel hatte auch bereits ein Leihhaus besucht, doch meinte nur eine Person die Kosten eines Pfandkredits zu kennen. Keiner dieser Passanten hatte bisher etwas verpfändet, sondern vermutlich ein Leihhaus nur als potenzieller Schmuckkäufer besucht. In der *Kundenbefragung* kannte die Hälfte ein weiteres Leihhaus und hatte sich damit vielleicht auch unter Kostengesichtspunkten mit einem anderen Anbieter befasst. Darum erstaunt die geringe Kenntnis der tatsächlichen Kosten und deutet auf unreflektiertes, vielleicht emotionales Handeln hin. Bei den Kunden spielt der Bildungsstand bei der Auswahl des Pfandkredits unter möglichen Alternativen offensichtlich kaum eine Rolle.

Gibt es Erwerbsgruppen, die unter Leihhausnutzern verstärkt vertreten sind? Ein knappes Drittel in der *Kundenbefragung* waren in Tätigkeiten eingebunden, die ein unteres bis mittleres Einkommen ermöglichen. Die Arbeitslosenquote unter den Befragten betrug etwa 15% und liegt damit deutlich über dem regionalen Durchschnitt von 8%. Die Hälfte hiervon bezeichnete sich selbst als „lange" arbeitslos. Die pauschal als eher sozial schwach Einzustufenden, wie Arbeiter bzw. untere und mittlere Angestellte, Rentner und Arbeitslose bildeten zusammen etwa 70% der befragten Kunden. Bemerkenswert ist, dass von 50% der hierzu zur Auskunft bereiten, berufliche Tätigkeiten mit Schwankungen des

Einkommens in Abhängigkeit von Saison, Auftragslage und Zahlungsmoral genannt wurden, wie z.B. in der Gastronomie bzw. durch freiberufliche Tätigkeiten. Der Anteil an Rentenbeziehern (24%), deren monatliche Renten und Ersparnisse Sonderausgaben nicht zu decken schienen, während zugleich Wertsachen als Pfänder zur Verfügung standen, liegt leicht über dem lokalen Wert. Personen, deren Haushaltseinkommen hauptsächlich aus Transfereinkommen bestand (Rente, Arbeitslosengeld oder Sozialhilfe), machten 41% der Befragten aus. Die Rentner waren mehrheitlich jünger als 65 Jahre.

Gerade Inhaber saison- oder honorarsatzabhängiger Berufe, bei denen Finanzierungslücken regelmäßig auftreten können, scheinen auch regelmäßige Leihhausbesucher zu sein. Der Anteil Stammkundschaft eines Leihhauses ist relativ hoch. Lediglich jeder fünfte *befragte Kunde* besuchte das Leihhaus an diesem Tag zum ersten Mal. Drei Personen davon kamen, um sich zu informieren, vier haben ein Geschäft abgeschlossen. Ob diese vier sich bereits vorher aus anderen Quellen informiert hatten oder sich erst im Leihhaus vor dem Abschluss des Kreditvertrages informierten oder gar ohne weitere Information den Vertrag abgeschlossen haben, wurde nicht ermittelt. Ein Viertel der Befragten behauptet, seltener als einmal im Jahr ins Leihhaus zu gehen. Diese Angabe ist angesichts des für einen Einzelnen schwer zu überblickenden langen Zeitraums zu relativieren und kann als „hat bereits einmal ein Pfand versetzt" interpretiert werden. Jede sechste Person gab an, monatlich das Leihhaus zu besuchen, weitere elf Personen (29%) kamen einmal im Halbjahr. Fast die Hälfte der Befragten kam also mindestens zweimal im Jahr in Leihhaus. Dies kann als regelmäßige Geschäftsbeziehung bezeichnet werden und somit als fester Bestandteil des Finanzierungsverhaltens dieser Haushalte.

Ein gutes Drittel der *befragten Kunden* war vor mindestens fünf Jahren zum ersten Mal im Leihhaus, ein weiteres Viertel der Kunden kam vor drei bis vier Jahren zum ersten Mal. Somit unterhielten fast 60% der Befragten seit mehr als drei Jahren eine Beziehung zum Leihhaus und werden darum als gebundene Kunden bezeichnet. Ein Viertel der Kunden kam innerhalb der letzten zwölf Monate zum ersten Mal ins Leihhaus. Hieraus wurde auf eine Neukundenquote am Kundenbestand von 20-30% rückgeschlossen. Die lange Kundenbindung und der hohe Anteil von Neukunden sind ein Indikator für eine starke Ausbreitung der Nachfrage nach dieser Finanzierungsform, also ihrer wachsenden Bedeutung in der Lebenswelt der Haushalte.

Aus der Analyse der Besuchstermine in der *Datenbank* wurden weitere Verhaltensmuster gewonnen. Ein Pfandschein ist per Gesetz auf mindestens drei

Monate Laufzeit auszustellen. Deshalb besucht der Kunde meist das Leihhaus nach durchschnittlich drei Monaten wieder, um sein Pfand auszulösen oder zu verlängern. Um die Besuchshäufigkeit als Maß für die Enge der Bindung des Kunden an das Leihhaus quantitativ zu erheben, genügt darum die Beschränkung auf die Anzahl Besuche in einem Dreimonatsintervall (Quartal): Würde der Kunde innerhalb von drei Monaten nicht wieder kommen, müsste er sein Pfand verfallen lassen.[74] Kam er andererseits innerhalb von drei Monaten mehrmals, so zahlte er entweder den Kredit vorzeitig zurück, was jederzeit möglich war, oder er hatte mehrere, nicht zeitgleich begonnene Beleihungen offen. Über die Dauer seiner Geschäftsbeziehung, definiert als die Zeit zwischen seinem ersten und letzten Besuch innerhalb des Erhebungszeitraumes 1.1.99 bis 15.10.02, nahm ein Kunde das Leihhaus um so regelmäßiger in Anspruch, je öfter er pro Quartal erschien bzw. je weniger Quartale er nicht kam. Quartale, in denen er nicht erschien, sind mit großer Wahrscheinlichkeit Zeiten, in denen er keinen Pfandkredit offen hatte, sei es, weil er alle ausgelöst hat oder diese verfallen ließ. Auf der Grundlage dieser Auswertung führten je 40% der Kunden im Untersuchungszeitraum einen Pfandkredit fast ununterbrochen (Abbildung 7-4, Kategorie]0,8-1]) oder kamen durchschnittlich öfter als einmal pro Quartal (Summe]1-20]).

Abbildung 7-4: Kunden der Datenbank nach Besuchen pro Quartal

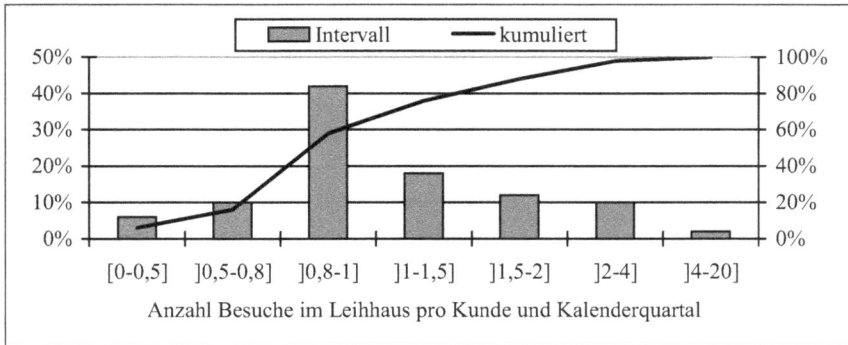

Quelle: *Datenbank Leihhaus Nürnberg* (N=4.000 Kunden).

---

[74] Als Besuch wird hier das Versetzen, Verlängern oder Auslösen interpretiert, wobei mehrere Aktionen an einem Kalendertag als ein einziger Besuch interpretiert wurden, was der Realität entsprechen dürfte.

Nur 5% der Kunden kamen höchstens jedes zweite Quartal, was auf lange Zeiträume ohne Kreditbedarf hindeutet. Die Erhebung könnte die Bindung des Kunden an Pfandkredite unterschätzen, sofern er im selben Zeitraum noch Pfandkredite bei anderen Leihhäusern laufen gehabt haben könnte. Dies wird als sehr unwahrscheinlich eingestuft. Zur Lebenswelt eines großen Teils der Pfandkunden scheint es zu gehören, sich bei Finanzierungsbedarf regelmäßig an „sein" Leihhaus zu wenden.

Gibt es ein spezifisches soziales Milieu der Leihhauskunden? Während die berufliche Zuordnung eine Häufung eher sozial schwach Einzustufender im Kundenkreis eines Leihhauses vermuten lässt, konnte aus der Beobachtung der *befragten Kunden* keine eindeutige Zuordnung zu einem sozialen Milieu vorgenommen werden. Eine subjektive Einstufung der Befragten durch den Interviewer ordnete die Kunden in gleichen Teilen einer „unteren Gesellschaftsschicht", einem „kleinbürgerlichen Milieu" und der „gehobenen Gesellschaft" zu. Kriterien hierfür waren die Kleidung, das Benehmen, die Wortwahl und auch explizit zum Ausdruck gebrachte Bildung und die aus der Befragung abgeleitete Umgangsweise mit Geld. Die Beobachtung hat weiter gezeigt, dass die Leihhauskunden mehrheitlich unauffällig, ordentlich und sauber gekleidet auftraten. Das Bild des heruntergekommenen, schmutzigen und schlampigen Besuchers, der sich nicht dem Anlass oder der Jahreszeit entsprechend kleiden kann, das als Klischee in der Literatur bedient wird, wurde nur von einer Minderheit (zwei Kunden) bestätigt.

Das Leihhaus weist eine sehr heterogene Kundenzusammensetzung auf. Darum kann es nur als kommunikativer Ort von Gruppen gleichartig Betroffener bezeichnet werden. Von den persönlich Befragten Leihhauskunden waren 23% in Begleitung mindesten einer weiteren Person gekommen. Die mehrstündige qualitative Beobachtung von Leihhauskunden bei der Geschäftsabwicklung zeigte neben Einzelpersonen auch Kunden, die von einer Gruppe begleitet wurden. Dabei wurde keine herausragende Konstellation ermittelt. Mehrmals beobachtet wurden:

- Frau mit Freundin: unabhängig von der Herkunft.
- Mann mit Freund: oft vermutlich Südost-Europäer.
- Mann mit Ehefrau und teilweise in Begleitung weiterer Generationen der Familie: zumeist wahrscheinlich türkischer Herkunft.

Dabei handelte jeweils nur die erstgenannte Person gegenüber dem Leihhauspersonal. Die Begleitperson wurde einmal oder öfter konsultiert, teilweise auch außerhalb der Geschäftsräume. Beim Beobachter ist der Eindruck entstanden, dass die handelnde Person der Gruppe auch die generelle Handlungsvollmacht innehatte. Die Situation eines mächtigen Beraters im Hintergrund per Mobilfunkverbindung oder in der Begleitgruppe, wie sie z.B. bei Hehlerei oder in einem durch einen Großelternteil geführten Familienverbund zu erwarten wäre, wurde nicht beobachtet. Bei den *befragten Kunden* handelte es sich in 68% der Fälle um den Haushaltsvorstand oder den Hauptverdiener. Vier Kunden (13%) sagten, dass weitere Haushalts- oder Familienmitglieder ein Leihhaus besuchten.

Ein unter sozialen und kulturellen Gesichtspunkten besonderer Fall ist die einige Male beobachtete Situation des vermutlich aus der Türkei oder arabischen Ländern stammenden Ehemanns in Begleitung seiner Ehefrau, bei der er den von ihr aktuell getragenen Schmuck versetzte und sie diesen dafür vor den Augen des Schätzers ablegte. Dabei definierte er den Liquiditätsbedarf und bestimmte damit indirekt die Menge abzugebenden Schmucks. Hierbei handelt es sich typischerweise um leicht teilbaren Schmuck, wie z.B. viele dünne goldene Armreifen, so dass der gewünschte Betrag möglichst exakt getroffen werden kann.

Mit ihrer neutral gestalteten Werbung sprechen die Leihhäuser kein spezielles Milieu gezielt an. Obwohl ca. 90% der befragten Leihhäuser Werbung betreiben, hat sie nur bei 8% der Passanten der *Vergleichsgruppe* die erstmalige Wahrnehmung des Leihhauses verursacht. Deutlich mehr, nämlich 12% von ihnen, folgten einer persönlichen Empfehlung zum Besuch desselben. Laut *Kundenbefragung* kam der Erstkontakt zum Leihhaus in seltenen Fällen durch die Familie, andere Schmuckeinzelhändler (je 5%), oft aber durch Freunde und Bekannte (37%) zustande. Anonyme Werbemaßnahmen verursachten in ihrer Summe den gleichen Anteil von Erstkunden wie persönliche Empfehlungen. Zufälliges Entdecken durch Vorbeilaufen spielte bei den Kaufkunden von Gebraucht- und Neuschmuck eine Rolle, nicht jedoch bei den Pfandkreditkunden. In persönlichen Gesprächen glaubten die wenigsten Inhaber an die Wirksamkeit ihrer Werbung, sondern waren sich der großen Bedeutung der persönlichen Empfehlung bewusst. Persönliche Empfehlungen deuten darauf hin, dass sich Leihhauskunden in einem Milieu bewegen, dass ähnliche Bedürfnisse hat wie sie selbst und sie sich untereinander kennen. Bei persönlichen Empfehlungen wird unterstellt, dass untereinander bekannte Kunden sich gegenseitig von ihren Erfahrungen im Leihhaus berichten. Dabei ist es wahrscheinlicher, dass sich Kunden von positiven Erfahrungen berichten, als dass sie eigene negative Erlebnisse weitergeben, da dies auch ihrem eigenen Ansehen schaden kann.

Zur Abschätzung der Signifikanz der milieuspezifischen Bekanntheit und daraus resultierender Empfehlung wird die *Datenbank* darauf hin analysiert. Um auf einen möglichen Bekanntheitsgrad in der *Datenbank* Rückschlüsse zu ziehen, werden als Approximation zur Abschätzung möglicher Beziehungen die Adresse und der Name von Personen verglichen. Aufgrund der Verschlüsselung dieser Daten kann nur auf Gleichheit, nicht aber auf Nachbarschaft geprüft werden. Mittels der Häufigkeit von gleichen Adressmerkmalen werden drei Kategorien gebildet, die als Indikator für einen unterschiedlich starken Beziehungsgrad unterschiedlicher Wahrscheinlichkeit unter den Kunden in der *Datenbank* fungieren (Tabelle 7-4). Als „sehr wahrscheinlich verwandt" aufgrund von identischem Nachnamen, Postleitzahl, Straße und Hausnummern wurden 95 Personenpaare und vier Tripple, das sind insgesamt 5% der Personen der *Datenbank* eingeschätzt. Diese Gruppen leben jeweils im gleichen Haus.

Tabelle 7-4: Beziehungsgrade der Kunden in der Datenbank

Vermuteter Beziehungs- grad	Merkmale	Nach- name	PLZ	Straße	Haus Nr	Personen nach Gruppengröße				
						alle	2	3	4	5+
Wahrschein- lich bekannt	wohnen im selben Haus	<>	=	=	=	**610** 15%	410	117	44	39
Sehr wahr- scheinlich verwandt	gleicher Name im gleichen Haus	=	=	=	=	**202** 5%	190	12	0	0
Evtl. verwandt	gleiche Straße und Name	=	=	=	<>	**19** 0,5%	16	3	0	0

Hinweis: Die drei Beziehungskategorien sind als disjunkte Menge definiert, d.h. sie enthalten keine identischen Elemente.

Quelle: *Datenbank Leihhaus Nürnberg* (N=4.000 Kunden).

812 Personen oder 20% der *Datenbank* wohnen mit mindestens einer weiteren Person im selben Gebäude. 610 Personen hierunter haben unterschiedliche Nachnamen. Hierbei könnte es sich um Verwandte mit unterschiedlichem Nach- namen oder um einfache Nachbarn handeln. Diese Gruppe wird als „wahr- scheinlich bekannt" eingestuft. Hierbei wird einbezogen, dass in den dominie- renden Wohnvierteln die Anzahl Parteien in den maximal sechsgeschossigen Häusern der Innenstadt überschaubar ist. Deshalb wird unterstellt, dass diese Personen, sollten sie nicht demselben Haushalt angehören, sich regelmäßig im

Wohnumfeld begegnen, ihre Sorgen teilen und dabei auch ihre Erfahrungen in Finanzierungsfragen austauschen.

Unter dem wirtschaftssoziologischen Aspekt der Bedeutung tradierten Wirtschaftshandelns stellt sich die Frage nach der Altersstruktur dieser Gruppen, also welchen Anteil bei den beiden ermittelten Gruppen von im selben Haus lebenden Personen Lebensgemeinschaften von Personen ähnlichen Alters oder auch generationenübergreifende Beziehungen spielen. Hierzu wird die maximale Altersdifferenz innerhalb jeder Gruppe ermittelt, z.B. bei einem Tripple die der ältesten und der jüngsten Person u.s.w. und nach Klassen der Altersdifferenz aufgetragen (Abbildung 7-5).

Abbildung 7-5: Kundengruppen, wohnhaft im gleichen Haus

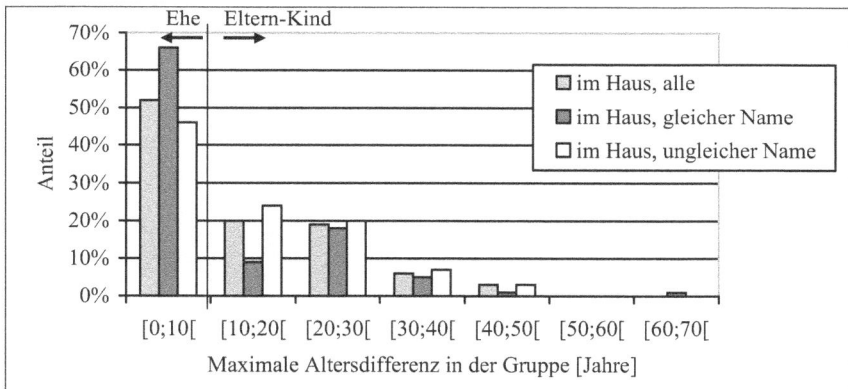

Quelle: *Datenbank Leihhaus Nürnberg* (N=4.000 Kunden, k=812).

In der *Datenbank* dominieren mit 66% in der Gruppe von „Personen gleichen Namens in einem Haus" Alterunterschiede von unter zehn Jahren. In diese Kategorie fallen Ehen gleichen Nachnamens und Geschwister. Bei generationenübergreifenden Gruppen ist die Möglichkeiten gleichen Nachnamens wesentlich geringer. Altersdifferenzen von 20 Jahren und mehr stehen für generationenübergreifende verwandtschaftliche Beziehungen. In der Summe der vier Klassen ab 30 Jahren Differenz aufwärts verbergen sich 33 Personen (1% der *Datenbank*). Der Leihhausbesuch kann darum nicht als generationenübergreifende traditionelle Wirtschaftshandlung einer Familie interpretiert werden.

Der personenbezogene Vergleich dieser Daten nach Alter und Herkunft (Tabelle 7-5) liefert eine deutlich höhere Wahrscheinlichkeit des Zusammenlebens unter

Kunden ausländischer Herkunft als bei den Deutschen („Wahrscheinlich bekannt" 19% gegen 15%, Wahrscheinlichkeit homogener Verteilung nach Chi-Test: 0,14). Dies deckt sich mit der Beobachtung von häufiger im Familienverbund oder einer Gruppe ins Leihhaus kommenden Bürgern augenscheinlich anderer Kulturgruppen. Die Korrelation zwischen den deutschen und ausländischen Kunden mit Bekanntheitsgrad (Spalten in Tabelle 7-5) ist größer 89%, was 80% der Variation zwischen den Gruppen erklärt. Bekanntheitsgrade zwischen Deutschen und Ausländern wurden nicht separat analysiert.

Tabelle 7-5: Beziehungsgrade nach Alter und Herkunft der Kunden

Möglicher Beziehungsgrad [Fälle und %]	Jünger als 65		Mindestens 65		Summe		
	D-ID	A-ID	D-ID	A-ID	D-ID	A-ID	A+D
Wahrscheinlich bekannt	507 16%	68 19%	31 8%	4 21%	538 15%	72 19%	610 15%
Sehr wahrscheinlich verwandt	152 5%	22 6%	27 7%	1 5%	179 5%	23 6%	202 5%
Evtl. verwandt	17 1%	1 0%	1 0%	0 0%	18 0%	1 0%	19 0%
Summe	676 21%	91 26%	59 15%	5 20%	735 20%	96 26%	831 21%
Datenbank	3.221 100%	351 100%	400 100%	19 100%	3.621 100%	370 100%	3.991 100%

Hinweise: Alle Gruppen sind disjunkt, d.h. bei Addition tritt keine Doppelzählung auf. D-/A-ID steht für Deutsche bzw. ausländische Staatsbürgerschaft.

Quelle: *Datenbank Leihhaus Nürnberg* (N=4.000 Kunden).

Es erstaunt, dass in der *Datenbank* trotz des in der Vergangenheit verbreiteteren Leihhauswesens die hier identifizierte Summe von Personen mit einem Beziehungsgrad nach Name und/oder Adresse bei den unter 65-jährigen deutlich höher liegt als bei den älteren Personen, unabhängig von ihrer Herkunft. Dies deckt sich mit der Dominanz von Kunden unter 65 Jahren in der *Datenbank*. Die geringere Bedeutung der Älteren kann mit ihrer geringeren wirtschaftlichen Aktivität und eingeschränkten Mobilität erklärt werden und der damit auch verbundenen Schwierigkeit, Mittel zu planen, um das Pfand wieder auszulösen.

Die soziale Charakterisierung der Leihhausnutzer anhand ihrer Wohnviertel, Erwerbstätigkeit und Stellung im Familienzyklus bestätigt das Vorurteil, dass sozial schwächere Gruppen unter den Leihhauskunden stark vertreten sind. Dennoch weisen die Kunden eine große Heterogenität auf, es kann nicht von einem einzigen vertretenen spezifischen sozialen Milieu gesprochen werden. Auch Personen gehobener Bildung oder Bewohner wohlhabender Stadtviertel sind unter den Kunden zu finden. Der große Anteil von wahrscheinlicher Bekanntheit unter Teilen der Kunden deutet darauf hin, dass das Leihhaus eine Teil-Lebenswelt seiner Kundengruppen darstellt. Leihhauskunden sind meist Stammkunden, die über viele Jahre regelmäßig Pfänder beleihen.

7.1.5 Verpfändete Gegenstände

Die Art der verpfändeten Gegenstände ist ein Indikator für die kulturelle wie auch soziale Herkunft eines Kunden, außerdem könnte die Differenz zwischen einer unterstellten persönlichen Wertbeimessung für z.B. einen Ehering und dem Beleihungswert auf Basis des Materialwerts Rückschlüsse auf die herrschende Notlage des Kunden oder aber einen Verfall seiner traditionellen Wertbeimessung zulassen. In der *Datenbank* des *Leihhaus Nürnberg* dominiert bei der Art der Pfänder nach Stückzahl Goldschmuck mit über 75%, Tendenz stark steigend, da die Allgemeinpfänder seit 1999 nicht mehr akzeptiert werden und die verbliebenen Langläufer der eingelagerten Allgemeinpfänder sukzessive ausgelöst wurden oder verfielen.[75] Uhren, Silber, Platin oder Perlenschmuck spielen nach Stückzahl eine geringe Rolle.

Ein Pfandschein kann mehrere Gegenstände umfassen. Diese werden auf dem Pfandschein knapp in Textform beschrieben z.B. „1 ARMREIF GG/-750 12,8GR 1 RING GG/-585 5,2GR G:52 1 RING WG/-585 7,8GR G:57 1 H. ARMBANDUHR ROLEX DATEJUST HALB+HALB", einige Leihhäuser fertigen bereits Digitalphotos von den höherwertigen Pfändern an. Derartige Photos standen hier nicht zur Verfügung. Ringe und Halsschmuck sind die am häufigsten verpfändeten Schmuckgruppen (Tabelle 7-6) entsprechend der *Datenbank*. Nur zwei der explizit erfassten Schmuckarten könnten allein durch ihre Definition einen speziellen ideellen Wert haben: Eheringe (Anteil 1,6%) und Kreuze (1,3%). Unter den sehr häufigen „Anhängern" (12%) können sich auch Amulette und Medaillons befunden haben. In einer in Augenschein genommen Stichprobe von ca. 100 verfallenen Pfändern befand sich nur ein Medaillon. Bemerkenswert ist, dass Eheringe nur sehr selten ins Leihhaus

---

[75] Basis: Klassifikation der Pfandscheine nach zwölf Gütergruppen, dabei wird jeder Pfandschein, auch wenn er mehrere Gegenstände unterschiedlicher Art enthält, einer Gütergruppe zugeordnet

getragen werden. Ein Grund dürfte in der üblichen emotionalen Wertbeimessung liegen, die nicht durch den Beleihungswert abgedeckt wird. Doch auch für andere Pfandstücke gaben 50% in der *Kundenbefragung* an, dass ihnen das versetzte Pfand „sehr wertvoll oder ein Erinnerungsstück" sei. Weiteren 25% der Befragten war das Stück immerhin noch „wichtig" und lag „am Herzen", nur 13% war es „egal, keine weitere Bedeutung". Dies deutet darauf hin, dass die vermutete emotionale Wertbeimessung bei Eheringen und Halskreuzen sich nicht von der mit den meisten anderen Schmuckpfändern verbundenen Wertschätzung unterschiedet. Die *befragten Kunden* versetzten nach eigener Aussage ausschließlich eigenen Schmuck, keine von Freunden geliehene Güter.

Tabelle 7-6: Art der Schmuck-Pfänder in der Datenbank

Schmuckgruppe	Schmuckart	Anteile nach Stückzahl	
Ringe			34%
Davon	Schmuckring	33%	
	Ehering	1,6%	
Halsschmuck			32%
Davon	Kette	15%	
	Anhänger	12%	
	Collier	4,0%	
	Kreuz	1,3%	
Armschmuck			22%
Davon	Armkette	7,3%	
	Armband	5,6%	
	Armreif	5,0%	
	Armbanduhr	4,3%	
Ohrschmuck			8,0%
Davon	Ohrstecker	2,3%	
	Ohrhänger	2,0%	
	Ohrring	2,0%	
	Creolen	1,8%	
Münzen		(3,2%)	3,2%
Barren		(0,1%)	0,1%
Summe		100%	100%

Hinweis: Alle Gruppen sind disjunkt, d.h. bei der Addition tritt keine Doppelzählung auf. Abweichungen in der Summe durch Rundungsdifferenzen.

Quelle: *Datenbank Leihhaus Nürnberg* (N=4.000).

Halskreuze, Eheringe ohne Steine und Ohrschmuck haben in der Regel aufgrund ihrer geringen Größe und damit ihres geringen Materialgewichts einen niedrigeren Wert als Schmuckringe mit Stein oder massive Hals- und

Armketten. Ein typischer goldener Ehering wiegt 3 bis 8g und wurde im Jahr 2002 auf Basis eines Goldweltmarktpreises von ca. 10 €/g mit 20 bis 60 € beliehen. Das Versetzen eines Eherings oder eines Halskreuzes führte daher nur zu einem kleinen Kreditbetrag, der angesichts des hohen ideellen Wertes des Gutes ein Indikator für eine große Notlage sein könnte. Armketten und Armbänder sind in anderen Kulturen weit verbreiteter als in Deutschland[76] und können hier ein Indikator für Kunden anderer kultureller Herkunft sein. Barren und Münzen, welche als Objekte der professionellen Wertanlage dienen könnten, spielen im Leihhaus nur eine untergeordnete Rolle. Münzen sind häufiger vertreten als Eheringe oder Kreuze. Bei den Materialien dominiert das Gelbgold, Silber wird aufgrund seiner geringen Wertigkeit selten versetzt (Abbildung 7-6). Ausnahmen bilden Bestecke und Leuchter, deren Sperrigkeit den diskreten Weg ins Leihhaus erschwert.

Abbildung 7-6: Schmuckpfänder der Datenbank nach Attributen

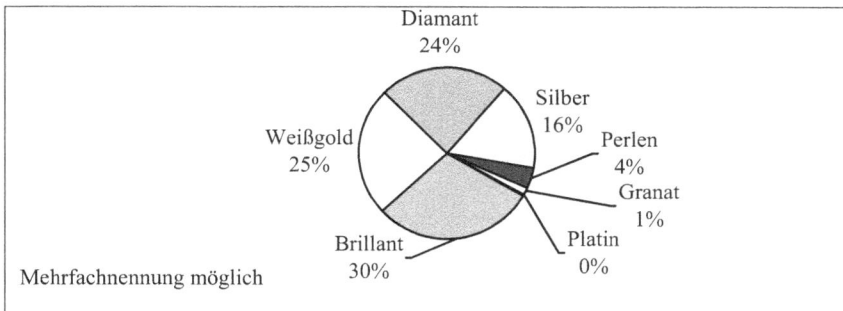

Quelle: Analyse der *Datenbank Leihhaus Nürnberg.*

Platin, das von seiner Wertdichte Gold übertrifft, ist als Schmuckmetall überwiegend bei jungen Leuten bekannt und beliebt. Der sehr geringe Anteil von Platinschmuck im Leihhaus kann nicht nur mit der unterdurchschnittlichen Präsenz von jungen Platinschmuckliebhabern erklärt werden, sondern auch mit der vielleicht hierfür noch mangelnden Bewertungskompetenz der Leihhausmitarbeiter. Eine weitere Differenzierung in Goldqualitäten nach Anteilen (333/585) oder Art der Verarbeitung war nicht zu erheben. Schmuckmotive wie z.B. Königsketten oder religiöse Darstellungen konnten nicht erhoben werden.

---

[76] Z.B. werden in Frankreich traditionell massive Edelmetall Namensarmketten zur Taufe oder Kommunion geschenkt; in der Türkei gehören Armringe zur Aussteuer der Braut.

Hieraus wären weitere Rückschlüsse auf die kulturelle Herkunft der Person möglich, wie z.B. typische Industriegoldketten aus Thailand. Nach Aussage des stellvertretenden ZDP-Vorsitzenden Jochen Brauers verpfändeten türkische Kunden „in der Regel schweren Goldschmuck in den Qualitätsstufen 585, 750 oder 22 Karat (...)." (ZDP 2002b, 22). Die *Datenbank*analyse der 1999 noch beliehenen Gegenstände zeigt, dass es jedem möglich war, mit einem einfachen Gebrauchsgegenstand, einen Pfandkredit zu erhalten (Tabelle 7-7). Hierin drückt sich der in den Hintergrund getretene soziale Auftrag eines Leihhauses aus.

Tabelle 7-7: Allgemein-Pfänder der Datenbank nach Pfandgruppen

Pfandgruppe	Vertreter	Anteil nach Stück, %
Audio	Stereoanlage, Boxen, Radio, Walkman	16
Kleinkram (entspricht auch „Sonstiges")	Optik, Taschenschirm, Frühstücksset, Taschenmesser, Schmuckkästchen, Taschenlampe	11
Spielzeug	Videospielkonsole, Modelleisenbahn	11
Video/TV	Fernsehgeräte, Videokamera, -recorder, Filme	10
Foto	Fotoapparat, Objektiv	9
EDV	Computer, Drucker, Monitor, Modem	8
Fahrrad		8
Werkzeug/Basteln	Bohrmaschine, Winkelschleifer, Gravierset, Akkuset, Ladegerät	7
Kleinkunst	Bilderrahmen, Sammelfiguren, Gemälde	5
Haushalts-Elektrogeräte	Rasierer, Mikrowelle, Saftpresse, Tauchsieder, Taschenrechner, Nähmaschine	4
Telekommunikation	Handy, Faxgerät, Schnurlostelefon	2
Kleidung/Pelz/ Leder	Nerzmantel, Hose, Lederjacke	2
Porzellan/Glas/ Zinn	Glasvase, Teller, Zinnbecher	2
Musikinstrumente	Akkordeon, Gitarre, Keybord, Klarinette, Harfe	2
Besteck		1
Teppich	Kelims, Brücke, Gobelin	1
Summe		100

Hinweis: Gruppen sind disjunkt, d.h. bei Addition tritt keine Doppelzählung auf.

Quelle: Textanalyse der Pfandscheine, *Datenbank Leihhaus Nürnberg* (N=4.000).

Da die meisten Haushalte mit Gebrauchsgütern gesättigt sind, ist ihr Wiederverkaufswert unabhängig vom Erstbeschaffungspreis äußerst gering und der Beleihungswert selten mehr als 20% des Neupreises. Nur für wenige Pfandtypen können Beziehungen zwischen dem unterstellten Nutzer des Pfandes im Haushalt und dem Verpfänder vermutet werden: Eine 30jährige Frau, die eine

Videospielkonsole (Spielzeug) versetzt, verpfändete vermutlich das Spielzeug ihres Kindes oder Ehemannes. Ein Mann, der Damenschmuck brachte, versetzte wohl den Besitz der Ehefrau, einer undankbaren Liebschaft oder Erbstücke. Zu Zeiten der Annahme von Allgemeinpfändern ging es oft um kleine Pfandkredite, die auf einen dringenden Geldbedarf hindeuteten, insbesondere, da in 100m Entfernung des *Leihhaus Nürnberg* vier An- und Verkaufgeschäfte auch derartiges ankauften. Diese Pfandkunden wollten das Pfand nicht verkaufen, planten somit die Wiederauslösung, oder glaubten, im Leihhaus einen höheren „Verkaufspreis" realisieren zu können. Neben dem aus der Literatur bekannten Topos des Musikers, der zwischen zwei Konzerten sein Instrument ins Leihhaus trägt (hier: 2% der Allgemeinpfänder) gehörten Spielzeug und Werkzeug zu den Positionen, die Rückschlüsse auf die Person erlauben. Teppiche spielten praktisch keine Rolle, auch wenn bei dem hohen Anteil türkischer Kunden eine hohe Affinität zu Teppichen unterstellt werden könnte. Die Verpfändung von Werkzeug deutet auf fortgesetzte wirtschaftliche Aktivität hin. Der Pfandkredit könnte dazu dienen, einen fluktuierenden Lohn zu kompensieren. Die Leihhauskunden der *Datenbank* nehmen überwiegend kleine Kredite. Dies wird durch Zusammenfassen aller Pfandscheinketten eines Tages zum so definierten *Tageskredit* für jeden Kunden ermittelt: 8% der Kunden nehmen nie einen *Tageskredit* über 30 € und 8+13+29=50% nie über 200 € (Abbildung 7-7).[77] Warum werden für so kleine Kredite die naheliegenden Alternativen nicht ausgewählt?

Abbildung 7-7: Kundenmengen nach Größe ihrer Tageskredite

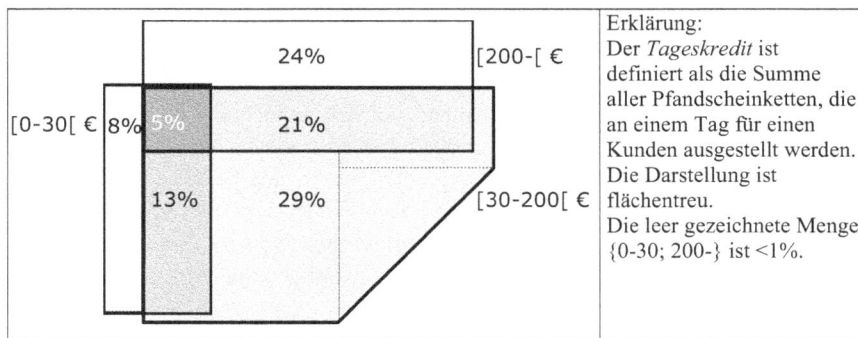

Quelle: *Datenbank Leihhaus Nürnberg* (N=4.000 Kunden).

[77] Bei der Pfandleihkasse Zürich hatten 1980 38% der Pfandscheine einen Wert von unter 100 CHF (ca. 65 €, Baumgartner 1982, 81).

Fazit: Mit der weitgehenden Abschaffung der Annahme von Allgemeinpfändern im betrachteten Leihhaus wurde dessen sozialer Auftrag eingeschränkt, da die Art der akzeptierten Pfänder deutlich reduziert und damit die Voraussetzung auf Kundenseite erhöht wurde. Anhand ausgewählter Schmuck- und Edelmetallpfänder lassen sich weiterhin kulturelle Beziehungen mancher Leihhauskunden zu ihren Pfändern darstellen und damit Grundlagen für Rückschlüsse auf das Milieu des Kreditnehmers schaffen: Nach Gewicht gekaufter Goldschmuck, noch dazu von leichter Teilbarkeit, zeigt ein vorausdenkendes, kulturell begründetes, wirtschaftliches Handeln, welches die mögliche zukünftige Beleihung beim Kauf schon berücksichtigt.

7.2 Motive für die Inanspruchnahme des Pfandkredits

Neben den Analysen zur Charakterisierung der Kunden nach ihrer Herkunft sind für das Verständnis der Beziehung zwischen Leihhaus und Kunde die Motive und die Entscheidungsgrundlage des Kunden für einen Pfandkredit von Interesse. Zunächst werden anhand von Fallbeispielen aus direkten Gesprächen Motive von Leihhauskunden beschrieben. Gelang es dem Kunden mittels seiner Geschäftsbeziehung zum Leihhaus, seine unterschiedlichen Bedürfnisse zu befriedigen? Erzielte er dabei eine nachhaltige Lösung seiner Finanzprobleme oder handelte es sich um ein Strohfeuer? Aus der *Kundenbefragung* werden qualitative Informationen zum Entscheidungsverhalten gewonnen, die *Datenbank* liefert quantitative Hinweise auf die Handlungsverläufe.

7.2.1 Vier Beispiele für Motive von Leihhauskunden

Zur Illustration der Bandbreite der Motive der Kunden werden beispielhaft vier Kunden von Leihhäusern und ihre Anliegen beschrieben. Es handelt sich bei den Beschreibungen um Einzelpersonen, die nicht als Stellvertreter aller Leihhauskunden wahrgenommen werden können, sondern für einzelne Typen stehen. Über die vier Beispiele hinaus gibt es noch weitere Typen. Da weder durch die Geschäftsführer, noch durch die Kunden eine Aufzeichnung der Gespräche auf Band akzeptiert wurde, entstanden während des Gesprächs z.B. im Treppenhaus oder im Eingangsbereich kurze Notizen, die direkt anschließend weiter ausformuliert wurden.

Ein 29jähriger Koch, Vater von drei Kindern, die Familie stammt aus Bosnien und ist seit 12 Jahren in Deutschland. Er ist der Hauptverdiener des fünfköpfigen Haushaltes, der von einem Nettohaushaltseinkommen von 1.000 bis

1.500 € in Nürnberg lebt. Ins Leihhaus geht er seit fünf Jahren. Der Besuch in Begleitung seiner Mutter am Tag der Befragung galt der Kreditaufnahme.

Der Kunde verpfändete seit mehreren Jahren seine Goldwerte und ist nicht in der Lage, die Pfänder auszulösen. Laut Eigenangabe zahlte er monatlich 200 € Verlängerungsgebühren. Den Gesamtwert der verpfändeten Ware schätzte er auf 3.000 €.[78] Der verpfändete Schmuck ist seiner Meinung nach durch die Verlängerungsgebühren bereits „überbezahlt", doch er hat eine enge persönliche Beziehung zu der Ware und zahlte daher die Gebühren. Er bezeichnete seinen Bezug zum Leihhaus als eine Art Krankheit, ähnlich einer Abhängigkeit. Die am Tag der Befragung erhaltene Kreditsumme in Höhe von 200 € wurde für den täglichen Bedarf der Familie benötigt.

Der 44jährige selbständige Fotograf aus einer Kleinstadt über 50 km entfernt von Nürnberg lebt zusammen mit seiner Lebensgefährtin, Kinder haben die beiden keine. Er besuchte das Leihhaus vor fünf Jahren erstmals. Am Tag der Befragung ging er ins Leihhaus, um seine Pfandstücke (eigener Schmuck und Uhr), die mit einer Kreditsumme von 540 € versetzt wurden, wieder auszulösen. Besuche im Leihhaus verband er mit seiner beruflichen Tätigkeit in Nürnberg.

Der Mann kommt zumeist ins Leihhaus, um Honorarschwankungen abzufangen. Der obengenannte Kredit wurde infolge eines Unfalls benötigt. Pfandscheine verlängerte der Kunde für gewöhnlich nicht, sondern löste sie spätestens nach drei Monaten aus. Den Pfandkredit bevorzugte er gegenüber anderen Möglichkeiten der Finanzbeschaffung aufgrund der niedrigen Kosten, der Unkompliziertheit und der Anonymität. Während des Interviews ließ sich der Alkoholatem des Kunden nicht verleugnen.

Eine Leiharbeiterin, von Beruf Medizinisch-Technische Assistentin (MTA), 50 Jahre alt und aus Nürnberg, stammt ursprünglich aus der Tschechischen Republik und lebt bereits seit vielen Jahren in Deutschland. Aktuell war sie für drei Monate arbeitslos gemeldet. Das Leihhaus in Nürnberg besuchte sie vor zwei Jahren zum ersten Mal.

Die Frau wurde beruflich über eine Zeitarbeitsfirma vermittelt und musste aufgrund der Konditionen der Vermittlungsfirma für drei Monate arbeitslos sein, um im Folgemonat wieder eine Anstellung zu bekommen. Den Besuch im

---

[78] Die Angaben des Kunden sind inkonsistent, da er bei einem Kreditvolumen von 3.000 € und 3% pro Monat „nur" 90-120 € monatlich zahlen würde.

Leihhaus am Tag der Befragung nutzte sie, um einen Pfandschein in Höhe von 140 € zu verlängern. Dabei handelte es sich um die erste Verlängerung für sie. Die Kreditsumme benötigte sie für weiterlaufende fixe Ausgaben wie Versicherungen. Die Zinsen und Gebühren im Leihhaus schätzte sie auf 6,6% im Vierteljahr.[79]

Eine **gut situierte Dame**, Rentnerin, früher Angestellte in einer Bank, ca. 60 Jahre alt, wohnhaft in einer Stadt im Umland von Nürnberg. Sie besitzt mehrere Eigentumswohnungen und wertvollen Schmuck. Sie war eine damenhafte Erscheinung mit Goldschmuck und klassischer Bekleidung. Sie lebt von ihrer Rente und Mieteinnahmen sowie der Unterstützung des langjährigen Lebensgefährten. Ihre beiden Töchter waren erwachsen und beide in „Geldberufen" (Finanzamt und Bankkauffrau) tätig. Im Zusammenhang mit ihrer Scheidung vor 20 Jahren kam sie erstmals mit einem Leihhaus in Berührung. Sie war sich der hohen Zinssätze des Leihhauses bewusst, schätzte indessen die Anonymität des Pfandgeschäftes.

Die Kundin geht ins Leihhaus, um ihren Besitz vor dem Sozialamt zu verstecken. Pfandscheine werden nach ihrer Aussage beim Sozialamt als Nachweis fehlender Finanzkraft anerkannt. Nach dem Tod der Großmutter der Töchter – der Mutter der Kundin – regelte die Kundin die Erbschaft, ein Haus mit zwei Wohnungen, sowie Bargeld zugunsten ihrer eigenen Töchter. Während die „Finanzamtstochter" berufstätig blieb und die Wohnung zum mietfreien Wohnen nutzte, hatte sich die andere Tochter von ihrer Stelle bei der Bank verabschiedet und das Erbe der Großmutter verbraucht.

Nachdem das Erbe aufgebraucht war, wurde sie vom Sozialamt finanziell unterstützt. Jetzt verlangte das Sozialamt die Leistungen von der Mutter zurück. Diese sah sich aber nicht in der Verantwortung, da sie bereits ihrer Meinung nach genug Vorsorge für ihren eigenen Lebensabend wie auch für das Leben der Töchter getroffen hatte. Die ihr zustehenden Mittel von 450 € reichen ihr nicht zum Leben, zumal sie gerne verreist und auch andere Ausgaben tätigt.

Um kurzfristig nicht belangt werden zu können, hatte sie all ihren Schmuck ins Leihhaus gegeben (die Kreditsumme beträgt 3.000 €). Mithilfe der Leihscheine belegte sie ihre Zahlungsunfähigkeit. Für die Zukunft ging sie davon aus, ihre Eigentumswohnungen zu verkaufen und durch Miete in der bisherigen eigenen

---

[79] Tatsächlich betragen die Kosten 9% im Vierteljahr.

Wohnung, die nicht vom Sozialamt beschnitten werden konnte, ihren hohen Lebensstandard zu wahren. Was mit dem Kapital aus den Verkäufen geschehen sollte, wurde im Gespräch nicht klar. Die Immobilien waren mit Hypotheken belastet, was die zu erwartende tatsächliche Liquidität begrenzt hätte. Es sind keine Gründe ersichtlich, an der Glaubwürdigkeit ihrer Aussagen zu zweifeln.

Zusammenfassend lässt sich festhalten, dass die Motive hinter dem Pfandkredit individuell geprägt sind. Es dominiert der Zweck, einen finanziellen Engpass zu überbrücken. Das letzte außergewöhnliche Beispiel der Vortäuschung sozialer Not ist nicht repräsentativ. Um die Motive von Leihhauskunden gezielter erfassen zu können, wird im folgenden eine Betrachtung der sozialen und ökonomischen Motive der Leihhauskunden auf Basis der *Kundenbefragung* vorgenommen.

7.2.2 Motivation und soziale Lage

Für welche Zwecke werden Pfandkredite eingesetzt? In der *Kundenbefragung* (N=41) wurde die erhaltene Kreditsumme mehrheitlich für die Begleichung von Ausgaben des täglichen Bedarfs verwendet. Hierunter fiel z.B. die monatliche Strom- oder Telefonrechnung.[80] Sieben Befragte deckten mit dem geliehenen Geld Anschaffungen bzw. Reparaturen ab, beglichen andere Schulden oder beglichen Kosten, die durch Unfall bzw. Krankheit entstanden waren. Der Anteil der Kredite, der für den Lebensunterhalt eingesetzt wurde, war damit wesentlich höher als jener für private Investitionszwecke, hier verstanden als die Befriedigung eines gehobenen, nicht alltäglichen Bedarfs. Sozialökonomisch gesprochen wird das geliehene Geld für die Befriedigung von Primär-bedürfnissen eingesetzt und nicht zur Steigerung des Konsumerlebnisses. Fünf Personen haben ihren Gegenstand zweckfrei verkauft. Weitere fünf Personen konnten ihr Motiv diesen Kategorien nicht zuordnen, hier könnte z.B. die Finanzierung einer Sucht oder mangelnde Sprachkompetenz die Erklärung sein. Das durch den Branchenverband der Leihhäuser ZDP e.V. wiederholt genannte Motiv der Kunden, nämlich die Verwahrung des Pfandes, z.B. während ihrer Urlaubsabwesenheit, wurde hier nicht ermittelt.

---

[80] Der Nürnberger Energieversorger *N-Ergie* sperrte im Jahr 2002 ca. 8.000 Privathaushalten (2-3%) wegen Zahlungsrückständen den Strom, schätzt der ASD auf Basis von offiziell 13.000 Stromsperren inkl. Gewerbe (Heilig-Achneck 2003).

Veränderungen der Lebenslage, wie z.B. Scheidung, wie sie als armutsauslösende Faktoren bekannt sind, motivieren erwartungsgemäß nicht den Gang ins Leihhaus, zumindest nicht bei den durchschnittlichen Beleihungshöhen, da diese nicht ausreichen, um dann anhaltende relative Deprivation oder Verarmung zu kompensieren. Einige Geschäftsführer berichteten von derartigen Ausnahmen, bei denen der Kunde Pfänder über einige Tausend Euro belieh.

Rituell oder traditionell geprägte Verhaltensweisen werden in der sozialen Gruppe, z.B. der Familie, weitergegeben und sind wesentlicher Teil ihres Selbstverständnisses. Bei vier befragten Personen kamen auch andere Familienmitglieder regelmäßig ins Leihhaus (vgl. 7.1.4). Möglicherweise gilt in diesen Familien ein Leihhaus als das bessere Kreditinstitut und die Abwägung von Kreditalternativen wird dem einzelnen Familienmitglied durch die Tradition oder das Ritual in der Familie abgenommen. Dafür spricht auch die Tatsache, dass ein Viertel der Besucher von Verwandten bzw. guten Bekannten begleitet wurde. Jeder sechste Befragte (17%) gab als Motiv solche in Ritual („schon immer so gemacht") oder Tradition („mache keine Schulden") begründeten nicht ökonomisch rationalen Handlungsmotive an.

Bei diesen Haushalten und Familien war der Gang ins Leihhaus eine feste Größe im Umgang mit Geld. In diesem Zusammenhang sind auch die Antworten auf die Frage nach alternativen Finanzierungsmöglichkeiten zu interpretieren, insbesondere dass Familie, Freunde, der Arbeitgeber oder auch ein Nebenerwerb kaum als alternative Geldquellen in betracht gezogen werden. Dies kann nicht nur aus der wirtschaftlichen Lage, sondern auch aus der Familientradition erklärt werden, z.B. mit dem traditionellen Grundsatz, mit Familienangehörigen keine Geschäfte zu machen, oder die eigene Zeit der Familie zu widmen und nicht für Erwerbsarbeit einzusetzen. Lediglich ein Befragter gab an, in der Familie oder bei Freunden weitere Kredite zu haben. Die Mehrheit (71%) hatte außerhalb der Pfandhauses keine Kredite, vier Personen machten hierzu keine Angaben.

Die *Kundenbefragung* hat keinerlei Hinweise auf den Einsatz geborgter Pfänder gegeben. Darum wird aus den eingesetzten Pfändern auf die tatsächliche Vermögenssituation des Kreditnehmers geschlossen. Fast jeder zehnte Kunde hat im beinahe vierjährigen Untersuchungszeitraum ausschließlich Pfänder mit einem Beleihungswert von unter 30 € versetzt (Kapitel 7.1.5). Diese Summe entspracht einem Siebtel der bundesdeutschen durchschnittlichen Pfandhöhe von ca. 220 € (ZDP 2002a, 8) und ist so niedrig, dass sich der Reiseaufwand ins

Leihhaus nur schwer ökonomisch rechtfertigen lässt, um quartalsweise maximal 2,70 € Zinsen und Gebühren für die Verlängerung persönlich zu bezahlen.[81] Die Möglichkeit, dass der Kreditnehmer wahlfrei nur einen so kleinen Pfandkredit nachsucht, weil er nur genauso viel Geld benötigt, mag für Personen gelten, die auch, aber nicht nur so niedrige Kredite annehmen (weitere 18% der Kunden). Es wäre zu erwarten, dass bei Summen dieser Größenordnung das soziale Netz herangezogen werden könnte. Das dies nicht geschieht, kann entweder als ungenügende soziale Integration interpretiert werden, oder aber der Bedürftige will seine Not in seinem Umfeld nicht bekannt werden lassen.

Mindestens einmal im Jahr besuchte mehr als die Hälfte der *Befragten* das Pfandhaus. Bereits der Erstkontakt zu einem Pfandhaus verlief mehrheitlich über die persönliche, emotionale Schiene indem beispielsweise Verwandte oder Freunde/ Bekannte das Leihhaus empfahlen (42%) und so die emotionale Grundlage der Geschäftsbeziehung legten. So bezeichnete sich selbst fast ein Viertel der Leihhauskunden als Stammkunde. Der Interviewer hat direkt nach jeder *Kundenbefragung* ein subjektives Fazit zur Charakterisierung der Beziehung des Kunden zu „seinem" Leihhaus gezogen: Bei 45% der Befragten entstand der Eindruck, das Leihhaus sei der planbare Retter in der Not. Damit war das Leihhaus ein Teil des sozialen Netzes und sozialen Vermögens des Kunden: Er hat es planmäßig in seine Bedürfnisbefriedigung mit einbezogen und versuchte es entsprechend zu nutzen.

Für ein knappes Drittel der *befragten Kunden* scheint das Leihhaus eine praktische Möglichkeit zu sein, um schnell an Geld zu kommen. Dabei dominieren die ökonomischen Aspekte, auch wenn diese Kunden das so selbst nicht ausdrücken. Für eine Person konnte gar das Leihhaus und die zu den Angestellten aufgebauten sozialen Kontakte als Bezugspunkt im eigenen Leben bezeichnet werden. Das regelmäßige Gespräch mit dem Angestellten seit über dreißig Jahren gehörte zum Beziehungsnetzwerk dieser Person. Dann hat der Pfandkreditzins die Funktion einer Kompensation für die soziale Einbindung und ist der Preis für die Teilnahme am Gespräch, ähnlich wie ein medizinisch nicht nötiger Arztbesuch bei älteren Menschen. Auf die Frage, warum sie sich für das jeweilige Leihhaus entschieden hätten, antworteten ein Fünftel der *Befragten*, sie hätten hier eine persönliche Beziehung oder seien Stammkunde. Für diese Personen war es ein Besuchsmotiv, als Kunde persönlich

---

[81] In einem privaten Leihhaus wären hierfür maximal 5,40 € quartalsweise fällig.

wahrgenommen und nicht als anonyme Nummer behandelt zu werden. Diese soziale Anerkennung kann bei sozial schwachen Personen trotz höherer Kosten gegenüber einem Bankkredit einen hohen Stellenwert einnehmen, insbesondere wenn sie in der Bank mit der Ablehnung ihres Kreditantrages rechnen müssen.

So wie es in den USA für die eigene Position und Kreditwürdigkeit im Geschäftsleben wichtiger ist, anstatt immer schuldenfrei gewirtschaftet zu haben, eine positive „credit history" auszuweisen, d.h. bereits mindestens einmal verlässlich Schulden zurückgezahlt zu haben, so kann der Status „Pfandkreditkunde zu sein" ein Beitrag zum sozialen und ökonomischen Selbstwertgefühl aufgrund der mit dem Pfandschein verbrieften Teilhabe am öffentlichen Leben sein. Ein Leihhausinhaber berichtete von Kunden, die regelmäßig denselben Gegenstand für kurze Zeit beleihen ließen und wieder auslösen, um sicher zu sein, im tatsächlichen Bedarfsfall noch als kreditwürdig eingestuft zu werden. Dies widerspricht zwar dem Selbstverständnis des Pfandkreditwesens, Personen unabhängig nur das Pfand zu prüfen, doch zeigt die Realität, dass es doch einen von der Person abhängigen Verhandlungsspielraum gibt. Neben dieser eher ökonomischen Komponente bedeutete Pfandkreditnehmer zu sein, auch am öffentlichen Geldverkehr und am gesellschaftlichen Wirtschaftsleben teilzunehmen. Hieraus kann mangels anderer höherer Statussymbole soziale Genugtuung erwachsen. Einige Pfandleiher machen sich diesen Effekt zu nutze, indem sie in einem edlen Ambiente mit sehr freundlicher Beratung dem Kunden ein Geschäft mit Erlebnischarakter bieten, wie es in den durchrationalisierten Banken für einfache Kunden nicht mehr spürbar wird. Es gibt wenige Lokalitäten in Deutschland, wo ein Geld benötigender Kunde dermaßen zuvorkommend behandelt wird, wie in vielen Leihhäusern.

Die Zufriedenheit der *befragten Kunden* mit den Angeboten des *Leihhaus Nürnberg* ist sehr hoch. Die These der Bedeutung der sozialen Teilhabe mittels der Beziehung zum Leihhaus wird durch den hohen Zufriedenheitsgrad der Kunden gestützt: Eine qualifizierte Mehrheit (81%) beurteilte ihre Erfahrungen mit dem Leihhaus als „gut", eine weitere Person noch als „zufriedenstellend". Lediglich zwei Personen machten schlechte Erfahrungen. Die hohe Kundenbindung, die lang anhaltenden Geschäftsbeziehungen zum Leihhaus und die hohe Neukundengewinnungsrate untermauerten die dominierend als „gut" eingeschätzten Erfahrungen. Bei den Kunden des *Leihhaus am Hauptbahnhof* hatte rund die Hälfte der Befragten eine persönliche Beziehung zum Leihhaus. Dort schätzte jeder Zweite Kunde besonders die Möglichkeit, Unterhaltungselektronik zu verpfänden.

Man könnte vermuten, dass zwar die Leihhauskunden mit ihrer Geschäftsbeziehung zufrieden sind, aber eine damit verbundene soziale Ächtung durch ihre Mitmenschen nicht wahrnehmen wollen oder diese billigend in Kauf nehmen. Weder bei den *befragten Kunden*, noch in der *Vergleichsgruppe* der Passanten wurden Hinweise auf eine soziale Stigmatisierung von Leihhauskunden gefunden, jedoch meist der starke Wunsch nach Wahrung der eigenen Anonymität. In Gesprächen mit Fachleuten aus Verwaltung, Wissenschaft und Finanzwirtschaft wurde kein Hinweis auf soziale oder moralische Rückwirkungen auf den Pfandkreditnehmer geäußert, stattdessen dominierte Unkenntnis des Leihhausangebots, Unverständnis der Beweggründe der Kunden und Ignoranz der sozialen Wirklichkeit in Bezug auf traditionelle Verhaltensmuster in Finanzierungsfragen und Veränderung klassischer Muster des Erwerbseinkommens.

Die Verlässlichkeit der Erhebung mittels persönlicher Befragung von Beleihungsvorgängen über mehre vergangene Jahre hinweg wird aufgrund der subjektiven Selbsteinschätzung der Befragten bezweifelt. Diese quantitativen Informationen können mit großer Verlässlichkeit aus der *Datenbank* gewonnen werden. In Kapitel 8 wird zum Verständnis der Regelmäßigkeit und des Volumens der erfolgten individuellen Nutzung von Pfandkrediten die Abfolge der in Anspruch genommenen Pfandkredite der 4.000 Kunden der *Datenbank* über den fast vierjährigen Erhebungszeitraum betrachtet. Mittels der Identifikation und des Vergleichs von Mustern der Häufigkeit der Kreditaufnahme und der Laufzeiten wird versucht, eine Verbindung zu den sozioökonomischen und – kulturellen Charakteristika der Kunden herzustellen.

Zusammenfassend wird die große Bedeutung wirtschaftssoziologisch verständlicher, aber ökonomisch wenig rationaler Einflüsse auf die Entscheidung der Pfandkreditnehmer festgestellt. Das Leihhaus ermöglicht auch vom Bankverkehr Ausgeschlossenen eine Partizipation am Wirtschaftsleben und stellt dann eine feste Teillebenswelt dieser Gruppe dar. Einige Kundengruppen zeigen eine enge Bindung an ihr Leihhaus: Der Leihhausbesuch scheint bei manchen Familien zur Tradition zu gehören.

7.2.3 Ökonomisches Verhalten und Bedürfnisse

Das wirtschaftliche Verhalten von Menschen wird einerseits durch die verfügbaren eigenen Mittel und andererseits durch die eigenen Wünsche oder Notwendigkeiten gesteuert. Im Fall der Pfandleihe sind die verfügbaren Mittel die zur Verpfändung einsetzbaren Vermögensgegenstände. Zunächst ist die Einkommenssituation zu betrachten, da vermutet wird, dass Bedürfnisse erst aus verfügbarem Einkommen gedeckt werden, bevor ein Pfandkredit in Betracht gezogen wird. Die wirtschaftliche Situation der *befragten Kunden* ist nicht generell als schlecht zu bezeichnen, auch wenn viele von ihnen als arm oder armutsnah lebend einzustufen sind: 18 Haushalte verfügten über ein Einkommen über der Armutsgrenze, 11 lagen darunter (Tabelle 7-8). Ein knappes Drittel der Befragten konnte oder wollte über ihr Einkommen keine Auskunft geben. Die amtliche Statistik liefert für Nürnberg für das Jahr 1999 ein durchschnittliches Nettojahreseinkommen[82] eines Haushalts von 31.350 € bzw. 2.600 € pro Monat.

Tabelle 7-8: Befragte Kunden nach Nettohaushaltseinkommen

Nettomonats- einkommen des Haushalts	Befragte Leihhauskunden (N=41) Größe des Haushalts [Anzahl Personen]							Nürnberg
	1	2	3	4	5+	Summe	Anteil	N=4.198
<500 €	2	1	2	0	0	5	12%	3,4%
500-1.000 €	4	1	2	0	0	7	17%	14%
1.000-1.500 €	4	3	0	1	2	10	24%	23%
1.500-2.000 €	0	2	2	0	0	4	10%	18%
>2.000 €	1	0	1	1	0	3	7%	34%
Keine Angabe	6	3	2	0	1	12	29%	8%
Summe	17	10	9	2	3	41	100%	100%
Anteil	41%	24%	22%	5%	7%	100%		

Hinweis: Die fett gedruckte Linie zeigt den Verlauf der Armutsgrenze im Jahr 2001 entsprechend dem Konzept des Äquivalenzeinkommens.

Quelle: *Kundenbefragung* vor Leihhäusern 2002/03 in Nürnberg (N=41).
Statistik Nürnberg (2002a): Leben in Nürnberg 2001. Wohnungs- und Haushaltserhebung, 23.
Stadt Nürnberg (2004): Sozialbericht. Band 1, 19.

Der zweite Armutsbericht der Stadt Nürnberg (Stadt Nürnberg 2004, 6) stuft 11,5% der Haushalte als arm ein. Eine Ein-Kind-Familie (zwei Erwachsene, ein minderjähriges Schulkind) zählte 2003 hierzu, falls ihr durchschnittliches monatliches Nettoeinkommen 1.348 € unterschritt. Weniger als 500 € Haushaltseinkommen im Monat standen 12% der Befragten zur Verfügung. Für einen alleinstehenden Erwachsenen lag die Armutsgrenze bei einem Nettoeinkommen von 613 €. Wenige *befragte Leihhauskunden* (7%) konnten mit einem

---

[82] Errechnet auf Basis eines verfügbaren Einkommens (entspricht dem Nettoeinkommen) je Einwohner i.H.v. 16.500 € (Statistik Nürnberg 2002b, 233) bei einer durchschnittlichen Haushaltsgröße in Nürnberg von 1,9 Personen (ebenda, 38) und 12 gleichen Monatsraten.

Haushaltseinkommen von mehr als 2.000 € wirtschaften. Bei mehr als 40% der Befragten wurde das Haushaltseinkommen durch Erwerbstätigkeit erzielt. Rente, Arbeitslosengeld oder Sozialhilfe bezogen fast ebenso viele Befragte. Sonstige Einkünfte erwirtschaftete fast ein Fünftel der Befragten und zwar die Hälfte davon als regelmäßiges Einkommen (Mieteinnahmen, etc.) und die andere Hälfte der Befragten als monatlich schwankendes, unregelmäßiges Einkommen.

Bei einer durch die Stadt Nürnberg im Zeitraum Oktober 2001 bis Februar 2002 durchgeführten Haushaltsbefragung (Statistik Nürnberg 2002a) antworteten 22,6% der repräsentativ ausgewählten Haushalte auf die Frage „Gab es in den letzten 12 Monaten einmal eine Situation, in der es für Ihren Haushalt schwierig war, die Ausgaben für Lebensmittel, Miete und andere Rechnungen zu bezahlen?" mit „ja" (ebenda, 23). Da es dabei um die Fähigkeit zur Finanzierung der Primärbedürfnisse eines Haushaltes ging, ist die Quote der Betroffenen als hoch einzustufen.

Aufgrund seiner zügigen Vergabe und fehlenden formalen Voraussetzungen könnte die Inanspruchnahme eines Pfandkredites auf eine spontane finanzielle Knappheit des Kreditnehmers hindeuten. Um abschätzen zu können, ob die Höhe der Pfandkredite nicht auch durch die durchschnittlichen Ersparnisse abgedeckt wäre, interessiert die private Vorsorge in Form der frei verfügbaren Liquidität. Durchschnittliche Angaben helfen hier nicht weiter, jedoch sind Rückschlüsse aus einer anderen Untersuchung möglich. Auf die Frage „Könnten Sie 1.500 € (3.000 DM) innerhalb einer Woche ohne fremde Hilfe aufbringen?" hatten 28% von 4.059 Nürnberger Haushaltsvorständen mit „nein" geantwortet, weitere 8% wussten dies nicht (ebenda, 23). Der Verfügungsbetrag liegt zwar deutlich über dem durchschnittlichen Pfandkredit, doch zeigt dies in Zusammenhang mit der Nettoeinkommensverteilung der Haushalte (Abbildung 7-8) die Sparfähigkeit der Haushalte auf, da etwa 40% der Haushalte über ein maximales Einkommen von 1.500 € verfügten. Die Fähigkeit zur Rücklagenbildung steigt mit dem verfügbaren Einkommen. Darum ist es wahrscheinlich, dass jene 28% der Haushalte, die 1.500 € nicht innerhalb einer Woche aufbringen konnten unter jenen 40% der Haushalt mit einem maximalen Einkommen von 1.500 € die einkommensschwächeren sind. Hieraus wird gefolgert, dass praktisch alle Bezieher von einem Nettohaushaltseinkommen unter 1.000 €, d.h. mindestens 17% der Nürnberger Haushalte, einen Betrag in dieser Höhe innerhalb einer Woche nicht aufbringen könnten, also in der Krise als Pfandkreditkunde in Frage kämen.

Abbildung 7-8: Verteilung des monatlichen Nettohaushaltseinkommens der Leihhauskunden und der Bevölkerung

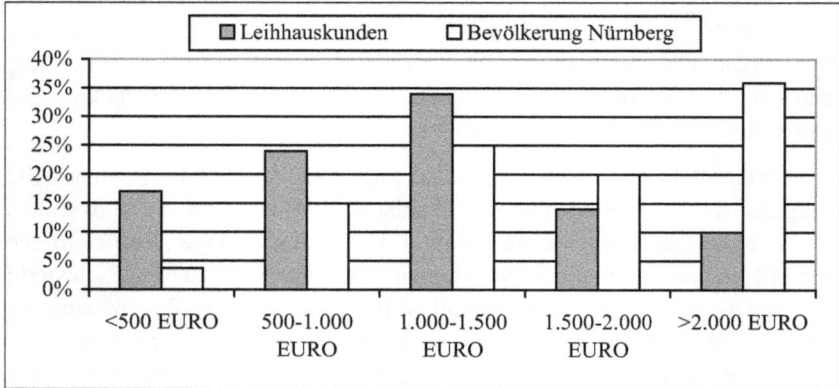

Quelle: *Kundenbefragung* vor Leihhäusern 2002/03 in Nürnberg (N=41).
Statistik Nürnberg (2002a): Leben in Nürnberg 2001. Wohnungs- und
Haushaltserhebung, 23.
Stadt Nürnberg (2004): Sozialbericht. Band 1, 19.

Der Besuchsgrund der meisten *befragten Kunden* ist eindeutig die Kreditnahme, entsprechend dem Haupttätigkeitsfeld eines Leihhauses: Andere Dienstleistungen eines Pfandhauses wie Bewertung, Schätzen oder Ankauf werden lediglich als Nebenprodukte wahrgenommen. Ein Drittel der Befragten wollte am Tag ihrer Befragung ein Pfand versetzen und damit einen Kredit aufnehmen. Den unmittelbaren Verkauf ihres Stückes ohne Auslöseabsicht strebten nur 10% der Leihhauskunden an. Ein Drittel der Besucher kam zur Kreditverlängerung. Ausgelöst haben ein Fünftel der Befragten ihre Pfänder.

Der Pfandkredit mit Kosten von mindestens 3% pro Monat und einem Monat Mindestlaufzeit kann bei kurzen Laufzeiten und kleinen Beträgen die günstigste Alternative sein (Abbildung 7-9), unabhängig vom Zugang zum Bankverkehr. Bei größeren Beträgen erscheint es am günstigsten, per Ratenkreditkauf Liquidität zu schaffen, wobei dadurch aber Rabatte entfallen. Konsumentenkredite werden meist ab einem Betrag von 1.000 € bei sechs Monaten Mindestlaufzeit vergeben (z.B. das weit verbreitete Produkt *easycredit* der Norisbank). Unkomplizierter ist der Dispositionskredit auf dem Girokonto. Hier fallen typischerweise Überziehungszinsen von 12% an. Bei sehr kurzfristigen und geringen Krediten, etwa in Höhe eines Monatsgehaltes, ist der Dispokredit attraktiv, auch da im Unterschied zum Ratenkredit keine Bearbeitungsgebühr anfällt.

Abbildung 7-9: Regime des kostengünstigen Einsatzes von Pfandkrediten im Vergleich mit Ratenkauf und Konsumkredit

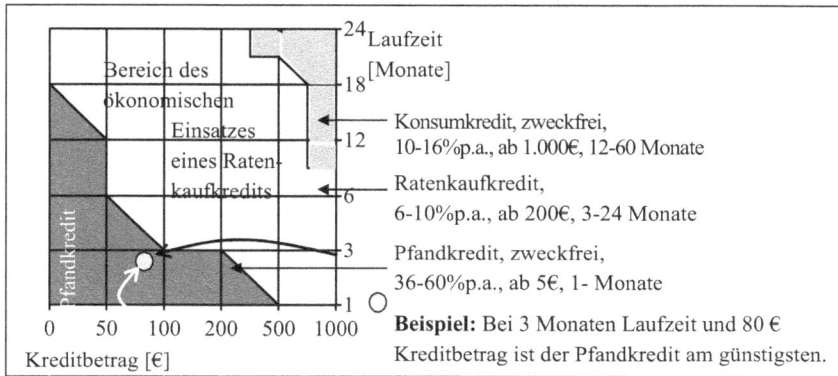

Bereich des ökonomischen Einsatzes eines Ratenkaufkredits	Konsumkredit, zweckfrei, 10-16%p.a., ab 1.000€, 12-60 Monate
	Ratenkaufkredit, 6-10%p.a., ab 200€, 3-24 Monate
	Pfandkredit, zweckfrei, 36-60%p.a., ab 5€, 1- Monate

Laufzeit [Monate]: 24, 18, 12, 6, 3, 1
Kreditbetrag [€]: 0, 50, 100, 200, 500, 1000

Beispiel: Bei 3 Monaten Laufzeit und 80 € Kreditbetrag ist der Pfandkredit am günstigsten.

Im August 2003 kosteten günstige Konsumkredite über 1.000 € mit 12 Monaten Laufzeit zwischen 9,8% und 13,5% effektivem Jahreszins (Kosten: Zins, Disagio und Bearbeitungsgebühr; Quelle: Internet Kreditsuchmaschine). Da bei Kreditkarten und Kundenkarten mit Zahlungsfunktion die Abbuchung vom Konto erst zum Monatsende erfolgt, kann durch Kartenzahlung ebenfalls ein kurzfristiger finanzieller Engpass überwunden werden. Die Verbreitung von Geldkarten, Kreditkarten, Kundenkarten u.ä. hat seit 1990 stark zugenommen.[83] Besteht kein regelmäßiges Einkommen, um das Bankkonto binnen Monatsfrist wieder zu füllen, können die Kartenschulden in Raten abgetragen werden. Hierfür fallen Zinsen von 10-17% p.a. an (August 2003). Bei gleicher Laufzeit erwiesen sich 2003 als günstigere Alternative Ratenkaufkredite, die bei einer 12monatigen Laufzeit zu 4,95 % angeboten wurden (alle Angaben: Süddeutsche Zeitung vom 6.5.2003).[84]

---

[83] In Deutschland stieg die Anzahl der in Umlauf befindlichen Kreditkarten von 1,1 Mio. Stück im Jahr 1985 auf 21 Mio. im Jahr 2002 an (VISA, 2003). Das Wachstum hat sich auf +8% p.a. abgeschwächt. Die Anzahl durchschnittlicher Transaktionen je Karte hat geringer abgenommen als das Kartenwachstum (ca. −1% p.a.). Die per Kreditkarte abgewickelten Finanzierungsvorgänge sind deutlich gewachsen (zuletzt ca. +7% p.a.).

[84] Überdurchschnittlich hohe Zinssätze für Dispositionskredite verlangten im Mai 2003 die Deutsche Bank (12,5%), die Postbank (12,75%) und besonders die Citibank, die beim Girokontomodell mit pauschaler Kontoführungsgebühr ab 1.000 € Kreditsumme sogar 16,49 % Kreditzins fordert (alle Angaben: Süddeutsche Zeitung vom 6.5.2003).

Abbildung 7-10: Verteilung der Kunden nach Länge ihrer
Geschäftsbeziehung und dem Anteil von Quartalen ohne Besuch

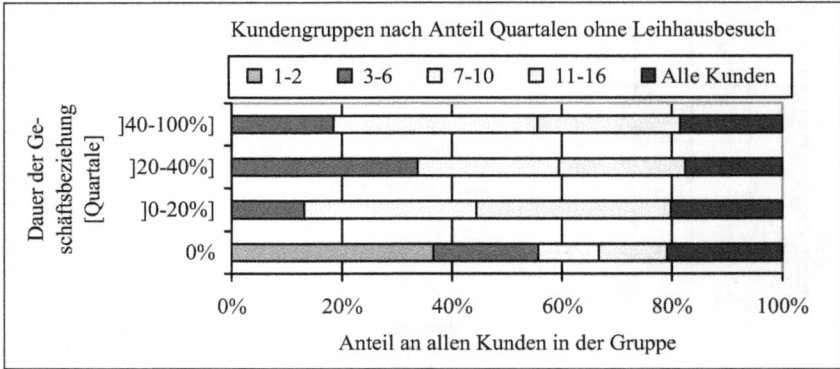

Beispiel zur Lesart: Unter den Kunden mit langer Geschäftsbeziehung „11-16 Quartale"
(Stammkunden) betrug der Anteil jener, die jedes Quartal kamen 34% (linkes
Segment des 2. Balken von oben), während 14% durchschnittlich öfter als in 4 von
10 „]40-100%]" Quartalen nicht erschienen.

Quelle: *Datenbank Leihhaus Nürnberg* (N=4.000 Kunden, auch offene PSK).

Aus der Häufigkeit des Besuchs eines Leihhaus und der Inanspruchnahme eines
Pfandkredits kann auf die Entwicklung der Bedürfnisse und wirtschaftlichen
Rahmenbedingungen der Person, ihre Lern- und Planungsfähigkeit und dominierenden Verhaltensmuster geschlossen werden (Abbildung 7-10). In der *Datenbank* zeigen sich große Unterschiede in der Anzahl der Besuche und der Häufigkeit von Verlängerungen zwischen Laufkunden mit einmaliger Beleihung und
Stammkunden mit regelmäßiger Beleihung und vielen Verlängerungen. Kunden,
die regelmäßig Pfänder einlösen und wieder versetzen, nutzen das Leihhaus
planmäßiger und kontrollierter als jene, die spontan einmalig ins Leihhaus
kommen. Während es Kunden mit kürzerer Geschäftsbeziehung seltener gelingt,
sich zwischenzeitlich vom Leihhaus zu lösen, sind zwei Drittel der Kunden mit
langer Geschäftsbeziehung wiederholt frei von Pfandkrediten. Allerdings
kommen von allen Kunden mit einer Geschäftsbeziehung von drei oder mehr
Quartalen 38% von ihnen jedes Quartal ins Leihhaus.

Abbildung 7-11: Anzahl tagesdurchschnittlich ausgestellter Pfandscheine von fünf Leihhäusern

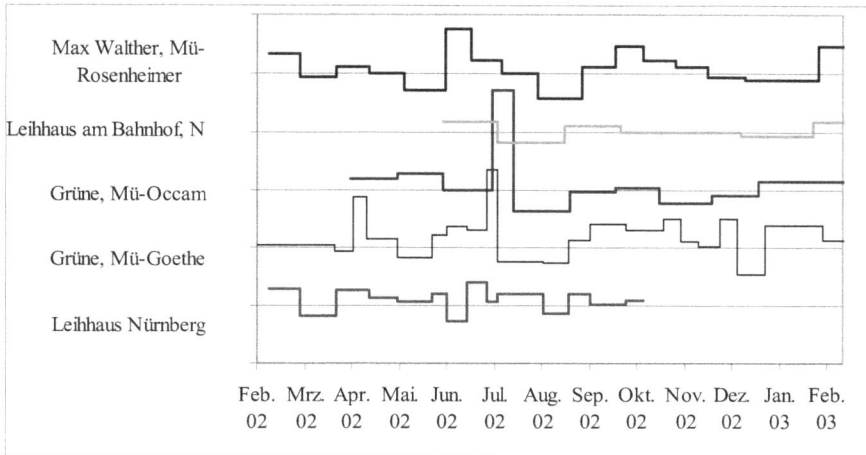

Hinweis: Durch die Normierung auf gleiche Kalendertagesdurchschnitte im jeweiligen Erhebungszeitraum sind Langzeittrends eliminiert, der Fokus liegt auf Schwankungen über die Dauer von wenigen Monaten. Je kürzer die Intervalle zwischen zwei Messpunkten, desto größer ist der aus der Normierung auf Kalendertage statt Werktage resultierende Fehler.

Quelle: Eigene Erhebung aus der Tagespresse 2002/03: Nürnberger Nachrichten und Süddeutsche Zeitung.

Mögliche saisonale Bedürfnisse, wie z.B. Ausgaben für Urlaub, Einschulung von Kindern oder Weihnachtsgeschenke könnten saisonale Schwankungen der Nachfrage nach Pfandkrediten zur Folge haben, wenn das regelmäßige Einkommen diesen Bedarf nicht decken kann. Die Leihhausinhaber berichteten widersprüchlich von einem speziellen Urlaubs- bzw. Weihnachtsgeschäft. Deshalb wurde die Anzahl tagesdurchschnittlich ausgestellter Pfandscheine aus den öffentlich zugänglichen Versteigerungsankündigungen von fünf Leihhäusern in Nürnberg und München über den Zeitraum eines Jahres ausgewertet (Abbildung 7-11). Dabei zeigte sich kein einheitliches Bild: Während die beiden *Grüne* Filialen in München Ende Juli eine starke Nachfrage verzeichneten, ging das Geschäft bei den beiden Anbietern in Nürnberg zurück. Ein unscharfer Anstieg der Beleihungen vor den Sommerferien ist zu erkennen. Bei allen Anbietern nahm die Nachfrage im September 2002 wieder zu. Eine Veränderung der Nachfrage vor Weihnachten zeigte sich nicht. Aufgrund methodischer

Einschränkungen in der Tagesabgrenzung kann aus der relativen Höhe der Abweichungen vom Durchschnitt keine quantitative Aussage gewonnen werden.

In der *Kundenbefragung* bewegte sich der Umfang des nachgefragten Kredits bei der Hälfte der 32 Kreditnehmer zwischen 50 und 250 €. Dies steht im Einklang mit dem durch den ZDP e.V. für das Jahr 2002 genannten bundesweiten Durchschnittswert von ca. 230 €. Sieben Personen (22%) nahmen einen Kredit über mehr als 500 € auf. Fünf Personen erhielten einen Kredit zwischen 10 und 50 €, wobei 10 € die untere Kreditgrenze darstellt. Bei den meisten der Befragten (58%) des *Leihhaus Nürnberg* war die Gesamtkreditsumme kleiner als ein Monatseinkommen. Doch bei immerhin einem Viertel umfasste der Pfandkredit ein bis zwei Monatseinkommen, in einem Fall sogar mehr als zwei Monatseinkommen. Eine befragte Person wünschte sich, dass Allgemeinpfänder im *Leihhaus Nürnberg* wieder akzeptiert würden, wohl um weitere Gegenstände beleihen zu können.

Über die Verweildauer eines Pfandstückes im Leihhaus wurde in der *Kundenbefragung* ungern gesprochen. So hatten 38% der Befragten auf die Frage „Für wie lange lassen Sie normalerweise ein Stück im Pfandhaus?" nicht bzw. ausweichend geantwortet. Zehn Befragte (42% der Antwortenden) gaben maximal drei Monate an. Ein- bzw. mehrfache Verlängerungen des Kredits finanzierten 60% der Befragten. Vier Personen ließen ihre Pfänder mehr als 12 Monate im Leihhaus. Die Plausibilität der erhobenen Angaben zur Beleihungsdauer wurde mit der Frage nach der Anzahl Verlängerungen geprüft. An den Befragungstagen hatten mehr als die Hälfte der Kunden den aktuellen Kredit bereits verlängert, zwei Drittel bereits mehr als zwei Mal. Die Angaben der Befragten über die Verweildauer ihrer Pfänder erscheinen inkonsistent in Bezug auf Eigeneinschätzung und tatsächlichem Handeln, da sie auf die Frage nach der Häufigkeit der Verlängerungen des aktuellen Pfandkredits längere Beleihungszeiträume, d.h. mehr Verlängerungen nannten als auf die Frage, wie lange ein Pfand im Leihhaus bliebe.

Die *Datenbank* ermöglicht die analytische Verfolgung der Pfandhistorien. Zur leichteren Handhabung und Interpretation wurden Pfandverlängerungen zu einer Pfandscheinkette (**PSK**) zusammengefasst. Die Laufzeit einer PSK gibt an, wie lange der Kunde das Geld benötigt oder wie oft es ihm möglich war, sein Pfand zu verlängern oder wann er es sich leisten konnte, es wieder auszulösen. Jeder Kunde konnte beliebig viele PSK gleichzeitig laufen haben. Häufig werden Pfänder auf mehrere Scheine aufgeteilt und es gelingt, eines davon früher wieder auszulösen als die anderen. Bei weniger als der Hälfte der Kunden beträgt die

durchschnittliche Laufzeit ihrer PSK mehr als sechs Monate (Abbildung 7-12).
Eine Gruppe von 17% der Kunden löst meist nach maximal drei Monaten
wieder aus, überbrückt also sehr kurze Liquiditätsengpässe. Ein Siebtel der
Kunden lässt seine Pfandkredite durchschnittlich länger als ein Jahr laufen.

Abbildung 7-12: Kunden nach Laufzeit und Ausfallwahrscheinlichkeit ihrer
Pfandscheinketten

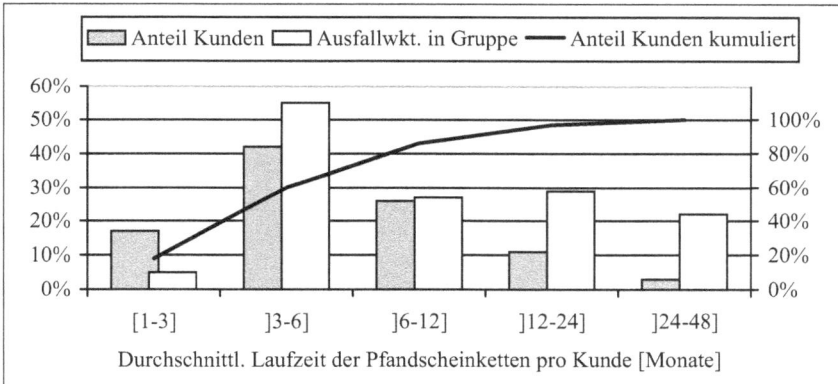

Hinweis: Ausfallwahrscheinlichkeit nach Anzahl der Pfänder. Die Laufzeit einer
Pfandscheinkette wird definiert als die Anzahl Monate bis zur „nicht mehr
Verlängerung", d.h. Auslösung, dem Ende des Erhebungszeitraums oder dem
Verfall des Pfands.

Quelle: *Datenbank Leihhaus Nürnberg* (N=3.961 Kunden, alle nicht offenen PSK).

Es ist wahrscheinlich, dass es ein kundenspezifisches Rückzahlverhalten gibt
und dieses auch die Ausfallwahrscheinlichkeit bzw. ein Abbild seiner wirtschaftlichen, kulturellen und sozialen Verhaltensweise und Rahmenbedingungen
widerspiegelt. Die größte Ausfallwahrscheinlichkeit weisen jene Kunden auf,
die ihr Pfand durchschnittlich einmal verlängern. Nach dieser Laufzeit von
maximal sechs Monaten scheint eine psychologische Schwelle überschritten,
denn danach ist die Auslösequote doppelt so hoch. Auch wenn aufgrund stark
schwankender Fallzahlen, d.h. unterschiedlich vieler PSK je Kunde (vgl. 7.2.4,
Abbildung 7-14) die statistische Signifikanz bzw. die Aussagekraft für jeden
Kunden unterschiedlich ist, so macht es dennoch Sinn, die Kunden nach ihrem
Ausfallrisiko zu gruppieren. Abbildung 7-13 zeigt die Verteilung der Kunden
nach Risikoklassen der Ausfallwahrscheinlichkeit einer PSK, unabhängig von
der Laufzeit der PSK. Zunächst ist erstaunlich, dass das Risikoprofil unabhängig
davon ist, ob die Anzahl oder der Beleihungswert der PSK die Bezugsgröße ist,

obwohl nicht dieselben Kunden in den jeweiligen Gruppen enthalten sein müssen. Der Korrelationskoeffizient beider Variablen ist 0,97 bei N=3.961. Dies lässt schließen, dass den Kunden ihre großen und kleinen Pfänder gleich viel bedeuten, unabhängig vom tatsächlichen Beleihungswert. Die Hälfte der Kunden hatte im fast vierjährigen Untersuchungszeitraum eine Ausfallhäufigkeit von unter 10%, d.h. sie hatten entweder nur wirklich temporäre Geldengpässe erfolgreich überwunden, planmäßig gehandelt oder z.B. dann andere Geldquellen erschlossen. Über ein Fünftel der Kunden zeigt eine sehr hohe Ausfallwahrscheinlichkeit von über 90%. Ob sie jedes Mal „einfach Pech gehabt haben", weil sich die Situation nicht so wie erwartet entwickelt hatte, oder ob sie ihre Probleme prinzipiell nicht in den Griff bekommen, bleibt offen.

Abbildung 7-13: Kunden der Datenbank nach Verfallshäufigkeit

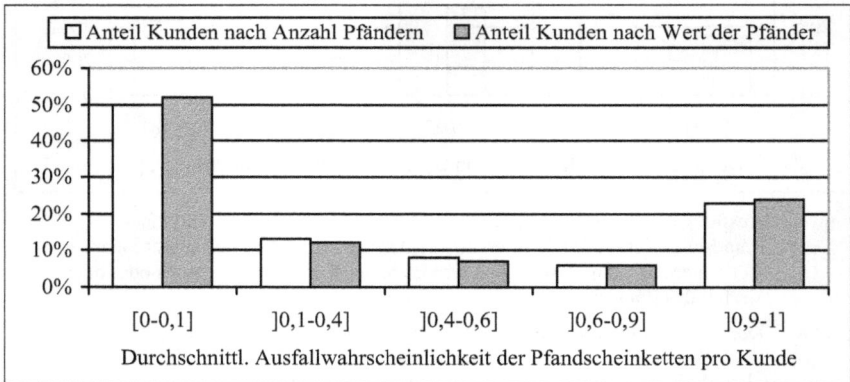

Hinweis: Die Laufzeit einer Pfandscheinkette wird definiert als die Anzahl Monate bis zur „nicht mehr Verlängerung", d.h. Auslösung, dem Ende des Erhebungszeitraums oder dem Verfall des Pfands.

Quelle: *Datenbank Leihhaus Nürnberg* (N=3.961 Kunden, alle nicht offenen PSK).

Das Vorhandensein weiterer Kredite zeigt, ob die Person auch außerhalb des Leihhauses kreditwürdig war. Nur sieben Personen (18%) nannten weitere Kredite, davon mit Ausnahme eines Kredites im persönlichen Umfeld nur bei Banken. Ratenkaufkredite, Autokredite, Hypothekenkredite oder private Kreditbeschaffer wurden nicht genannt. Dies könnte ein Indikator für einen Schufa-Eintrag sein. Ein weiterer Kredit bei einer Bank ist keine hinreichende Bedingung für fortbestehende Kreditwürdigkeit, er könnte auch ein Indikator für das planmäßige Auswählen zwischen den günstigsten Angeboten sein. Es ist aber auch möglich, dass eine früher noch vorhandene Kreditwürdigkeit bei einer

Bank mittlerweile verloren ging. Dann handelt es sich um einen Indikator für eine sich für den Kunden verschlechternde wirtschaftliche Situation. Drei Viertel der *befragten Kunden* des *Leihhauses Nürnberg* wussten nicht, wie „teuer" ein Kleinkredit bei der Sparkasse oder bei einer Bank ist. Diese Unkenntnis untermauert die Aussage, dass die Kunden tatsächlich mehrheitlich keine weiteren Kredite offen hatten.

Fazit: Aufgrund des ökonomischen Verhaltens der beobachteten, befragten und in der Kundendatenbank eines Leihhauses registrierten Pfandkreditkunden lassen sich folgende wirtschaftliche Motive festhalten:

- Überbrückung einer aktuellen Liquiditätslücke - Die in Nürnberg beobachteten Leihhauskunden verfügen über ein deutlich geringeres Nettoeinkommen als die Nürnberger Gesamtbevölkerung und haben daher durch unerwartete Sonderausgaben größere Probleme.

- Saisonale Ausgabenspitzen (Weihnachten, Urlaub etc.) spielen bei Pfandkrediten keine große Rolle, zeitversetzte Effekte sind denkbar und wahrscheinlich.

- Pfandkredite werden meist mit einem kleinen Kreditvolumen für eine relativ kurze Laufzeit (weniger als 6 Monate) nachgefragt, was der mikroökonomischen Rationalität entspricht, sofern keine Erwerbsoptionen und Einsparungspotenziale verfügbar sind.

7.2.4 Entscheidungsgrundlage

Das Erhebungskonzept untersucht Entscheidungsgründe für das Leihhaus. Gründe, die zu einer Entscheidung gegen einen Pfandkredit führen, sind weder bei der *Kundenbefragung* noch in der *Vergleichsgruppe* identifiziert worden. Jedoch wäre es aufgrund der geschätzten lokalen Kundendichte von ca. zwei von 100 Haushalten als unwahrscheinlich zu bezeichnen, in der *Vergleichsgruppe* der 41 Passanten einen Leihhauskunden anzutreffen.

Welche Kriterien das Leihhaus als „besseres Kreditinstitut" auszeichnen und damit die Wahlfreiheit der Entscheidung des Kunden für das Leihhaus anstelle eines anderen Geldgebers untermauern, wird anhand der positiven Abgrenzung zum Kreditinstitut erschlossen: „Mache keine Schulden", unkompliziert, kostengünstig und anonym waren die positiven Unterscheidungsmerkmale laut der *Kundenbefragung*. „Anders ging es nicht" antworteten vier Personen (10%) und zeigten damit, dass die unter äußeren Zwängen stehende Kundengruppe hier nur eine Minderheit darstellt. Der ZDP e.V. führt für das Leihhausangebot folgende Alleinstellungsmerkmale an: keine Schufa-Auskunft, Wahrung der Diskretion, sehr kleiner Kreditrahmen ab 5 €, Prestige der Geschäftsbeziehung, geringer formaler Aufwand und kurze Bearbeitungsdauer. Diese Argumente decken sich weitgehend mit der Wahrnehmung durch die Kunden selbst. Die Kundenaussage „anders ging es nicht" könnte auf eine negative Schufa-Auskunft hindeuten, welche den Zugang zu Bankkrediten verunmöglicht oder die Bankkredite stark verteuert.

Nahezu zwei Drittel der *befragten Kunden* sah keine andere Möglichkeit der Geldbeschaffung als das Leihhaus (Tabelle 7-9). Ein Fünftel wollte keine Schulden machen, dadurch wurden Alternativen wie Kreditinstitute (drei Kunden) bzw. Freunde, Familie, Arbeitgeber (ein Kunde) kaum in Betracht gezogen. Der Pfandkreditnehmer könnte denkbare Alternativen aus dem Bereich des Sozialvermögens bewusst ausgeschlossen haben, wie z.B. ein Kredit aus dem Verwandtschafts- oder Kollegenkreis. Es könnte sein, dass dieses Sozial-vermögen nicht angegangen wurde, um es durch die eigene Not nicht kurzfristig „zu gefährden", aus Angst, sich eine Schwäche zu geben und damit selbst in der sozialen Gruppe an „Wert" zu verlieren.

Tabelle 7-9: Finanzierungsalternativen der befragten Kunden

Kategorie der Motivation der Handlung	Welche alternative Geldbeschaffung wurde in Betracht gezogen? (k=34)			Warum ist die Wahl auf einen Pfandkredit gefallen? (Mehrfachnennung, k=31)		
Ökonomie	Bank, Sparkasse	3	9%	Niedrige Kosten	5	16%
				Unkompliziert	12	39%
				Anonym	13	42%
Tradition	Mache keine Schulden	7	21%	Mache keine Schulden	4	13%
	Güterverkauf	0				
	Nebenerwerb	0				
	Freunde, Arbeitgeber, Familie	1	3%			
Ritual	-	-		Schon immer so gemacht	3	10%
Äußerer Zwang	Habe keine andere Möglichkeit	21	62%	Anders ging es nicht	4	13%
Keine Angabe		2	6%		7	23%

Hinweis: Die Fragen trafen nicht auf alle Kunden zu, darum sind die Fallzahlen verschieden.
Quelle: *Kundenbefragung* vor Leihhäusern 2002/03 in Nürnberg (N=41).

Wahrscheinlich werden im Angestelltenmilieu im Vergleich mit dem Arbeitslosenmilieu die Ängste größer sein, das eigene soziale Netzwerk in die

Lösung einzubinden. Es wird bezweifelt, ob die Aussage und Handlungsmaxime „mache keine Schulden" aus der eigenen Tradition und dem Lebensstil der *befragten Kunden* heraus erklärt oder auch als eine kürzlich erfolgte Verhaltens-änderung als Konsequenz aus einer schlechten Erfahrung mit einem Bankkredit interpretiert werden kann. Ökonomisch rational bewertet wird dabei vergessen, ob nicht das Risiko der Verarmung durch Pfandverlust dem Risiko der Überschuldung gleichzusetzen ist, also aus Sicht der betroffenen Schuldner die Verpfändung zwar vor Überschuldung schützt, aber um das Risiko der sukzessiven Verarmung erkauft wird. Hierbei zeigt die Analyse der dominie-renden Pfänder (Kapitel 6.3), nämlich kompakter hochwertiger Gegenstände wie Schmuck, dass diese Vermögensgegenstände des „geheimen Sparstrumpfs" einer auf die Überschuldung drohenden Eigentumspfändung oder Vermögens-ermittlung im Rahmen der privaten Insolvenz entgehen würden, da sie leicht zu verstecken sind, anders als ein Sparbuch nicht institutionell erfasst sind, trotzdem leicht liquidiert werden können und somit für überschuldete Personen eine zentrale Komponente ihres verbleibenden Vermögens darstellen können. Eine Bankkreditfinanzierung unter Inkaufnahme des Überschuldungsrisikos wäre ökonomisch vorteilhafter als ein drohender Pfandverlust.

Erstaunlich ist, dass auf die Frage hin „Welche alternative Geldbeschaffung wurde in Betracht gezogen?" der Nebenerwerb von den *befragten Kunden* nicht genannt wurde. Dass keine Erwerbsmöglichkeit gefunden wurde, wäre zu erwarten gewesen, doch dies gar nicht erst in Betracht zu ziehen erstaunt. Durch die erste Arbeitmarktreform 2003 (Hartz I) war die Zahl der gemeldeten „Mini-Jobs" von 4,7 auf 5,88 Mio. von September 2002 bis Oktober 2003 gestiegen. Das Angebot an Nebenbeschäftigungen wuchs stark, auch wenn diese zunehmend die Funktion eines Drittjobs erfüllten (FOCUS 47 vom 17.11.2003, 66). Das Arbeitsamt Nürnberg nahm auch für Hilfstätigkeiten keine Angebote auf, die mit einem Stundenlohn von unter 7 € annonciert wurden (Recherche 2003 beim Arbeitsamt). Bei diesem Stundenlohn wären 30 h Erwerbsarbeit zu leisten, um etwa den Betrag des durchschnittlichen nachgefragten Pfandkredites von 220 € zu erwirtschaften. Darüber hinaus nimmt Schwarzarbeit im gesellschaftlichen Kontext eine bedeutende Position ein und wird nicht generell geächtet (chrismon Umfrage: Emnid 2003, 6). Indessen dann konkret darauf angesprochen, ob eine Nebenbeschäftigung als Möglichkeit der kurzfristigen Finanzbeschaffung bereits in Betracht gezogen wurde, veränderte sich die Stufung zugunsten der Nebenbeschäftigung. Ein Fünftel der *befragten Kunden* hatte schon einmal darüber nachgedacht, eine Nebentätigkeit anzunehmen oder verfügte bereits über eine solche. Von sich aus erwähnten die Befragten das seltener (7%). Dieses Antwortverhalten wurde damit erklärt, dass Nebenverdienste oftmals ohne steuerliche Anmeldung (Schwarzarbeit) erzielt werden. Für Deutschland sprechen Studien davon, dass jeder achte bis zehnte im erwerbsfähigen Alter zumindest teilweise schwarz arbeitet (Schneider 2001).[85] Dabei dominierte das Baugewerbe (38%), gefolgt von maschinennahen gewerblichen und industriellen Tätigkeiten (17%; Schneider 2003, 10).[86] Im Juni 2003 waren rund sechs Millionen Beschäftigte registriert, die "geringfügig entlohnt" wurden (Fricke 2003). Etwa jeder sechste Erwerbstätige arbeitete für weniger als 400 € im Monat, teils im Nebenerwerb. Der Anteil der über 55-Jährigen lag bei 27%. Die Bruttostundenlöhne für männliche Arbeitnehmer rangierten im Jahr 2002 zwischen 7,3 €/h (Landwirtschaft) und 14,5 €/h (produzierendes Gewerbe). Die Löhne für Frauen lagen branchenübergreifend ca. 25% unter denen männlicher Kollegen (Statistisches Bundesamt 2003).

Der Raten- oder Konsumkredit bei Sparkassen und Banken ist die erste Möglichkeit, die den meisten Passanten (40%) der *Vergleichsgruppe* auf die Frage einfiel, was sie bei kurzfristigem Geldbedarf machen. Ein Viertel der Befragten schätzte die Jahreszinsen für einen Kredit bei ihrer Bank auf die realistische Größenordnung von 10% bis 16% ein. Von den befragten Leihhauskunden wusste lediglich die Hälfte dieser Gruppe (13% absolut), wie „teuer" ein Kleinkredit bei der Bank war. Auf Basis einer Umfrage von Gabriele Hess (Hess 2004) wurde der Anteil der volljährigen Personen in Bayern ohne ein eigenes Girokonto auf 36.000 bzw. 0,4% geschätzt.

Ratenkauf wurde als Möglichkeit der kurzfristigen Finanzierung von der *Vergleichsgruppe* nicht erwähnt. Direkt darauf angesprochen, ob bereits Ratenkäufe in Betracht gezogen wurden, hatten 10% der Befragten dies als Alternative bereits erwogen oder getätigt. Der Ratenkauf ist, wie auch der Bankkredit, ein eher unpersönliches Geschäft. Finanzielle Unterstützung zur Überbrückung von Zwangslagen können auch Darlehen von Freunden, Familienmitgliedern oder dem Arbeitgeber ermöglichen. Die befragten Passanten der

---

[85] Schneider ermittelte diese Werte aus Vollzeitäquivalenten. Die im Juni 2003 veröffentlichte Studie der dänischen Rockwool Foundation (www.rff.dk) befragte im Jahr 2001 5.500 Bundesbürger im Alter von 18 bis 74 Jahren und ermittelte daraus eine Quote von 10% der erwerbsfähigen Bevölkerung, die teilweise schwarz arbeitet (Süddeutsche Zeitung vom 6.6.2003, 26).

[86] Schneider traf für seine Analysen im Bauhauptgewerbe folgende Annahmen (Schneider 2001, 14): Schattenwirtschaftslohn pro Stunde in Brandenburg im Durchschnitt DM 14 und in Berlin im Jahr 1997 DM 25, im Jahr 1998 DM 22 und im Jahr 1999 DM 20.

Vergleichsgruppe rangierten derartige Darlehen hinter dem Konsumentenkredit bei Finanzinstituten auf dem zweiten Platz (12%). Der großstädtische Untersuchungsraum könnte sich aufgrund des höheren Anteils kleiner Haushalte und zugezogener Personen durch eine geringere Unterstützung innerhalb von Familienverbünden auszeichnen. Im ländlichen Raum könnte eine höhere Wahrscheinlichkeit von Darlehen innerhalb einer Familie oder Dorfgemeinschaft vermutet werden.[87] Während z.B. Ausländer ohne EU-Pass oder Kleingewerbetreibende nur schwer Zugang zu Bankleistungen bekommen, wächst der Kreditvermittlungsmarkt. Diese Anbieter, die aufgrund ihrer unseriösen Geschäftspraktiken häufig als *Kredithaie* bezeichnet werden, offerieren Kreditvermittlung über Bargeldtelefon, Schuldenregulierung, Schuldenbefreiung bis hin zur Insolvenzantragstellung (DIE WELT vom 6.6.2003, 34). *Kredithaie* oder andere vergleichbare Quellen wurden von keinem der Befragten als Option genannt. Vorbeugendes Sparen[88] oder der Verkauf von Gebrauchsgütern[89] wurde nicht thematisiert.

Die Entscheidungssituation der Kunden wird hinsichtlich „einmalig" oder „wiederholt" unterschieden. Unter eine einmalige Entscheidung fällt der spontane Entschluss oder dem Drängen eines Dritten nachzugeben, ohne im Erhebungszeitraum erneut einen weiteren Pfandkredit aufzunehmen. In diese Gruppe fällt ein Viertel aller Kunden der *Datenbank* (Abbildung 7-14). Zusammen mit den zweitmalig aktiv gewordenen Kunden machen diese Laufkunden 40% aus. Umgekehrt gilt, dass mehr als 60% der Kunden häufiger das Leihhaus besuchen oder gar Stammkunden sind. Ein gutes Drittel der Kunden hat im vierjährigen Untersuchungszeitraum mehr als fünf PSK realisiert. Diese routinierten Pfandkreditnutzer sind in der Minderheit. Die Routine im Umgang mit dem Pfandkredit und die Geläufigkeit der Entscheidung

---

[87] Schrader ermittelte in St. Petersburg, dass dort Familienkredite nach Freunden oder auch dem Leihhaus als dritte Option genannt wurden (Schrader 2000c, 80). Dort lebten aufgrund der Wohnungsknappheit Familienverbünde häufiger als in Deutschland generationenübergreifend in einer Wohnung. Max Baumgartner zitiert für die Schweiz eine Umfrage von 1982, bei der für einen Bedarf von ca. 3.200 € mit deutlichem Abstand 27% der Befragten ein Darlehen bei Verwandten als erste Quelle nannten (Baumgartner 1982, 129), gefolgt vom Nebenverdienst mit 22%.

[88] Im Jahr 2002 betrug die private Sparquote der privaten Haushalte in Deutschland ca. 10% des verfügbaren Nettoeinkommens.

[89] Das Interesse an Gebrauchtwarenkaufhäusern stieg in den vergangenen Jahren an. Im städtischen Gebrauchtwarenhaus in München wurden seit 2001 Waren verkauft, die von den zwölf Wertstoffhöfen der Stadt stammen und zuvor auf dem Müll gelandet sind. In 2002 besuchten 44.400 Kunden das Kaufhaus (Süddeutsche Zeitung vom 21.5.2003).

drücken sich in den Nicht-Auslösequoten aus. Während die Einmal-Kunden meist nicht auslösten, betrug die Quote bei den Kunden mit mehreren Krediten 25%. Dies deutet darauf hin, dass es in der Gruppe der häufigen Nutzer durch eigenes Verhalten und Wissen, individuelle und gruppenspezifische Wertvorstellungen und den Kontakt mit der sozialen Gruppe zu einem anderen Umgang mit Pfandkrediten kommt. Dieses Wissen fängt mit den Regeln und Kosten des Pfandkredits an und geht über die eigene Finanzkraft, Einkommensperspektive und den sozialen Rückhalt bis zu den Traditionen der Familie, der die Pfänder entzogen werden.

Abbildung 7-14: Kunden nach Anzahl ihrer Pfandscheinketten

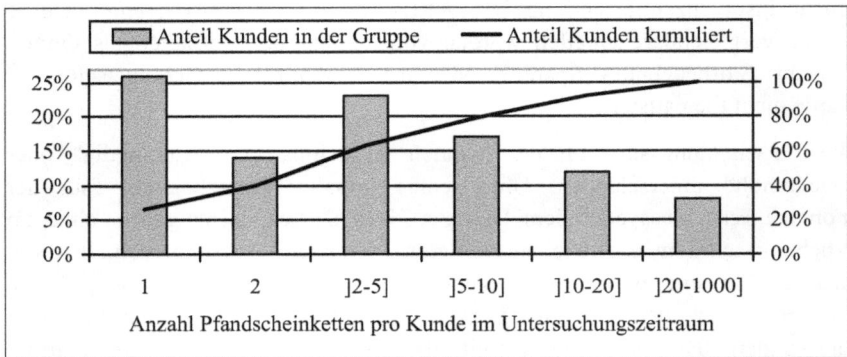

Quelle: *Datenbank Leihhaus Nürnberg* (N=4.000 Kunden, auch offene PSK).

Mehr als die Hälfte der *befragten Kunden* von *Leihhaus Nürnberg* konnte keine Angaben zur Höhe von Zinsen und Gebühren machen. Von den übrigen lagen 70% mit ihrem Wissen richtig. Mehr als die Hälfte der Kunden wusste bei Abschluss des Pfandkredits, woher das Geld zur Rückzahlung kommen sollte. Folglich hatten diese Personen die Planung der Rückzahlung in ihre Entscheidung für den Pfandkredit miteinbezogen. Vier Personen verstanden diese Frage nicht. Ein Viertel der Leihhauskunden wusste nicht, wovon der Kredit zurückbezahlt werden sollte. Ob dieser Umstand in die Entscheidung für den Pfandkredit und in die mögliche Auswahl des verpfändeten Gegenstandes mit eingeflossen ist, wurde nicht erhoben. Jedoch lösen ein Drittel der Kunden ihre Pfandscheinketten mit einer Wahrscheinlichkeit größer 50% vorzeitig aus (Abbildung 7-15). Neben der Fähigkeit zu umsichtiger Terminplanung zeigt dies die Kostensensibilität dieser Kundengruppe.

Abbildung 7-15: Anteil vorzeitig auslösender Kunden

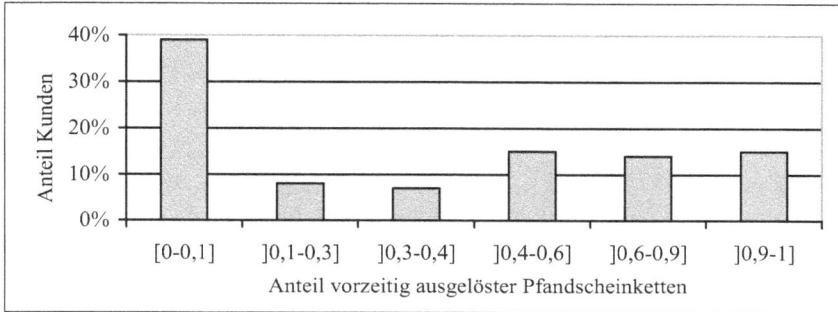

Quelle: *Datenbank Leihhaus Nürnberg* (N=3.961 Kunden, alle nicht offenen PSK).

Befragt nach ihrer Beurteilung des Pfandkredits im Bezug auf die Wichtigkeit der Höhe der Zinsen bzw. des Kredits verstand jeder Vierte *Befragte* die Frage nicht. Fünf Personen bewerteten die Höhe des Kredits als wichtiger, ebenso viele wie sonstige Faktoren für bedeutsam erachteten. Da nicht nach der Flexibilität der Laufzeit und dem Verzicht auf eine Schufa-Auskunft gefragt wurde, fallen diese Aspekte in die Kategorie „sonstige Faktoren". Für drei Personen war die Höhe der Zinsen das Wichtigste am Pfandkredit.[90] Diese Frage lässt hinsichtlich der Bedeutung des Zinses für die Entscheidung für einen Pfandkredit unter andersartigen Angeboten oder für die Entscheidung für dieses spezielle Leihhaus Interpretationsspielraum offen. Der Hälfte der Kunden waren auch andere Leihhäuser bekannt. Die beiden Leihhäuser unterscheiden sich nicht nur durch ihre Lage und ihr Erscheinungsbild, sondern auch dadurch, dass das *Leihhaus Nürnberg* unter der direkten Aufsicht des Sozialamts der Stadt Nürnberg steht, während das *Leihhaus am Hauptbahnhof* ein privater Familienbetrieb ist. Der öffentliche Charakter von *Leihhaus Nürnberg* bedeutet der überwiegenden Mehrheit seiner Kunden (84%) überwiegend aufgrund der damit unterstellten Seriosität und öffentlichen Kontrolle viel. Die vermutete Gemeinnützigkeit dieses Betriebes war einer befragten Person wichtig, Schutz

---

[90] In den Leihhäusern wurde kein Feilschen über den Zins beobachtet, jedoch über die Beleihungshöhe. Den meisten Laien war die Wertzusammensetzung aus Material, Gestaltung/Produktion und Vertriebskosten beim Kaufpreis eines Schmuckstücks nicht transparent, anders bei gewerblichen Kunden: „"Alle denken, sie bekommen zu wenig für ihr Pfand, außer die Juweliere, die können den Wert realistisch einschätzen," sagt Weigl." (Über die Pfandleihe Regensburg, in: Süddeutsche Zeitung vom 21./22.12.2002, 54).

vor Bankrott und damit dem möglichen Verlust der Pfänder war für drei Personen mit der vermuteten öffentlichen Aufsicht und Haftung verbunden. Ebenfalls drei Viertel der Kunden von *Leihhaus Nürnberg* hatten sich für dieses aufgrund seines öffentlichen Status' entschieden. Für ein Drittel der Befragten war die lokale Lage ein für die Wahl des Leihhauses ausschlaggebender Grund, der Preis wurde von vier Personen (11%) genannt. [91]

Fazit: Die Entscheidung für einen Pfandkredit hängt von der individuellen Bewertung der Kriterien durch die Person und ihrem sozialen Umfeld ab (Abbildung 7-16). Vorsorgendes Sparen und die Erschließung zusätzlicher Erwerbsquellen sind bei der Entscheidung von geringer Bedeutung. Verschuldung als soziales Stigma motiviert Kunden entgegen der ökonomischen Rationalität für die Wahl des Pfandkredits. Mangels Alternative werden einige Kunden nach ihrer Einschätzung zum Verpfänden gezwungen.

Abbildung 7-16: Handlungstheoretische Motive von Leihhauskunden und ihre grobe Quantifizierung aus Befragung und Beobachtung

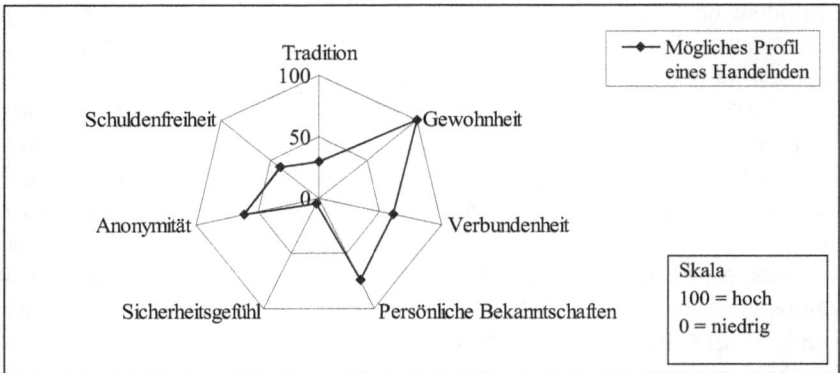

Quelle: *Kundenbefragung* (N=41) und *Datenbank* (N=4.000 Kunden).

---

[91] Was den öffentlichen Charakter des *Leihhaus Nürnberg* juristisch und wirtschaftlich ausmacht, wurde hier nicht thematisiert, sondern was die Kunden damit verbinden. Ein Hinweis auf die Bedeutung des öffentlichen Ansehens lieferte der Rechtstreit um die Namensrechte zwischen den beiden Wettbewerbern.

8 ANALYSE DES NUTZERVERHALTENS

Dieses Kapitel stellt den Zusammenhang zwischen den qualitativen Erhebungsergebnissen der persönlichen *Kundenbefragung* einer nicht repräsentativen Stichprobe (N=41) und dem statistisch valide quantifizierten Verhalten der 4.000 Pfandkreditnutzer anhand ihrer Geschäftsvorfälle über einen Mehrjahreszeitraum in der *Datenbank* her. Mit den so gewonnenen Zusammenhängen wird ein Erklärungsmodell zur Affinität und dem Umgang mit Pfandkrediten von sozial abgegrenzten Kundengruppen angeboten. Abschließend werden Gültigkeit und Verlässlichkeit der Erhebung diskutiert.

8.1 Erhebung des Nutzerverhaltens

8.1.1 Untersuchungsgegenstand und Ansatz

Bei typischen Ursachen eines plötzlichen Geldbedarfs, wie z.B. einem Unfall mit Lohnausfall und Folgekosten oder einer Reparatur einer Waschmaschine wäre zu vermuten, dass von den meisten Haushalten innerhalb weniger Monate der benötigte Betrag abgestottert werden könnte. Andererseits wäre theoretisch dann auch unabhängig von diesem Ereignis ein vorsorgliches Ansparen möglich gewesen. Liegt hier ein Widerspruch im Handeln vor? Nein, denn die individuellen Präferenzen und Rahmenbedingungen können über persönliche Wertvorstellungen, Traditionen, Rollen etc. jedes einzelnen allein und in der Gruppe im Umgang mit Geld erklärt werden (vgl. Douglas 1996; North 1992; Schufa 2003). Das Verhalten des Einzelnen in einer Finanzierungsentscheidung (z.B.: Womit bezahle ich einen Unfallschaden?) zu analysieren, lässt sich methodisch am gründlichsten anhand von Fallstudien oder Tiefeninterviews realisieren. Da mit der *Datenbank* hier eine große Stichprobe mit 4.000 Kunden vorliegt, wird der Schwerpunkt auf die statistische Erforschung der Handlungen Vieler gelegt. Die 4.000 individuellen Handlungsverläufe werden mittels eines einfachen Modells in ihrer Komplexität reduziert. Die Modellierung der Handlungsverläufe führt unter Ausnutzung der großen Fallzahl zu statistisch validen Erkenntnissen und ermöglicht die Überprüfung der Hypothesen.

Der erste Versuch, mittels einer Gruppierungsanalyse (Clusteranalyse) über die unabhängigen Variablen *Geschlecht*, *Alter*, *Wohlstandsniveau* des PLZ-5 Gebietes, *Distanz* zum Leihhaus und *Nationalität* der ID ausstellenden Behörde sieben in sich homogene Gruppen zu separieren, die sich stark unterscheiden, liefert gleichgroße Gruppen, konstituiert nur durch geringe Niveauunterschiede des mittleren Alters. Die anderen Variablen tragen nicht zur Gruppierung bei. Die Auswirkung der Aufnahme der abhängigen Variablen wird in Kapitel 8.1.4 dargestellt.

Aufgrund der breiten Verteilung der Anzahl an Geschäftsvorfällen, d.h. Leihhausbesuchen je Kunde und Dauer ihrer Geschäftsbeziehung werden die Erhebungseinheit und abstrahierte Aufbereitung Handlungen wie folgt festgelegt: Die Handlung der Kunden im Leihhaus wird auf die Veränderung ihrer fiktiven Pfandkreditkonten reduziert, also auf die rein materiellen Aspekte: Anzahl, zeitliche Abfolge, Beträge und Laufzeiten aller offenen Pfandscheine eines Kunden, vereinfacht seine „Schulden" im Leihhaus (Abbildung 8-1). Die direkte Gruppierung (Clusterung) von Zeitreihen, und um solche handelt es sich hier, kann an Zeitpunktmerkmalen wie z.B. Anfangsmonat, oder an integralen Merkmalen wie z.B. Dauer der Zeitreihe ansetzten. Da hier übergeordnete, also integrale Aspekte der Handlungsverläufe analysiert werden, liegt es nahe, nach integralen Merkmalen zu gruppieren. Die Gruppierung erfolgt unabhängig von der Höhe des Kreditvolumens und der jeweiligen Laufzeit, um im Rahmen des Untersuchungszeitraums ähnliche Handlungsverläufe auf unterschiedlichen Zeitskalen und Kreditvolumen zu identifizieren.

Abbildung 8-1: Pfandkreditkontoverlauf eines Leihhauskunden

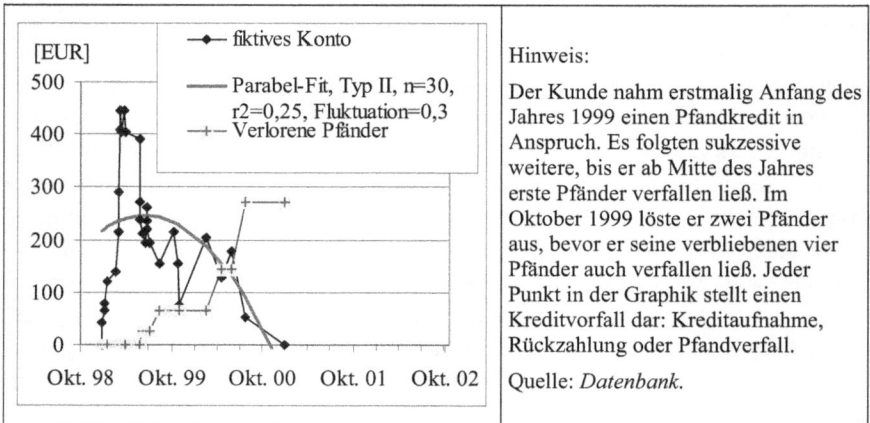

Hinweis:

Der Kunde nahm erstmalig Anfang des Jahres 1999 einen Pfandkredit in Anspruch. Es folgten sukzessive weitere, bis er ab Mitte des Jahres erste Pfänder verfallen ließ. Im Oktober 1999 löste er zwei Pfänder aus, bevor er seine verbliebenen vier Pfänder auch verfallen ließ. Jeder Punkt in der Graphik stellt einen Kreditvorfall dar: Kreditaufnahme, Rückzahlung oder Pfandverfall.

Quelle: *Datenbank.*

Aus der Sichtung der *Datenbank* wurde die der Erhebung zugrunde liegende Vermutung aufgeworfen, dass es grob vereinfacht vier typische Kontoverläufe und zwei Sonderfälle gibt (Hypothesen):

- Typ I: steigender Trend „/"
  Der Kunde nahm fortlaufend Pfandkredite auf und führte bestehende Kredite weiter. Er trug eine wachsende Zinslast.

- Typ II: steigend, dann fallend „/\"
  Der Kunde nahm nach einer Zunahme seiner Pfandkredite keine weiteren Pfandkredite in Anspruch, weil es ihm gelang, seine Pfänder auszulösen oder weil er sie verfallen ließ.

- Typ III: fallender Trend „\"
  Der Kunde ließ den zügig aufgebauten Kreditbestand langsam auslaufen.

- Typ IV: fallend, dann steigend „\/"
  Der Kunde ließ einen (hohen) Kreditbestand auslaufen, um ihn dann erneut aufzubauen.

- Typ f (in Kombination mit I-IV): Intensiv Nutzer
  Dieser Sonderfall ist eine „hochfrequente Überlagerung" (Fluktuation) über eine der Typen I-IV, d.h. der generelle Verlauf entspricht einem Typ I-IV, jedoch schwankt der Kontostand sehr stark, z.B. wochenweise um die genäherte Entwicklung, da der Kunde oft Pfänder versetzte, auslöste oder verfallen ließ. Diese Fluktuation wurde in der Modellierung gemessen, indem die Anzahl Vorzeichenwechsel der Differenz des Modellwerts des Kontostands mit seinem tatsächlichen Wert gezählt und ins Verhältnis zu der Anzahl Kontostandsbewegungen gesetzt wurde. Die Fluktuation nimmt Werte aus dem Intervall $]0;1[$ an, eine Fluktuation nahe „1" bedeutet, dass der Kontostand sehr stark fluktuiert. Das Beispiel in Abbildung 8-1 weist eine niedrige Fluktuation von 0,3 auf.

- Typ V: Einmal-Kunden „nur 1 PSK"
  25,6% der Kunden beliehen im Erhebungszeitraum nur ein Pfand, unabhängig von der Anzahl der realisierten Verlängerungen. In diesem Fall ist per Definition keine weitere Veränderung des Kontostandes gegeben, kann also auch nicht über die Veränderung der wirtschaftlichen Rahmenbedingungen und soziokulturellen Einflüsse diskutiert werden.

Es stehen folgende integrale Merkmale der Entwicklung des Kontostands im Vordergrund, die mit der grafischen Lage einer Parabel beschrieben werden:

- Lageparameter: Das Maximum oder Minimum liegt im Erhebungszeitraum, als Maß für eine beobachtete deutliche Verhaltensänderung.

- Steigung, d.h. erste Ableitung einer Funktion, hier nach der Zeit, als Maß für die Richtung des Verlaufs: steigend oder fallend.

Darum wurde die Kurvenschar der 4.000 Konten nach Typ I-IV mittels einer „kleinste Quadrate Kurvenanpassung" an ein Polynom zweiten Grades[92] gruppiert. Typ I „/" und III „\" des Parabelverlaufs sind Sonderfälle, bei denen das Extremum des Graphen - anders als bei Typ II „/\" und IV „V" - außerhalb des Zeitintervalls liegt. Der von 0 bis 1 skalierende r^2-Wert gibt die Güte der Kurvenanpassung an. Die Parabel in Abbildung 8-1 zeigt mit $r^2=0,25$ eine schlechte Anpassung. Die Zuordnung einer Kontostandsentwicklung zu einem der vier Typen I-IV erfolgte für den beschränkten Untersuchungszeitraum, der nur ein kleines Zeitfenster aus einer längeren, andersartigen Kontoentwicklung darstellen könnte. Diese Verzerrung gilt insbesondere für Kunden, die im gesamten Untersuchungszeitraum Beleihungen durchführten. Es handelt sich aber trotzdem um ein aussagekräftiges Zeitfenster, da drei Monate Laufzeit eines Scheins und ein Monat als Abrechnungsintervall für die Zinsen die fixen Grundzeiteinheiten der Handlungsverläufe definieren.

Die weitere Analyse interpretiert die vier Verlaufstypen und nutzt diese als weitere abhängige nominale Variable. Die absolute Lage der modellierten Kurve (Kontostand) spielt bei diesem Untersuchungsansatz keine Rolle, sondern nur ihre Form als integrales Charakteristikum. Die Kontoentwicklungen Typ I „/" und IV „V" werden aus Sicht des Kunden als problematisch eingestuft, da seine wachsenden Pfandkredite mit wachsenden Zinslasten einhergehen und aller Wahrscheinlichkeit nach bereits ein Teil der neu aufgenommenen Kredite zur Verlängerung bestehender Kredite (Zinszahlung) verwendet wird. Damit ist keine Wertung des Verhaltens oder der Wertvorstellungen verbunden, auch deshalb, da die äußeren Umstände des Kunden aus der *Datenbank* nicht bekannt sind. Es handelt sich um die Feststellung einer „ungesunden" Kredithistorie, bei der der Verlust der Pfänder bereits erfolgte, drohte oder eine wahrscheinlich suboptimale Finanzierungsform gewählt wurde.

8.1.2 Ausgewählte Beispiele von Kontoentwicklungen

Zunächst werden exemplarische Kontoentwicklungen dargestellt und diskutiert, bevor dann die *Datenbank* analysiert wird. Abbildung 8-2 zeigt typische Beispiele von Kontostandsentwicklungen und die dazu modellierte parabolische

---

[92] In der Parabelfunktion $y=a \cdot t^2 + b \cdot t + c$ ist t die Zeit, hier gemessen als absolutes Datum, y der Kontostand und a, b und c sind die gesuchten freien Parameter, welche die Lage der Parabel und damit den Typ festlegen (I-IV).

Näherung. Beispiel 8-2A zeigt das Verhalten eines Kunden, der kontinuierlich seinen Bestand an Pfandkrediten durch die Aufnahme weiterer ausweitete und nur sehr wenige auslöste oder verfallen ließ. Das Bestimmtheitsmaß ist mit 0,93 in diesem Fall sehr groß, da das Modell die Entwicklung sehr gut widerspiegelt. Die Fluktuation ist mit 0,07 sehr gering, da der Kunde sich „kontinuierlich" verhielt. Die Summe an verlorenen Pfändern (Vermögensverlust durch nicht ausgelöste Pfänder) war bei diesem Kunden nahezu null, d.h. er verlängerte alle Pfänder weiterhin, während er weitere Gegenstände belieh. Vielleicht bezahlte er mit den neuen Pfandkrediten die Zinsen für die bestehenden Kredite? Dies erscheint angesichts des linearen Anstiegs des Kontos unwahrscheinlich, denn die Bezahlung von Zinsen durch neue Schulden hätte bei einem Zinsniveau von über 30% p.a. zu einem exponentiellen Anstieg des Kontos geführt. Dieser Kunde erhöhte regelmäßig im Herbst seinen Kontostand, um im Frühling einige Pfänder wieder auszulösen. Gegen Ende des Untersuchungszeitraums brachte diese Person monatlich Zinsen i.H.v. ca. 130 € pro Monat ins Leihhaus und nahm ohne absehbare Grenze weitere Kredite auf. Einen Vertreter der Gruppe, die einen zunächst wachsenden Kontostand erfolgreich wieder vollständig abbaute, zeigt 8-2B. Auch diese Person ließ praktisch keine Pfänder verfallen. Retrospektiv könnte man dieser Person die Hoffnung auf Besserung ihrer finanziellen Situation unterstellen, was dann auch eingetreten zu sein scheint. Bei diesem und dem vorhergehenden Beispiel wurde eine große Anzahl kleiner Pfänder zur Realisierung der benötigten Kreditsumme eingesetzt. Trotz der Möglichkeit, alle dinglichen Pfänder auf einen Schein zu beleihen, zeigten diese Personen ökonomisch und emotional wohlüberlegtes Handeln, indem sie zeitnah und bedarfsorientiert weitere Beleihungen vornahmen. Hier werden die Transaktionskosten in Form der dann notwendigen sehr häufigen persönlichen Besuche im Leihhaus nur indirekt offenbar. Auch ist zu beachten, dass eine feine Stückelung bei einer degressiven Preisgestaltung für Pfänder unter 300 € in Anlehnung an die Pfandleiherverordnung für den Kunden suboptimal sein kann. Das *Leihhaus Nürnberg* verrechnet kundenfreundlich konstant 3% pro Monat, unabhängig vom Pfandbetrag. Trotz eines niedrigeren Bestimmtheitsmaßes von 0,7 gibt das Modell auch in diesem Fall die reale Entwicklung hinreichend wieder.

Abbildung 8-2: Beispiele für identifizierte Typen von Kontoverläufen

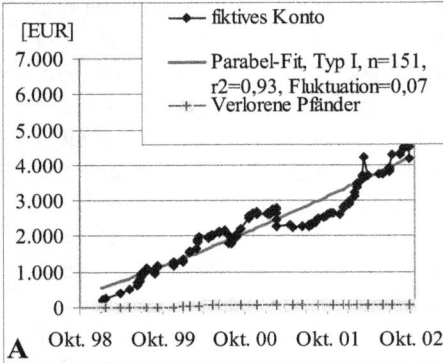

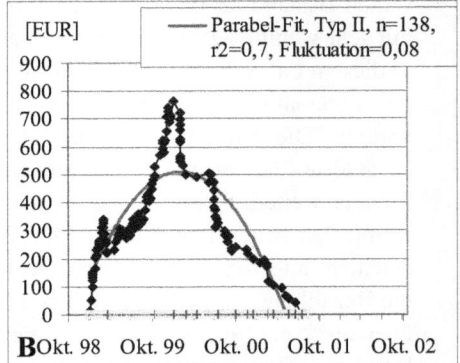

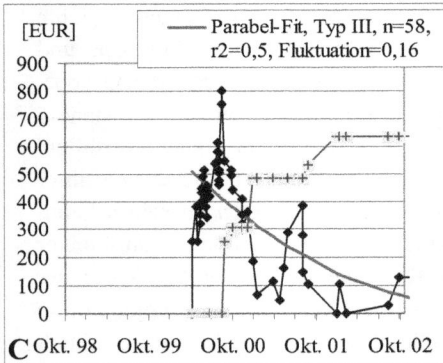

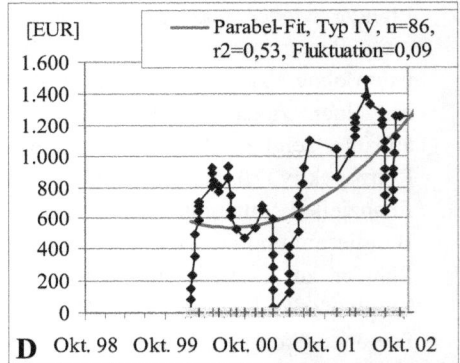

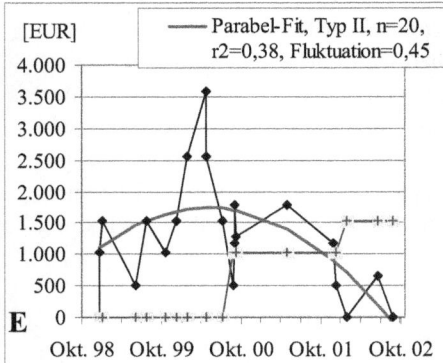

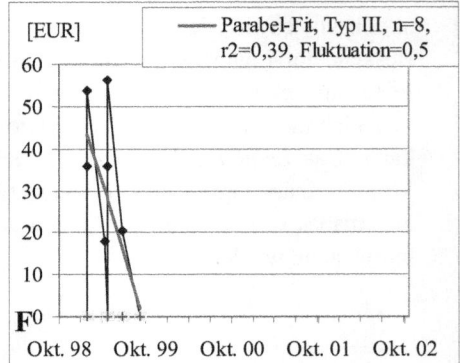

Quelle: *Datenbank Leihhaus Nürnberg.*

Die Beispiele 8-2C und D unterscheiden sich entsprechend der Typisierung dadurch, dass bei 8-2D die Trendwende in Form des Minimums der Kurve noch innerhalb des Erhebungszeitraums modelliert wird. Mit wachsender Fluktuation wird das Modell ungenauer (Abbildung 8-2E, F) und schwerer interpretierbar. Im Beispiel C und D wurde das Konto durch „Verfallen lassen" der Pfänder ausgeglichen. Eine Begrenzung des Modells resultiert aus wenigen Konto-bewegungen (Abbildung 8-2F), bei denen die Fluktuation modellbedingt zunimmt. Darum ist für die Klassifizierung der *Datenbank* nach dem Bestimmtheitsmaß, der Fluktuation und der Dauer der Geschäftsbeziehung im Sinne von Variablen zu unterscheiden: Sie legen den Interpretationsspielraum fest. Mit diesem Modellierungsansatz ist es möglich, die *Datenbank* nach derartigen Kontomustern zu klassifizieren.

8.1.3 Charakterisierung der Gruppierung der *Datenbank*

Fast zwei Drittel der Kunden entfällt auf den Typ II „/\" (Tabelle 8-1). Der im Untersuchungszeitraum dauerhaft steigende oder fallende Typus („/", „\") tritt nur selten (3% bzw. 9%) auf. Dies ist plausibel, da die andauernde Ausweitung eines Pfandkreditbestandes über mehrere Jahre nicht nachhaltig ist, entspre-chende Vermögensgegenstände erfordert und eine hohe Bindung an das Pfand, um über den langen Zeitraum hinweg im Dreimonatsrhythmus die Kreditzinsen zu bezahlen. Deshalb scheidet bei Typ I „/" auch Hehlerei als Erklärung aus, da dann kaum Kreditzinsen bezahlt würden, das Pfand nach drei Monaten verfiele und der Kontostand wieder sinken würde.

Tabelle 8-1: Kunden nach Kontotyp und Bestimmtheitsmaß

Bestimmtheitsmaß r^2 [%]	Mit $a \cdot t^2 + b \cdot t + c$ modellierte Kontoentwicklung				
	I - steigt /	II - Max /\	III - fällt \	IV - Min \/	Summe
$r^2 \leq 0,33$	3	63	7	27	100
$0,33 < r^2 \leq 0,66$	2	65	11	22	100
$0,66 < r^2 \leq 1$	5	68	11	16	100
Alle: $0 \leq r^2 \leq 1$	3	65	9	22	100

Quelle: *Datenbank Leihhaus Nürnberg* (k=2.976 Kunden).

Der schnelle Aufbau und langsame Abbau (III „\") des Kontostands steht für ein Zehntel der Kunden. Sie unternehmen große Anstrengungen, um ihre Pfänder wieder auszulösen und brauchen dafür relativ lange. Etwa jeder fünfte Kunde baut seinen Kontostand wieder auf, nachdem er ihn bereits abgebaut hatte (IV „\/"). Dieser Typus erreicht erwartungsgemäß relativ gegen die anderen Typen die schlechteste Verteilung des Bestimmtheitsmaßes. Er wäre mit einem höheren Polynom besser zu modellieren oder muss als Fluktuation erklärt werden.

Über alle Kunden ist die Fluktuation insgesamt gleichmäßig verteilt. Zwischen den vier Typen gibt es dabei deutliche Unterschiede (Tabelle 8-2): Typ I „/" weist in der Verteilung eine deutlich geringere Fluktuation als Typ III „\" auf. Fast zwei Drittel der Kunden mit andauerndem fallenden Kontostand weisen eine Fluktuation von größer 0,5 auf. Dies kann so interpretiert werden, dass die Auflösung des Pfandkreditbestandes schwerer fällt als der Aufbau und darum regelmäßig der Kreditbestand wieder erhöht wurde.

Tabelle 8-2: Verteilung der Kunden nach Fluktuation und Kontotyp

Fluktuation gegen die Parabel [%]	Modellierte Kontoentwicklung				
	I - steigt /	II - Max /\	III- fällt \	IV - Min V	Alle
Anteil [0-0,25]	44	23	9	21	22
Vorzei-]0,25-0,5]	40	32	26	33	32
chen-]0,5-0,75]	10	29	43	25	29
wechsel]0,75-1]	6	15	22	21	17
Alle [0-1]	100	100	100	100	100

Quelle: *Datenbank Leihhaus Nürnberg* (k=2.976 Kunden).

Die im Gegensatz dazu niedrige Fluktuation bei den Kunden mit andauernd ansteigendem Kontostand (I) kann als eine Ausweitung der Abhängigkeit und eine wachsende Bindung an den Pfandkredit interpretiert werden. Die Möglichkeit und Motivation aus diesem Muster auszubrechen scheint gering gewesen zu sein. Die Aussagekraft der Typisierung ist umso größer, je länger der Kunde eine Geschäftsbeziehung zum Leihhaus unterhält. Unabhängig von der Dauer seiner Geschäftsbeziehung muss der Kunde alle drei Monate im Leihhaus erscheinen, um offene Pfandkredite falls gewünscht zu verlängern. Sofern ein Kunde im fast vierjährigen Untersuchungszeitraum nahtlos Kredite zu bedienen hatte und dies auch tat, hat er das Leihhaus mindestens 48mal aufgesucht (vgl. Abbildung 7-10). Es könnte vermutet werden, dass die Kontotypen durch Laufkundschaft mit wenigen kurzen Beleihungsvorgängen dominiert werden. Dem ist nicht so: Typ IV „V" weist überdurchschnittlich viele lange gebundene Kunden auf, ebenso Typ I „/" (Tabelle 8-3). Bei Typ I ist dies erstaunlich, da hierbei beachtliche Zinslasten angehäuft und getragen werden. Kunden, die ihren Pfandkreditbestand erfolgreich abbauen und erneut wieder aufbauen (Typ IV), scheinen eine stabile Geschäftsbeziehung mit dem Leihhaus zu unterhalten und diese auch zu kontrollieren, im Sinne dass sie ihr „Konto im Griff haben". Hierbei könnte es sich um Personen handeln, die z.B. ihre Liquidität in Form von Gold vorhalten und bei bestimmten Anlässen diesen Vorrat abbauen, um ihn wieder, wenn andere Einkünfte zur Verfügung stehen, aufzubauen.

Tabelle 8-3: Kunden nach Kontotyp und Dauer der Leihhausbindung

Dauer der Geschäfts-verbindung [%]	Modellierte Kontoentwicklung				
	I - steigt /	II - Max ∧	III - fällt \	IV - Min ∨	Alle
Jahre [0-1]	1	24	51	5	22
]1-2]	6	22	18	13	19
]2-3]	26	21	17	24	22
]3-	67	32	14	57	37
Alle: [0-	100	100	100	100	100

Quelle: *Datenbank Leihhaus Nürnberg* (k=2.976 Kunden).

Die Kundengruppe Typ III „\" hat mehrheitlich nur eine einjährige Geschäftsbeziehung zum Leihhaus. Dies könnte darin begründet sein, dass der schnelle, erstmalige Aufbau des Kreditbestandes nicht beherrscht wurde, und zu einer hohen Nicht-Auslösequote führt (Tabelle 8-4). Diese Gruppe ist auch dadurch charakterisiert, dass sie mehrheitlich nach dem ersten Jahr nicht erneut Pfandkredite aufnahm. Die dominanten Vertreter von Typ II „∧" sind gleichmäßig über die Dauer der Geschäftsbeziehung verteilt. Sie hatten vielleicht aufgrund eines singulären Problems Pfandkredite aufgenommen und diese Kredite wieder zurückgeführt bzw. nach Auslaufen derselben keine weiteren aufgenommen. Die Hälfte der Betroffenen benötigte hierfür mindestens zwei Jahre, wobei hieraus nicht auf die jeweilige Dauer der Kontoaufbau- oder – abbauphase geschlossen werden kann.

Die Betrachtung des Kontoabbaus unterscheidet nach Auslösen und Verfallen lassen.[93] In Konsistenz mit den obigen Schlussfolgerungen läßt Typ I „/" am wenigsten verfallen (Tabelle 8-4), d.h. neben seinen wachsenden Zinslasten finanzierte er evtl. einen ursächlichen Finanzbedarf. Auch bei Typ IV „∨" bestätigten sich die oben gewonnenen Erkenntnisse, dass diese Kunden ihre Pfandkredite unter Kontrolle haben und planmäßig vorgehen, vielleicht auch traditionell handeln, da auch sie stark unterdurchschnittliche Verfallsraten aufweisen. Die höchsten Verfallsraten weist Typ III „\" auf: Fast jeder Dritte Vertreter von Typ III baute mit mehr als 50% Wahrscheinlichkeit sein Konto ab, indem er seine Pfänder verfallen ließ. Da er sich auch durch die kürzeste

---

[93] Zum Ende des Erhebungszeitraumes offene und verlängerte Pfandkredite bildeten zusammen vereinfachend die „nicht verfallenen" Kredite.

Kundenbindungsdauer auszeichnet, handelte es sich hier um Laufkunden oder Personen, die den Pfandkredit „mal ausprobierten" und dafür vielleicht sogar ein Pfand ohne große persönliche Bedeutung einsetzten und den erneuten Weg ins Leihhaus zur Auslöse scheuten. Typ III ist die heterogenste Gruppe: Größte und kleinste Rückzahlwahrscheinlichkeit waren jeweils überdurchschnittlich vertreten.

Tabelle 8-4: Verteilung der Kunden nach Kontotyp und Auslösequote

Wertmäßiger Anteil der nicht ausgelösten Pfandscheinketten [%]	Modellierte Kontoentwicklung				
	I steigt /	II Max ∧	III fällt \	IV Min ∨	Alle
[0-0,25]	81	59	58	73	63
]0,25-0,5]	7	13	12	10	12
]0,5-0,75]	5	10	5	6	8
]0,75-1]	7	18	25	11	17
Summe: [0-1]	100	100	100	100	100

Quelle: *Datenbank Leihhaus Nürnberg* (k=2.938 Kunden mit mehr als 1 PSK, nur „nicht offene PSK").

Die größte Gruppe (Typ II) weist eine überdurchschnittliche Ausfallwahrschein-lichkeit auf. Bezogen auf die idealisierten Verlaufstypen I-IV zeigt die geschlechtsspezifische Alterstruktur keine Besonderheiten (Tabelle 8-5). Die Variation des durchschnittlichen Alters der Kunden über die Typen I-IV ist kleiner als 5%, jedoch weicht das Alter in den Typ-Klassen meist nach oben vom geschlechtsspezifischen Durchschnitt ab, weil die Gruppe der Kunden mit nur einer Pfandscheinkette im Untersuchungszeitraum („Nur 1 PSK" in Tabelle 8-5) Geschlechts unabhängig um drei Jahre jünger ist. Auch dominieren Männer die Laufkundschaft (Typ III). Hieraus könnte man für (jüngere) Männer auf weniger überlegtes Handeln, aber auch auf schnellere und nachhaltigere Lösung ihrer finanziellen Probleme schlussfolgern. Bei Typ I sind Frauen überproportio-nal vertreten. Dies könnte eine höhere emotionale Bindung an ihre Pfänder zum Ausdruck bringen, da sie bereit sind, eine wachsende Zinslast zu finanzieren.

Tabelle 8-5: Demographie der Kunden gemäß den Kontotypen

Kunden nach Geschlecht und Alter [% und Mittelwert]	Typ der Kontoentwicklung					Alle
	I steigt /	II Max ∧	III fällt \	IV Min ∨	Nur 1 PSK	
Mann Anteil	44,2%	48,9%	52,0%	47,5%	61,7%	52,1%
Alter	43,6	43,2	43,3	42,8	39,6	42,1
Frau Anteil	55,8%	51,1%	48,0%	52,5%	38,3%	47,9%
Alter	46,3	46,7	48,4	45,3	42,7	45,8
Alle Anteil	100%	100%	100%	100%	100%	100%
Alter	45,0	44,8	45,8	44,1	40,8	43,8

Quelle: *Datenbank Leihhaus Nürnberg* (N=4.000 Kunden).

Auf die deutlich schlechtere Schufa-Einstufung von Fürthern im Vergleich zu Nürnbergern wurde in Kapitel 7.1.2 eingegangen. Der Vergleich der Kunden nach ihrer Herkunft zeigt keinen großen Unterschied zwischen Nürnbergern und Fürthern (Tabelle 8-6). Deutsche, mit Meldebehörde außerhalb von Nürnberg oder Fürth, sind unter den Laufkunden überproportional stark vertreten. Bei den tendenziell problematischen Verläufen „/" und „∨" sind sie deutlich unterproportional vertreten. Unter den Ausländern weist die kleine, statistisch nicht aussagekräftige Gruppe der Thailänderinnen (7.1.3) ein deutlich abweichendes Profil auf: Wenige Laufkunden, aber viele Kunden mit problematischem Kontoprofil.

Tabelle 8-6: Verteilung der Kunden nach Kontotyp und Herkunft

Kunden nach Herkunft [%]	Typ der Kontoentwicklung					Summe
	I steigt /	II Max ∧	III fällt \	IV Min ∨	Nur 1 PSK	
Nürnberg	2,3	48,2	7,2	16,9	25,3	100
Fürth	2,3	51,0	6,1	15,7	24,9	100
Sonstiges Deutschland	2,0	48,1	7,6	12,4	29,9	100
Türkei N=134	0,7	50,0	3,0	21,6	24,6	100
Italien 84	5,9	52,9	3,5	17,6	20,0	100
Griechenland 14	0,0	57,1	0,0	28,6	14,3	100
Thailand 19	10,5	15,8	15,8	47,4	10,5	100
Sonstiges Ausland 132	4,5	47,7	5,3	25,8	16,7	100
Alle	2,4	48,4	6,9	16,7	25,6	100

Quelle: *Datenbank Leihhaus Nürnberg* (N=4.000 Kunden).

Ausländer sind in bei Typ IV „∨" über- und bei den Laufkunden unterrepräsentiert. Der Chi-Test über die Summen der ausländischen und deutschen

Kunden nach der Kontotypverteilung weist eine Wahrscheinlichkeit von kleiner 10^{-4} für die Homogenität auf. Der entsprechende Wert nur für Türken allein beträgt 0,12. Türken weichen mit geringerer Wahrscheinlichkeit von der Verteilung nach Kontotyp der deutschen Kunden ab als andere Nationalitäten. Sie fallen lediglich durch eine unterrepräsentative Vertretung in Typ I auf. Zusammenfassend ist eine geringe Wahrscheinlichkeit für das Zusammenfallen der Merkmale „problematischer Kontotyp" und „Ausländische Nationalität" festzustellen, wobei mögliche kulturelle Eigenarten eingebürgerter Personen hier nicht als solche identifiziert werden können.

Neben der sich im Kontoprofil ausdrückenden Entwicklung der Zinskosten fallen für den Kunden die mit dem notwendigen persönlichen Besuch im Leihhaus verbundenen Transaktionsaufwendungen in Form von zusätzlicher Reisezeit, direkten Reisekosten und Koordinationsaufwand an. Reisezeit und Reisekosten werden anhand der Distanz Wohnort-Leihhaus und der Besuchshäufigkeit indirekt betrachtet (Tabelle 8-7).

Tabelle 8-7: Kunden nach Kontotyp und Reiseaufwand

Kunden nach Distanz zum Wohnort und Besuche pro Quartal [% und Mittelwert]	Typ der Kontoentwicklung I steigt /	II Max ∧	III fällt \	IV Min ∨	Nur 1 PSK	Alle
1-5 km Anteil	62%	55%	53%	60%	53%	56%
Besuche	1,8	1,7	1,1	1,2	1,0	1,4
6-19 km Anteil	32%	27%	27%	25%	27%	27%
Besuche	2,0	1,6	1,0	1,2	1,0	1,3
20-299 km Anteil	4%	16%	16%	13%	16%	15%
Besuche	1,6	1,4	1,2	1,1	1,0	1,3
300- km Anteil	2,1%	1,8%	3,2%	1,6%	3,2%	2,3%
Besuche	1,6	1,2	1,1	0,8	1,0	1,1
Alle Anteil	100%	100%	100%	100%	100%	100%
Besuche	1,8	1,6	1,1	1,2	1,0	1,4

Quelle: *Datenbank Leihhaus Nürnberg* (N=4.000 Kunden).

Überdurchschnittlich viele der Kunden mit problematischem Kontoprofil „/" und „∨" fallen in die kleinste Entfernungsklasse. Die Nähe des Wohnorts zum Leihhaus ist mit niedrigerem Reiseaufwand verbunden und senkt vielleicht die Hemmschwelle, einen Pfandkredit auch in Situationen unklarer Rückzahlung zu nehmen. Ob die Nähe zum Leihhaus oder die problematische Finanzierungssituation der in der Nähe des Leihhauses wohnenden Kunden vom Typ „/" zur höchsten Besuchsfrequenz führt, bleibt ungeklärt. Kunden vom Typ „\" zeichnen sich durch ein hohes Ausfallsrisiko aus, was die niedrige

Besuchsfrequenz widerspiegelt (Tabelle 8-7): Dieser Typ erscheint selten zur Verlängerung und lässt seine Pfandscheine oft verfallen. Kunden vom Typ „/\" gelingt es zwar, ihre Pfandkredite meist wieder auszulösen. Doch scheint sich diese Finanzierungsmethode im Erfolgsfall neben dem hohen Zinsaufwand auch durch ein aktives Pfandkreditmanagement mit häufigen Leihhausbesuchen, verursacht durch kleine Pfandkreditvolumina zur bedarfsoptimalen Beleihung, auszuzeichnen und erfordert hohe Transaktionsaufwendungen. Die durchgeführte qualitative Klassifizierung der Wohngebiete der Kunden auf Basis der fünfstelligen Postleitzahlgebiete nach dem durchschnittlichen Wohlstand (vgl. Kapitel 7.1.2) ermöglicht, die Kundentypen hiermit in Beziehung zu setzen (Tabelle 8-8).

Tabelle 8-8: Kunden nach Kontotyp und Einstufung des Wohnortes

Kunden nach ökonomischer Einstufung des Wohnortes (PLZ-5) [%]	Typ der Kontoentwicklung					Alle
	I steigt /	II Max /\	III fällt \	IV Min \/	Nur 1 PSK	
Armutsnahes Viertel	41	30	28	33	30	31
Stabiles Wohnviertel	37	46	45	45	42	45
Reiches Wohnviertel	22	24	26	22	28	25
Alle	100	100	100	100	100	100

Hinweis: Der qualitative integrale Wohlstandsindikator der Haushalte nach Gebieten basiert auf dem Einkommen, der Haushaltsgröße und dem Zivilstand.

Quelle: *Datenbank Leihhaus Nürnberg* (N=4.000 Kunden).

Die als problematisch eingestuften Kontoverlaufstypen „/" und „\/" stehen überproportional häufig in Verbindung mit Bewohnern „armutsnaher Wohnviertel". Für diese Personen wird vermutet, dass der Pfandkredit mangels Alternative gewählt wird. Vertreter der „reichen Wohnviertel" waren überdurchschnittlich oft unter der Laufkundschaft zu finden. Für sie könnte die Entscheidung für den Pfandkredit durch die Anonymität, die schnelle Verfügbarkeit oder auch die Entscheidung für einen kurzlaufenden Pfandkredit als günstigste Lösung begründet gewesen sein.

8.1.4 Multivariate Analyse nach Nutzergruppen

Für das Aufdecken von Zusammenhängen zwischen den Variablen der *Datenbank* wird das Instrumentarium der multivariaten Analyse eingesetzt. Sechs unabhängige Variablen stehen zur Verfügung: *Geschlecht*, *Alter*, *Postleitzahl* der Wohnadresse, (reziproke) *Distanz* zum Leihhaus, kardinale qualitative

*Wohlstand*seinstufung des Stadtviertels (vgl. Kapitel 7.1.2 und Tabelle 8-8) und die *Nationalität* (gruppiert nach Deutschland, Türkei, Italien, Griechenland, Mittel-Ost-Europa, sonstiges Europa, Thailand, Rest der Welt). *Alter* wird zum Zweck der Überprüfung der Multikollinearität in vier Altersklassen gruppiert als ordinale Variable eingesetzt. Die *Postleitzahl* wird als nominale Variable zur Gruppierung geprüft. Die nationale *Herkunft* wird wie in den vorangegangenen Darstellungen mit der *Nationalität*, d.h. der ausstellenden Behörde des vorgelegten Identifikationspapiers des Kunden gleichgesetzt. Für einige Variabelenpaare ist die Abhängigkeit zwar auf dem 5%-Niveau statistisch signifikant (Signifikanz in Tabelle 8-9 kleiner 0,05), jedoch ist die Stärke der Abhängigkeit, gemessen mit dem von 0 bis 1 skalierenden Cramerschen Kontingenzmaß C schwach. *Wohlstand* und *Distanz* wurde aus *Postleitzahl* generiert, darum sind sie von *Postleitzahl* abhängig (C=1). Deshalb wird für die multilineare Analyse die *Postleitzahl* ausgeschlossen. Der starke lineare Zusammenhang zwischen *Postleitzahl* und *Geschlecht* bzw. *Alter* ist nicht signifikant. Zusammenfassend gilt, dass nach Ausschluss der *Postleitzahl* für die unabhängigen Variablen keine Multikollinearität vorliegt.

Tabelle 8-9: Stärke der Korrelation der unabhängigen Variablen

[Cramers Kontin-genzmaß C] [Signifikanz]	Unabhängige Variablen				
	Alter	Wohlstand	Postleitzahl	Herkunft	Reziproke Distanz 1/r
Geschlecht	0,132	0,021	0,301	0,088	0,086
	0,000	0,473	0,238	0,000	0,005
Alter	1	0,059	0,292	0,091	0,087
		0,000	0,438	0,000	0,000
Wohlstand		1	1,000	0,086	0,497
			0,000	0,000	0,000
Postleitzahl			1	0,262	1,000
				1,000	0,000
Herkunft				1	0,061
					0,077

Hinweis: Mit dem Signifikanzwert als Irrtumswahrscheinlichkeit kann die Hypothese „die zwei Variablen sind unabhängig" nicht abgelehnt werden.

Quelle: *Datenbank Leihhaus Nürnberg* (N=4.000 Kunden).

Als abhängige metrische Variable werden betrachtet:

- Die absolute Anzahl der Leihhausbesuche im Untersuchungszeitraum, als Maß für die Affinität zum Leihhaus und den Reiseaufwand.

- Die Anzahl der Monate, in denen der Kunde im Untersuchungszeitraum mindestens einen Pfandschein offen hatte, als Maß für die Abhängigkeit und Häufigkeit, mit der er das Leihhaus nutzt.

- Die Pfandscheinleistung, definiert als die Summe der Produkte aus Laufzeit und Kreditbetrag aller Pfandscheine. Sie ist ein Maß für die Bedeutung der Leihhausnutzung.

- Der maximale fiktive Kontostand im Untersuchungszeitraum als weiteres Maß für die Bedeutung der Leihhausnutzung.

- Die Verfallsquote „Quotient der nicht ausgelösten zu den ausgelösten Pfandscheinketten" als Indikator von Verhalten und Umwelteinfluss.

Die Korrelationskoeffizienten der abhängigen Variablen sind alle auf dem 1% Niveau signifikant (Tabelle 8-10). Die intensiven Nutzer mit hoher Pfandscheinleistung zeichnen sich mehr durch hohe fiktive Kontostände als durch lange Laufzeiten aus. Erwartungsgemäß besteht ein starker Zusammenhang zwischen der Anzahl Besuche und den Monaten mit Pfandschein. Die durchgängig negative Korrelation der Verfallquote ist einerseits eine Bestätigung für die nur begrenzt vorhandenen Pfänder, ohne deren Auslösung eine intensivere Nutzung von Pfandkrediten limitiert würde. Andererseits bestätigt sie die Hinweise, dass erfahrene Pfandkreditkunden ihre Pfandscheine unter Kontrolle haben.

Tabelle 8-10: Korrelation der unabhängigen metrischen Variablen

[lineare Korrelations-koeffizienten]	Verfallquote	Leistung „€*Monate"	höchster Kontostand	Monate mit Pfandschein
Anzahl Besuche	-0,302	0,481	0,336	0,609
Verfallquote	1	-0,106	-0,062	-0,403
Leistung „€*Monate"		1	0,890	0,268
höchster Kontostand			1	0,174

Hinweis: Alle Korrelationskoeffizienten sind auf dem 1% Niveau signifikant.

Quelle: *Datenbank Leihhaus Nürnberg* (N=4.000 Kunden).

Für die multilineare Analyse des Zusammenhangs zwischen den unabhängigen und abhängigen Variablen werden die nominalen und ordinalen unabhängigen Variablen *Geschlecht, Herkunft* und *Wohlstandsniveau* in metrische Dummy Variablen transformiert. *Altersklasse* wurde durch die metrische Variable *Alter* ersetzt. Die Korrelation zwischen den beiden Variablengruppen ist einzig für *Alter* durchgängig signifikant und erheblich. Wachsende *Distanz* (kleineres 1/r) korreliert stark positiv mit der *Pfandleistung* und der *maximalen Kontohöhe*. Dies ist plausibel, denn anders wären die hohen Transaktionsaufwendungen nicht zu erklären. Die Variable *Wohlstand* entsprechend der Einstufung des Herkunfts-PLZ-5-Gebiets zeigt eine sehr geringe Korrelation. Dabei ist die contraintuitive positive signifikante Korrelation zwischen der *Verfallquote* und *„Wohlstand=reich"* auffällig. Aufgrund der geringen Fallzahlen sind die sonstigen Herkunftsgebiete nicht von Bedeutung (20% Niveau). Die multilineare Analyse erklärt nur 2-6% der Variation der abhängigen Variablen durch Linearkombination der unabhängigen Variablen (Tabelle 8-11). Die Verwendung anderer als linearer Modelle, z.B. polynomial, exponentiell, logarithmisch oder logistisch liefert eine noch geringere Erklärung der beobachteten Varianz.

Tabelle 8-11: Bestimmtheitsmaße der multilinearen Regressionen der abhängigen mittels der unabhängigen Variablen

Bestimmtheitsmaß	Abhängige Variablen				
	Anzahl Besuche	Verfallquote	Leistung „€*Monate"	Max. Kontostand	Monate mit Pfandschein
Erklärte Varianz r^2	0,041	0,040	0,023	0,026	0,061

Hinweis: Für alle Werte ist die Irrtumswahrscheinlichkeit kleiner 0,1%.

Quelle: *Datenbank Leihhaus Nürnberg* (N=4.000 Kunden).

Weiter wird versucht, mit einer Gruppierung durch die abhängigen Variablen Erklärungskraft zu gewinnen. Eine Clusteranalyse nach Mittelwerten (SPSS Methode „k-means") der unabhängigen Variablen erbringt nur *Alter* als Gruppierungsvariable. Die Aufnahme der abhängigen Variablen resultiert zwar auch in anderen Variablen zur Gruppenbildung als *Alter*, gleichwohl werden z.B. bei 25 zu schaffenden Gruppen 68% aller Fälle einer einzigen Gruppe zugerechnet (Tabelle 8-12). Diese Gruppe Nr. 5 kann als der „typische Pfandleihkunde" interpretiert werden: ER ist 42 Jahre alt und Deutscher, wohnt 2,6 km vom Leihhaus entfernt, kommt in vier Jahren sechsmal ins Leihhaus, hatte dabei während 16 von 46 Monaten mindestens einen Pfandschein offen und lässt 40% seiner Pfandscheinketten verfallen. Seine Postleitzahl kann mit gleicher Wahrscheinlichkeit jedem der drei Wohlstandsniveaugebietstypen zugeordnet werden. Die nach Anzahl Fällen folgenden fünf Gruppen zeichnen sich durch ein zunehmendes mittleres Alter ihrer Mitglieder und eine zunehmende Entfernung Wohnung-Leihhaus aus. Sie werden alle durch Frauen dominiert. Nichtdeutsche Nationalitäten prägen keine dieser Gruppen. Die Mittelwerte der abhängigen Variablen zeigen einen zunehmenden Trend mit jeder weiteren Gruppe, was durch die starke lineare Korrelation der abhängigen Variablen untereinander erklärt wird. Reziprok verhält sich die Verfallquote, die in den Gruppen mit zunehmender Leihhausnutzung deutlich fällt. Frauen weisen eine signifikant höhere Auslösequote auf. Der Zusammenhang zwischen der so gewonnenen analytischen Gruppierung und den intuitiv abgegrenzten Kontoverlaufstypen ist mit einer Irrtumswahrscheinlichkeit von unter 0,1% signifikant schwach ausgeprägt (C=0,2). Damit wird die schwache explorative Erklärungskraft der Kontotypisierung deutlich, ihre Stärke liegt in der Beschreibung des beobachteten Kundenverhaltens. Die Ursache liegt in der unscharfen analytischen Abgrenzung der Typen I-IV.

Tabelle 8-12: Gruppenmittelwerte der Variablen entsprechend einer Gruppierungsanalyse auf Basis aller Variablen

Variable [Gruppenmittelwerte]	Gruppen Nr. / Cluster (Vorgabe: 25) N=3.555					
	5	2	11	1	21	6
Zugeordnete Fälle Summe = 97%	2.434 68%	568 16%	252 7%	122 3%	73 2%	39 1%
Mann [2)	1	0	0	0	0	0
Alter	42	46	47	48	49	50
Reziproke Distanz zur Wohnung 1/r	0,38	0,34	0,33	0,35	0,33	0,27
Mittlerer Wohlstand [2)	0	0	0	0	0	0
Herkunft Deutschland [2)	1	1	1	1	1	1
Anzahl Besuche	6	18	22	26	31	45
Verfallquote	0,41	0,17	0,14	0,1	0,14	0,08
Leistung „Monate*€" [1)	1	7	16	29	46	66
Höchster Kontostand [1)	1	4	8	12	17	23
Monate mit Pfandschein	16	34	37	40	41	43

Hinweise: 1) Werte linear transformiert, so dass Minimum:=1. 2) Dummy Variable.

Quelle: *Datenbank Leihhaus Nürnberg* (N=4.000 Kunden).

Abschließend wird die Möglichkeit der Prognose der Nutzungshäufigkeit von Pfandkrediten, hier die abhängige Variable *Monate mit Pfandschein*, mittels einer Diskriminanzanalyse überprüft. Hierzu wird die metrische Variable in eine ordinale Variable von Viermonats-Intervallen transformiert und als Diskriminanzvariable eingesetzt. Als Merkmalsvariable werden die unabhängigen Variablen und zusätzlich der abhängige *Kontohöchststand* herangezogen. Hintergrund ist die Frage, ob potenziell ärmere Personen länger an das Leihhaus gebunden sind mangels der Möglichkeit, schneller zurückzahlen zu können. Als Konsequenz hätten sie sich durch die resultierende längere Laufzeit ihren evtl. nur für wenige Monate beabsichtigten Pfandkredit im Vergleich zu wohlhabenderen Personen teurer erkauft. Die Diskriminanzfunktion kann unbefriedigende

175

33% der Fälle richtig in eines der zwölf Laufzeitintervalle (4 Monate) einordnen. Jedoch werden über 90% der Fälle nur vier weit entfernten Intervallen zugewiesen. Durch eine Vergrößerung der Intervalle auf neun Monate werden auch nur 37% der Fälle für das richtige der sechs Intervalle prognostiziert.

Die quantitative Analyse der *Datenbank* erschöpft sich hier, da die sechs verfügbaren und teilweise korrelierenden Merkmale die Komplexität des Umgangs der Kunden mit dem Leihhaus nur grob erklären können. Weitere Erkenntnisse wären durch vertiefte Betrachtung von einzelnen Fällen zu gewinnen.

8.2 Qualitative Ansätze für eine Modellbildung

Die breite Erhebung in der *Kundenbefragung* (N=41) und die schmale Erhebung in der *Datenbank* (N=4.000) dieser Arbeit könnten für ein Faktormodell oder auch ein multilineares Modell geeignet sein. Dieser „mechanistische" Ansatz greift hier nicht, da die Stichprobe der *Kundenbefragung* zu klein war und in der großen *Datenbank* unzureichend wenige Variable bereit standen. Darum wurde der Weg gewählt, ein aus der Erfahrung dieser Untersuchung resultierendes Modell zur „Beschreibung von Abläufen" (Spöhring 1995, 14) zu konstruieren, welches durch die Erhebungsergebnisse nicht falsifiziert wird und trotzdem einen Erkenntnisgewinn bringt. Die Modellbildung erfolgt als Interpretationsmodell des Beobachteten.

Die Operationalisierung eines Interpretationsmodells „Entscheidung für und Weiterführung eines Pfandkredits" orientiert sich an der Modellbildung des Sozioökonomischen Panels (SOEP) (Andreß 1999, 197f). Die Modellkomponente „Finanzierungsbedarf verursachendes Ereignis" wird in der soziologischen Betrachtung über die Veränderung der Haushaltsstruktur, der Erwerbsstruktur seiner Mitglieder oder der Einkommensquellen operrationalisiert. „Ressourcen" stehen in Form des Erwerbseinkommens, Transfers oder liquidierbaren oder beleihbaren Vermögens bereit. Damit ist die Menge der möglichen reaktiven Handlungen eingegrenzt. „Restriktionen" resultieren aus den Begrenzungen der Ressourcen. So kann z.B. die Erwerbsfähigkeit eines Haushaltsmitglieds durch die notwendige Betreuung eines anderen Haushaltsmitglieds nicht in eine Erwerbsmöglichkeit umgesetzt werden. Güterverkauf oder Kreditaufnahme wird in der wirtschaftssoziologischen Literatur bei Mehrjahresbetrachtungen nachrangig behandelt, da es als eine kurzfristige, nicht nachhaltige Problemlösung eingestuft wird (ebenda). Der im SOEP dominierende Einfluss der Veränderung der Haushaltsgröße wurde hier nicht beobachtet und erwartet, da sich der durchschnittliche Pfandkreditbetrag bei ca. 230 € bewegt und ein durch die Veränderung der Haushaltsgröße verursachter Finanzierungsbedarf diesen Betrag bereits nach wenigen Wochen deutlich übersteigt. Der hier verfolgte wirtschaftssoziologische Ansatz berücksichtigt neben den für die Wirtschaftstheorie typischen entscheidungs- und nutzen-orientierten Komponenten auch die wirtschaftssoziologische Motive, wie z.B. „mache keine Schulden" (Tabelle 8-13).

Die Bandbreite der in die Entscheidung des Kreditnehmers eingehenden Präferenzen und Restriktionen ergibt sich aus den Befragungsergebnissen und aus der Literatur (Schrader 2000c, 7ff; Baumgartner 1982, 119f). Folgende Fälle wurden identifiziert:

• Der Pfandkreditnehmer kann die üblicherweise bekannten Finanzierungsangebote gegen seinen Willen nicht nutzen – er ist gezwungen, den teuren Pfandkredit zu wählen, weil er z.B. von der Bank keinen Kredit bekommt.

• Der Pfandkreditnehmer will anderweitig keinen Kredit aufnehmen oder will sich nicht verschulden und zahlt dafür bewusst einen höheren Preis. Grund ist z.B. der Wunsch nach Anonymität.

• Der Pfandkreditnehmer ist nicht in der Lage, den Preisvergleich z.B. zwischen Monats- und Jahreszins durchzuführen und ist sich auch darum des Preisunterschieds nicht bewusst.

• Der Pfandkreditnehmer benötigt kurzzeitig mehr Kredit, als sein von der Bank eingeräumter Kontokorrentkredit erlaubt. Der direkte Preis des einmonatigen Pfandkredits (1 x 3%) ist niedriger als alternative Angebote, die es nur für mindestens sechs Monate (6/12 x 12% p.a. = 6%) und höhere Kreditsummen gibt.

• Der Pfandkreditnehmer hält sein Vermögen teilweise in Form von Edelmetall und Edelsteinen. Die Beleihung dieses Vermögens ist im Leihhaus am kostengünstigsten, kompetentesten und einfachsten.

Darüber hinaus besteht eine enge Verknüpfung zwischen individuellen Umgebungsfaktoren (Kultur, Sozialisation, soziale Vernetzung), personen-bezogenen Faktoren (Bildung, Emotionalität, Einkommen) und der daraus resultierenden Entscheidung, wenn auch die Stärke des Zusammenhangs nicht bekannt ist (vgl. Schufa 2003).

Die Menge der Handlungsoptionen, Präferenzen und Restriktionen definiert den Handlungsraum des Pfandkreditnehmers. Damit wird das SOEP-Modell und das Verschuldungsmodell der GP-Forschungsgruppe zu einem dreistufigen hierarchischen linearen Modell der Finanzierung mittels Pfandkrediten reduziert und erweitert (Tabelle 8-13). Es wird ähnlich einem Pfadmodell, ergänzt um die Ausprägungen der Handlungsoptionen, der in jedem Einzelfall durch den Kreditsuchenden tatsächlich gewählte Pfad charakterisiert und anhand von drei Entscheidungen und ihrer Konsequenzen definiert:

Stufe 1: Entscheidung über Finanzierungsbedarf, individuelle Festlegung und Auswahl der Option(en).

Stufe 2: Entscheidung für die Aufnahme eines Pfandkredits, individuelle Gestaltung und Auswahl der verbundenen Handlungen.

Stufe 3: Entscheidung über die Auslösung des Pfandkredits, individuelle Festlegung und verbundene Konsequenzen.

Aufgrund der kleinen Stichprobengröße der *Kundenbefragung* (N=41) und der fehlenden Informationen zu Rahmenbedingungen und Motiven in der *Datenbank* (N=4.000) konnten keine signifikanten Wahrscheinlichkeiten aus den Häufigkeiten für die Äste des Pfadmodells ermittelt werden. An diesem Punkt sollten zukünftige Forschungsarbeiten ansetzen, um das Verständnis des Finanzierungsverhaltens der privaten Haushalte weiter zu erhöhen. So könnte z.B. durch die Ergänzung der hier aufbereiteten Daten um eine Serie von ausführlichen, biographisch orientierten Kundeninterviews die wiederkehrenden Beweggründe und das Zusammenspiel mit den Umweltfaktoren hinterfragt und milieuspezifische Entscheidungswahrscheinlichkeiten erarbeitet werden.

Abbildung 8-3: Hierarchisches lineares Modell zur Beschreibung der Handlungen von Pfandkreditnehmern

Hierarchische Handlungsstufe	Ursachen	Ausgangssituation	Optionen	Reaktionen	Endsituation
1. Finanzierungsbedarf	- Planmäßiger Bedarf - Reparatur - Lohnschwankung - Gehobener Güterkauf - Sonstiges: z.B.Strom - Urlaub*) - Spontaner Einkauf*) - Veränderung der Haushaltsgröße*)	- Definierter Finanzbedarf: Volumen, Laufzeit, Flexibilität - Erfahrungsschatz und Wissen - Einfluss der sozialen Gruppe - Kulturelle Prägung - Markttransparenz - Marktkenntnis	- Pfandkredit - Bankkredit - Darlehen bei Familie/Freunde - Güterverkauf*) - Ratenzahlung*) - Darlehen von Arbeitgeber*) - Kostenreduktion*) - Auflösung von Rücklagen*)	- bewusst - Wert- oder Zweckrational - traditionsverankert - Pflichten: Beim Pfandkredit keine - Entscheidung für eine oder mehrere Optionen	- Rechte: Kreditbetrag, Laufzeit, Auslösungsoption - Nachhaltigkeit der Entscheidung - Zufriedenheit - Wechselwirkung in der sozialen Gruppe
2. Aufnahme eines Pfandkredits	- Finanzierungsbedarf - Indirekter Verkauf des Gutes - Sonstiges - Verwahrung eines Gutes*)	- Pfand verfügbar - Erfahrungen vorhanden - Empfehlung der sozialen - Erstkontakt mit Leihhaus Aspekte: - Emotionalität - Kulturelle Prägung	- Mikroökonomische. Finanzplanung - Alternativen sind wählbar - Keine Alternative zum Pfandkredit gesehen - Zeitliche Stückelung des Betrags - Auswahl des Leihhauses	- Verpfändung - Kreditvolumen - Tatsächliche Verwendung für geplanten Zweck - Anderweitige Verwendung	- Verlust des Besitzes, nicht des Eigentums - Auslösungsoption - Soziale Würdigung des Handelns in der Gruppe - Neue persönliche Erfahrung
3. Tilgung bzw. Verlängerung oder Aufgabe des Pfandes	- Vorzeitig wegen Emotionen oder verfügbarem Geld - Laufzeitende	- Verfügbare Liquidität - Pfand im Fremdbesitz - Beherrschung von Termin-/Finanzplanung - Markttransparenz und Marktkenntnis - Soziale Erwartung der Gruppe - Druck durch Pfandbesitzer*)	- Verlängerung - Auslösung - Verfall - Nach Verfall: Zurückersteigerung*)	- Entscheidung - Bewusst - Unbewusst, z.B. Termin vergessen	- Neuer Finanzierungsbedarf - Zurückerhalt des Pfandes - Kosten d. Finanzrg ODER - Eigentumsverlust - Soziale Reaktion der Gruppe

*) Wurde in der Erhebung nicht beobachtet bzw. ermittelt, sondern als Hinweis aus der Literatur oder von Branchenkennern zitiert.

8.3 Gültigkeit und Verlässlichkeit der Erhebung

Es wurde geprüft, ob die gemessenen Ergebnisse auf die empirische Realität übertragbar sind. In dieser Studie wurden Primärdaten erhoben, deren Gültigkeit (Validität) und Verlässlichkeit (Reliabilität) zu diskutieren ist. Die mit der direkten Befragung von Leihhauskunden gewonnenen Ergebnisse sind prinzipiell mit Validitätsproblemen[94] verbunden. Die Validitätsprüfung anhand des Vergleichs der *Kundenbefragung* und *Datenbank* zeigte die Eignung des Messinstruments *Fragebogen* für die Überprüfung der Hypothesen. Durch die Frage-Antwort-Situation des Interviews könnten Verzerrungen bereits bei der Erhebung der Daten entstanden sein. Die Ursachen für Abweichungen lassen sich nach Diekmann zurückführen auf Befragtenmerkmale, Fragenmerkmale und Merkmale des Interviewers und der Interviewsituation (vgl. Diekmann 2001, 382ff). Verständnis- und Interpretationsprobleme gab es bei Fragen zum Einkommen, dem Finanzbedarf und der Besuchshäufigkeit in der Vergangenheit. Für beide Datenquellen gab es keine Anzeichen fehlender Reliabilität. Zwar wurde, mit Ausnahme eines Geschäftsführers und eines Aufsichtsrates, keine Person mehr als einmal befragt, doch wurden keine Anlässe für Driften identifiziert.

Auch die Verlässlichkeit der Befragung ist kritisierbar. Es ist kaum möglich, ein Interview identisch zu wiederholen (Reproduzierbarkeit). Zum einen besteht zwar das Neutralitätspostulat[95], doch Außeneinflüsse oder auch der persönliche Kontakt mit dem Interviewer, die Atmosphäre des Interviews etc. lassen sich nicht beliebig wiederholen. Die Anzahl von 41 befragten Kunden ist keine hinreichend große Zahl zur Kompensation dieses kommunikativen Rauschens, andererseits wurden überwiegend knappe Sachverhalte in Verbindung mit Wissen und Verhalten erhoben, die wenig Rauschen „provozieren". Es wurden keine Suggestivfragen gestellt und eine wertneutrale Wortwahl verwendet. Die Befragungsergebnisse sind im engeren Sinn also nicht reproduzierbar, aber dennoch reliabel.

Es ist immer möglich, dass Befragte bewusst falsche Angaben machen. Dies könnte hier für die Fragen zum Haushaltseinkommen und zu alternativen

---

[94] „Die Validitätsprüfung gibt an, inwieweit die Anwendung eines Erhebungsinstrumentes tatsächlich die Variable misst, die es zu messen vorgibt." (Atteslander 2000, 316).
[95] „Bei der *neutralen* Interviewtechnik ist der Interviewer angehalten, die Antwortreaktionen auf eine Frage weder positiv noch negativ zu sanktionieren." (Diekmann 2001, 375).

Finanzierungsoptionen vermutet werden. Bei der Befragung entstand aber eher der Eindruck, dass die Antworten mit Unsicherheit - verursacht durch Sprachprobleme oder z.B. der Definition des Einkommens - verbunden waren. Auch schien keiner der Befragten sich durch eine mögliche soziale Wertung der Finanzierungsalternativen – z.B. kein Kredit bei Familie und Freunden als möglicher Indikator sozialer Isolation - berührt zu fühlen. Mittels der Kontrollfragen und des offenen Gesprächs wurden die Ungenauigkeiten mit zunehmender zeitlicher Distanz zum Sachverhalt z.B. *letzter Besuch, erster Besuch* oder *Auslöseverhalten* offensichtlich. Bei einigen Teilnehmern blieben Fragen unbeantwortet und reduzierten so den Erhebungsumfang. Die vorgegebenen Antwortkategorien waren eindeutig, ausschließlich und vollständig. Spezielle Nennungen wurden zusätzlich handschriftlich erfasst. Problematisch im Fall der Abfrage des eigenen Verhaltens ist, dass die Befragten bei der selbstbezüglichen Einschätzung erfahrungsgemäß weniger die extremen Kategorien wählen. Dies galt für die Sachverhalte *Auslöseverhalten* und *Beleihungszeitraum*. In der immanenten, nicht zufälligen Auswahl der antwortenden Personen lag die größte Verzerrung dieser Erhebung. Es wird vermutet, dass sich überwiegend nur die weniger begüterten, tendenziell stärker Erwerbsloseren die Zeit zur Teilnahme an der ca. zehnminütigen Befragung genommen hatten. Andererseits traten auch Ausnahmen auf, z.B. durch ein Mitteilungsbedürfnis von Personen.

Die verwendete *Datenbank* war von hoher Qualität, der Anteil fragwürdiger Datensätze kleiner 0,5%. Auch wenn der Erhebungszeitraum aus der *Datenbank* auf vier Jahre beschränkt war und nicht den Ansprüchen einer Langzeitstudie genügt, so gibt es keinen ersichtlichen Grund, warum sich das Nutzerverhalten ab dem 1.1.1999 oder ab dem 15.10.2002 – den Grenzen der Erhebung - geändert haben sollte. Die Analyseergebnisse zeigen nur einen geringen Einfluss der Variable *Herkunft*, obwohl die direkte Befragung und Beobachtung einen anderen Eindruck entstehen ließ. Der Rückschluss von *Nationalität* auf *kulturelle Prägung* ist kritisch zu sehen. Assimilation und Einbürgerung führen dazu, dass die Nationalität ein zunehmend ungenügendes Merkmal zur Ermittlung des handlungsrelevanten kulturellen Hintergrundes einer Person ist.

9 ZUSAMMENFASSUNG UND INTERPRETATION

9.1 Überprüfung der Hypothesen

Anhand der Erhebungs- und Analyseergebnisse wird die Konsistenz mit den in Kapitel 3.4 aufgestellten Untersuchungshypothesen geprüft. Hierbei handelt es sich methodisch nur um eine mögliche Falsifikation, da wissenschaftstheoretisch die Möglichkeit der Verifizierung anhand exemplarischen Datenmaterials umstritten ist.

Die **zentrale Arbeitshypothese des Forschungsvorhabens „Pfandkredit-nehmer handeln in ihrer Finanzierungsentscheidung mehrheitlich mikro-ökonomisch suboptimal" ist nicht haltbar**, unabhängig davon ob den Kreditnehmern Markttransparenz vorliegt. Die Mehrheit der Pfandkreditnehmer (Abbildung 7-12) verlängert ihren Pfandschein höchstens einmal und realisiert so im Falle des Auslösens eine auch mikroökonomisch günstige Finanzierung, sofern ihnen ein Kontokorrentkredit versperrt war: Der durchschnittliche Pfand-kreditbetrag von 220 € verursacht bei sechs Monaten Laufzeit in einem privaten Leihhaus maximale Kosten von 45,60 €[96] bzw. im *Leihhaus Nürnberg* bei 3% Kosten pro Monat 37,80 € zzgl. des Aufwands je eines Besuchs zur Beantragung, Verlängerung und Auslösung. Bei einem Konsumkredit, der erst ab 1.000 € angeboten wurde, fallen bei sechs Monaten Laufzeit und effektivem Jahreszins von 12% bereits 60 € an, bei nur einem notwendigem Besuch in der Bank. Die Befragungsergebnisse wecken allerdings große Zweifel, ob die Kunden eine derartige Rechnung ihrer Entscheidung zugrunde gelegt haben. Ihre Präferenz wird im Einklang mit der Hypothese eindeutig durch wirtschafts-soziologisch zugängliche Aspekte des Pfandkredits „unkompliziert, schnell, keine Schulden, anonym" bestimmt, die nur teilweise auch mikroökonomisch rational sind. Auch spielen eine persönliche Empfehlung, vermutlich über-wiegend innerhalb des Milieus, oft sogar innerhalb der Hausgemeinschaft (Tabelle 7-4) oder die bereits gemachte positive Erfahrung eine wichtige Rolle bei der Entscheidung für den Pfandkredit.

Trotz signifikanter Unterschiede im Handeln in Abhängigkeit von der unscharf definierten kulturellen Herkunft der Kunden kann die Kausalität des

---

[96] 6 x (5,50 € Gebühr + 1% Zins pro Monat:2,10 €) = 45,60 € nach PfandlV.

Zusammenhangs zwischen Herkunft und Handeln nicht erklärt werden, da Kultur, Bildung und wirtschaftliche Situation gleichermaßen zur Erklärung herangezogen werden können. Ausländer sind in der *Datenbank*-Stichprobe (N=4.000 Kunden) im Vergleich zu ihrem Anteil in der lokalen Bevölkerung signifikant unterrepräsentiert. Durch eine überproportional intensive Nutzung zeichnen sich Bürger türkischer Staatsbürgerschaft, Italiener und Thailänderinnen aus. Italiener sind als einzige EU-Nationalität unter den Pfandleihkunden überrepräsentiert. Alle anderen europäischen Nationalitäten sind zwar in Nürnberg auch deutlich vertreten, doch fanden sie sich nicht in der *Datenbank*. Theoretisch könnte die starke Nutzung von Pfandkrediten durch Türken im Zusammenhang mit der im Islam reglementierten Zinsnahme und –zahlung verstanden werden, doch konnte diese Vermutung nicht abschließend geklärt werden. Bei Türken fiel die hohe Bedeutung von oft nach Gewicht gekauftem Goldschmuck auf, der eindeutig die Funktion eines Sparbuchs innerhalb einer Ehe besitzt. Da in Nürnberg, dem Ort der Untersuchung, eine große türkische Bevölkerungsgruppe existiert und auch eine türkische Bank ihre Dienste anbietet, kann die Leihhausnutzung als Ort der Abgrenzung innerhalb einer fremden (westlichen) Kultur nicht für eine Kundengruppe als konstituierende Argument nachvollzogen werden. Für andere nicht europäische Nationalitäten war die Vertretung innerhalb der *Datenbank* zu gering, um statistisch signifikante Aussagen zu ermöglichen. Thailänderinnen nutzen schwere Goldketten zum Vermögenstransfer von Thailand nach Europa und lassen einen Teil dieses Vermögens entsprechend ihren Gewohnheiten in Deutschland auch beleihen, wobei ihnen die im internationalen Vergleich in Deutschland niedrigen Leihhauszinsen attraktiv erscheinen. Zwar ist die Lombardei bzw. Italien historisch eine Wiege des Leihhauswesens, doch konnte nicht geklärt werden, warum Italiener zu den intensiven Leihhausnutzern gehören. Da sie kein abweichendes Auslöseverhalten zeigen, scheidet Hehlerei als Motiv aus. Eine Erklärung könnte sein, dass das Leihhaus für Wanderarbeiter ohne Bankbeziehung ein möglicher Ersatz zur Deckung von Liquiditätsengpässen darstellt. Doch traten die in der Region unter den Saisonarbeitern dominierenden Nationalitäten aus Mittel und Ost-Europa nicht unter den Kunden hervor. Zusammenfassend wird die Vermutung der **„Leihhausnutzung als Ort und Handlung kulturell *fremd* geprägter Menschen"** kritisch beurteilt. Zwar korreliert die Leihhausnutzung mit anderen kulturellen Prägungen, doch konnte hierfür weniger die Nationalität als vielmehr der kultursoziologisch anerzogene und erlernte Umgang mit Geld ausgemacht werden.

Für die **Präsenz auch vermögender Kunden im Leihhaus, die aus diversen Gründen** eine Alternative zu einem Bankkredit suchen, sprechen mehrere Indikatoren. Neben dem schwachen Hinweis durch Kundenpräsenz aus typischen Oberschichtstadtvierteln stützen die regelmäßig beobachteten und von anderen Häusern bestätigten seltenen hohen Pfandsummen von über 10.000 € die Vermutung. Doch ist diese Gruppe von häufig entfernt anreisenden Kunden sehr klein. Ihre Motive liegen eindeutig im Wunsch nach Anonymität und/oder einer Finanzierung ohne Schufa-Auskunft.

Die signifikant höhere Verfallquote unter der Laufkundschaft stützt auf den ersten Blick die Vermutung der **Existenz einer Gruppe von „Verkäufern"**, die von Anfang an kein, nur ein geringes oder ein schnell sinkendes Interesse an der Auslösung ihres Pfands hat. Die Pfandleihe im *Leihhaus Nürnberg* weist restriktivere Öffnungszeiten auf als die benachbarten An- und Verkaufsläden. Darum erstaunt die Entscheidung, Schmuck im Pfandhaus zu verkaufen. Dies könnte nur mit mangelnder Marktkenntnis des Handelnden, auch in Form einer falschen Empfehlung, erklärt werden. Hingegen wird vermutet, dass der Kunde anfangs doch den Wunsch nach späterer Auslösung hatte, dies ihm aber nicht gelang, darum das Leihhaus negativ erlebte und deshalb später keine weitere Beleihung tätigte. Die Hypothese kann deshalb nicht gehalten werden. Die Laufkundschaft ist somit zu interpretieren als jene Personen, deren Kredithistorie im Leihhaus mit einer Enttäuschung durch Pfandverlust begann und deshalb danach andere Finanzierungsoptionen bevorzugt. Bei Leihhäusern, die auch einfache Gebrauchsgüter beleihen, erscheint ein geplanter Verkauf, mangels weniger alternativer Ankaufsoptionen, wahrscheinlicher.

Haben Leihhauskunden prinzipiell Probleme im Umgang mit Geld? Diese Behauptung ist klar abzulehnen, da über die Hälfte der Kunden ihre Pfänder höchstens einmal verlängert und mit mehr als 50% Wahrscheinlichkeit wieder auslöst (Abbildung 7-12). Ein Drittel der Kunden löst ihre Pfandscheinketten mit einer Wahrscheinlichkeit größer 50% vorzeitig aus (Abbildung 7-15). Für eine qualifizierte Minderheit zeigen sich Hinweise auf grundsätzliche Probleme im Umgang mit Geld, wie z.B. Laufzeiten von mehr als 18 Monaten, bei denen Kosten von über 50% des Kreditbetrages anfallen oder ausschließlich Tageskredite unter 30 € (8% der Kunden, Abbildung 7-7), was vielleicht durch systematische Sparanstrengungen kompensiert werden könnte. Aber auch für diese Gruppe könnten äußere, nur schwer bis gar nicht beeinflussbare Umstände ihre Handlungen erklären: Wer von Rente oder Sozialhilfe lebt und nur 300 € im Monat zur freien Verfügung hat, für den stellen 30 € immerhin eine Liquiditätserhöhung von 10% dar. Darum wird hier dafür plädiert, weniger die absolute

Höhe eines Pfandkredits als mehr die Handlungsabläufe nach Häufigkeit und Wiederholung als Indikator für den problematischen Umgang mit Geld zu deuten. Hierfür wurde das Maß der Fluktuation der Entwicklung des fiktiven Pfandkreditkontos eingeführt (Kapitel 8.1.3). Entsprechend dieser Maßzahl weisen 17% der Kunden mit mehr als einer Pfandscheinkette eine sehr hohe Fluktuation auf, und sind entsprechend dieser Interpretation als mit „Problemen im Umgang mit Geld" zu bezeichnen.

Die **Gruppe der Exoten**, die das Leihhaus wegen außergewöhnlicher Aspekte, wie z.B. die versicherte Verwahrung nutzt, wurde auf Basis einer nicht repräsentativen *Kundenbefragung* als bedeutungslos eingestuft.

Als abschließende Hypothese wurde im Zusammenhang mit der Vermutung der Zwangssituation der Kunden ihre **Abhängigkeit vom Leihhaus** hinterfragt. Ganz allgemein spricht zunächst die Überlegung dagegen, dass die dem Finanzbedarf des Haushalts zugrunde liegenden Ursachen unabhängig vom Wohnort auftreten könnten. Da die Nachfrage nach Pfandkrediten mit wachsender Entfernung zum Leihhaus deutlich zurück geht (Kapitel 7.1.2), zeigen die Transaktionsaufwendungen einen reglementierenden Einfluss auf die Höhe der Nachfrage. Darum könnten nur die unabhängig von der Distanz beobachteten weniger als 10% der nachgefragten Pfandkreditleistung (Summe x Laufzeit) als gebunden bezeichnet werden. Diese abstrahierende Betrachtung greift zu kurz, da sie die soziokulturelle Besiedlungsstruktur ignoriert: Typische soziale Gruppen, die überwiegend in Städten auftreten, wo meist - ohne Aussage zur Kausalität - ein Leihhaus existiert, könnten sehr wohl von Pfandkrediten abhängig sein. Hierzu könnten Alleinstehende, (ausländische) Wanderarbeiter, verwitwete Rentner oder Immigranten mit Hang zum Zusammenwohnen gehören. Diese Aspekte konnten mangels Datenmaterial in dieser Arbeit nicht weiter aufgeklärt werden. In der direkten *Kundenbefragung* nach Alternativen antworteten 21 Pfandkreditnutzer (62%), sie hätten keine alternative Finanzierungsoption in Betracht gezogen, während nur erstaunliche vier Kunden aussagten, mangels Alternative den Pfandkredit gewählt zu haben. Elf von 29 befragten Kunden lebten mit ihrem Haushalt unterhalb der Armutsgrenze. Erstaunlich war, dass durch die Kunden (zusätzliche) Erwerbseinkünfte nicht angestrebt wurden. Die Auflösung möglicher Ersparnisse wurde von den Befragten nicht genannt, sie scheinen folglich über keine Ersparnisse zu verfügen. Dies wird durch andere Erhebungen bestätigt (Statistik Nürnberg 2002a). Die hier zusammengetragenen Informationen und Schlussfolgerungen deuten darauf hin, dass die Mehrheit der Kunden nicht auf das Leihhaus angewiesen wäre, sondern es unter Nutzenaspekten, kulturellen Präferenzen,

Gewohnheiten oder ohne bewusste Reflexion ausgewählt hat. Dennoch stellt der Pfandkredit für eine kleine Gruppe unter den Nutzern den ausschließlichen Rettungsanker bei finanzieller Not im Alltag dar.

Im Zusammenhang mit der Abhängigkeitshypothese zeigt diese Untersuchung, dass ungebundene Pfandkreditkunden preisindifferent sind und sich trotz des möglicherweise höheren Preises des Pfandkredits nicht für verfügbare Alternativen entscheiden. Diese Hypothese wird durch die ermittelte, verbreitete Unkenntnis des Pfandkreditpreises und die Beobachtung gestützt, dass sich Leihhäuser in München und Berlin, wo es jeweils mehr als zehn unabhängige Unternehmen gibt und damit eine hohe Wettbewerbsintensität herrscht, im Unterschied zu Banken nur selten auch über den Preis differenzieren.

9.2 Zusammenfassung der Untersuchung

Die Bekanntheit von Leihhäusern ist in Deutschland auch bei jungen Erwachsenen hoch. Sie wird nicht durch eigene Erfahrung, sondern überwiegend durch die in Sekundärquellen (Literatur, Film) vermittelte Stigmatisierung des Leihhauswesens bestimmt. Private Häuser unterliegen der Pfandleiherverordnung, welche auch den maximalen Preis für Pfänder bis 300 € regelt. Diese Verordnung folgt dem historisch begründeten sozialen Auftrag des Schutzes des Pfandgebers vor Wucherzinsen und der Öffentlichkeit vor der Hehlerei. Pfandleiher dürfen ohne Banklizenz Bargeld gegen Hinterlegung eines Faustpfandes an natürliche Personen ohne Prüfung weiterer Kreditwürdigkeit verleihen. Zinsen und Gebühren von mehr als 3% pro Monat sind erst bei der Auslösung oder der Verlängerung fällig. Neben vier verbliebenen städtischen Leihhäusern wird der Markt durch ca. 230 private Pfandleihen dominiert. Der mittlere Pfandkreditbetrag betrug im Jahr 2002 230 €, der Median lag darunter. Obwohl der Pfandkredit im Vergleich mit anderen Kleinkrediten nur bei Auslösung nach maximal sechs Monaten günstiger ist, beträgt der Median der individuellen durchschnittlichen Laufzeit ca. sechs Monate. Der im Jahr 2002 an ca. 170.000 Haushalte in Deutschland ausgereichte Kreditumsatz von ca. 400 Mio. € ist ein volkswirtschaftlich unbedeutender Nischenmarkt. Zwei Drittel aller Haushalte leben in weniger als 25 km Entfernung von einem Leihhaus und haben somit theoretisch Zugang zu diesem Angebot.

Der Pfandkredit zeichnet sich gegenüber anderen Arten der Liquiditätsbeschaffung durch seine Personen unabhängige und schnelle Abwicklung aus. Der Pfandgeber verschuldet sich nicht, da er sein Pfand zur Deckung der Verbindlichkeit hinterlegt. Löst er sein Pfand nicht aus, muss es öffentlich versteigert werden. Die Festlegung der Bewertungshöhe wird marktwirtschaftlich gesteuert: Der Pfandleiher lebt von den Zinsen, die mit wachsender Beleihung steigen, trägt aber das Risiko aus zu hoher Beleihung über dem Verkehrswert bzw. der erzielbaren Versteigerungssumme im Falle des Ausfalls. Mit steigender Beleihung wächst für den Kunden das Risiko, nicht zurückzahlen zu können. Eine mögliche Übervorteilung der Zwangslage eines Kreditsuchenden ist trotz weiträumig oligopolistischer Angebotsstruktur nicht erkennbar.

Die Pfandleihe ist ein sehr persönlicher Geschäftsvorgang, der sich in Präsenzgeschäften abspielt. Die meisten Häuser befinden sich an zentraler Lage in großen Städten und ziehen ihre Kunden auch aus dem Umland an. Innerhalb der untersuchten Stichprobe in der Großstadt Nürnberg (*Datenbank*) wohnen mehr als die Hälfte der 4.000 Kunden in höchstens 5 km Entfernung vom Leihhaus. Die teilweise Selbstbeschränkung der Leihhäuser auf die Beleihung von Gold, Uhren und Schmuck macht die historisch erforderlichen Lagerräume für sperrige Allgemeinpfänder überflüssig. Je nach Positionierung herrscht ein Ambiente zwischen edlem Juwelier, Geldwechsler oder auch Trödelladen. Ein teilweise angeschlossener Verkauf führt dem Kunden das mögliche Schicksal seines Pfandes direkt vor Augen. Ein Drittel der Leihhäuser versucht in seiner Firmierung einen Bezug zur Kommune herzustellen, um den vertrauenssteigernden Eindruck einer öffentlichen Anstalt zu erwecken. Dieser Bezug ist den Kunden in der Auswahl des Leihhauses wichtig.

Auch wenn viele Kleinstpfandbeträge von 5-30 € ausgereicht werden, versuchen renommierte Leihhäuser an die Ausstrahlung von Banken anzuknüpfen. Freundlichkeit und Vertrauen sind die beiden Voraussetzungen bei Leihhäusern, um die geringen Werbeanstrengungen zu kompensieren und über persönliche Empfehlungen der anteilig großen Stammkundschaft neue Kunden anzuziehen. Mindestens jeder fünfte Kunde aus der *Datenbank* steht mit hoher Wahrscheinlichkeit in einer verwandtschaftlichen oder nachbarschaftlichen Beziehung zu einem anderen Kunden.

Als Alternative zum Pfandkredit, der in der breiten Bevölkerung als Mittel zur Liquiditätsschaffung nicht im Bewusstsein ist, rangieren an erster Stelle der Kontokorrent- bzw. der Konsumkredit und der Ratenkauf. Ein Darlehen bei Freunden und in der Familie ist die zweite Wahl, bevor zusätzliche Erwerbsmöglichkeiten genannt werden.

Die Pfandleihkunden der *Datenbank* waren eine heterogene Gruppe, deren Gemeinsamkeiten und Unterschiede diese Untersuchung ermittelte. Die uni- und bivariate deskriptive Statistik der Pfandkreditkunden ermöglichte einen

Vergleich mit der als Grundgesamtheit ausgewählten lokalen Bevölkerung. Die Gruppe der Pfandkreditnehmer zeigt ein divergentes Nutzerverhalten. Es umfasst mikroökonomisch und/oder wirtschaftssoziologisch rationale Aspekte wie z.B. Motive, Beeinflussbarkeit, Bewertungsmaßstäbe, Entscheidungsregeln, Konsequenz in der Plan- und Entscheidungsumsetzung oder Erfahrungs- und Bildungshintergrund. Diese Studie untersuchte die von den Nachfragern angewandten Bewertungsmaßstäbe, die sie dabei beeinflussenden sozialen Gruppen und das damit verbundene Wirtschaftshandeln bzw. die konkret getroffene Auswahlentscheidung. Die Zusammenfassung der Erhebungsergebnisse zeigt, dass ex-post für weniger als die Hälfte der Kunden eine problematische, da im Vergleich mit anderen Finanzierungsoptionen teurere Nutzung der Pfandkredite beobachtet wurde oder unterstellt werden kann. Hierauf deuten hin:

- Die mehrmalige Kreditverlängerung mit resultierenden Laufzeiten von 12-24 Monaten bei mindestens 3% Kosten pro Monat.

- Mangelndes Kreditwissen und damit eine eingeschränkte Möglichkeit zum Wettbewerbsvergleich.

- Im Unterschied zu einem Kreditantrag bei einer Bank ist ein Pfandkredit mangels Formalien ohne Selbstreflexion zu erlangen und von größter Einfachheit.

9.3 Gesellschaftspolitische Wertung

Die analysierte *Datenbank*-Stichprobe von 4.000 Kunden eines großen Leihhauses zeigt, dass diese Personen unterschiedlichen sozioökonomischen und kulturellen Bevölkerungskreisen entstammen. Dabei dominieren deutsche Erwerbsfähige, deren Haushaltsmitglieder an oder unter der Armutsgrenze leben. Trotz in dieser Bevölkerungsgruppe offensichtlich mangelndem Finanzierungswissen nutzen die meisten der Betroffenen den Pfandkredit in einer ökonomisch effizienten Art, indem sie überwiegend nach höchstens sechs Monaten ihr Pfand wieder auslösen. Aus der Hochrechnung der ca. 10 Pfandscheine je Kunde in der *Datenbank* und der Anzahl von 1,7 Mio. durch den ZDP e.V. hochgerechneter Beleihungsvorgänge in Deutschland im Jahr 2002 resultieren ca. 170.000 Leihhauskunden in Deutschland. Dies sind deutlich weniger als die 1,1 Mio. Kunden, die der ZDP e.V. nennt (FOCUS 38 vom 8.9.2003, 202). Ob eine höhere Bekanntheit des Leihhausangebots weitere Kunden ins Leihhaus führen würde, konnte hier nicht ermittelt werden. Dennoch hat das durch die Pfandleiherverordnung stark reglementierte überwiegend oligopolistische Leihhausangebot bei seiner Kundengruppe eine große Bedeutung, trotz der im Vergleich mit der Konsumkreditnachfrage sehr geringen Verbreitung.

Die Pfandleiherverordnung schützt den Kunden und die Öffentlichkeit. Würde man die Anzahl und Differenzierung von Leihhäusern vergrößern wollen, um z.B. diese Dienstleistung auch kleinstädtischer und ländlicher Bevölkerung leichter zugänglich zu machen, so läge es nahe, über eine Aufweichung der Pfandleiherverordnung die Gründung und den Betrieb von Leihhäusern zu erleichtern. Ob dies tatsächlich im Interesse der Nachfrage wäre, wird bezweifelt: Angesichts der klaren Präferenz in der *Kundenbefragung* für ein öffentliches Leihhaus und dem folgerichtigen Bestreben vieler Leihhäuser, über ihre Firmierung sich einen öffentlich-rechtlichen Anstrich zu geben, z.B. „Magdeburger Pfandleihe", wird das hohe Sicherheitsbedürfnis der Kunden deutlich. Der Einfluss der kulturellen Prägung der Kunden auf die Auswahl eines Leihhauses, konnte mangels ausführlicher Daten privater Leihhäuser nicht signifikant ermittelt werden. Die Befragungsergebnisse deuten darauf hin, dass die Handelnden unabhängig von ihrer kulturellen Prägung Vertrauen in eine banktypische Einrichtung suchen.

In Anbetracht des relativ niedrigen, durchschnittlichen Pfandkreditvolumens von ca. 230 € kämen als alternative Finanzierungsoptionen bei kurzfristigem Bedarf und versperrtem Kontokorrentkreditrahmen weniger die bekannten Konsumentenkredite in Frage, sondern vielmehr Darlehen bei Familie, Freunden oder dem Arbeitgeber bzw. zusätzliche Erwerbseinkünfte. Dass diese Optionen von den Pfandkreditnehmern nicht ausgewählt werden, indiziert die sozialen Besonderheiten des tendenziell tabuisierten persönlichen Geldbedarfs, der Stigmatisierung des Leihhausgangs und vielleicht auch die soziale Ausgegrenztheit der handelnden Personengruppe. Ob die mit der Entfernung zum Leihhaus abnehmende Nachfrage nach Pfandkrediten auch über die möglicherweise im ländlichen Raum noch vollständigeren und größeren Familienverbünde erklärt werden könnte, bleibt unklar. Leihhäuser ermöglichen Personen geringer Bonität bei einer Bank, ohne Verlust ihrer Anonymität, ihr Gesicht in der sozialen Gruppe zu wahren, solange die abgegebenen Pfänder dort nicht als fehlend registriert werden.

Man könnte versucht sein, angesichts der unkomplizierten Vergabe eines Pfandkredits über fehlende Verbraucherschutzmechanismen zu klagen. Tatsächlich müssen jedoch viele Verbraucherschutzansätze, wie z.B. der bei Bankkrediten auszuweisende „effektive Jahreszins" als Kostenindikator für den

Verbraucher im Vergleich mit der dinglichen Pfandhinterlegung als Papiertiger beurteilt werden, denn nichts macht dem Handelnden die Konsequenzen seiner Entscheidung selbst spürbarer als die persönliche, sofortige Überbringung der dinglichen Sicherheit aus dem eigenen Besitz. Angesichts der im Vergleich mit Bankfilialen wenigen Leihhäuser und ihrer oft unregelmäßigen Öffnungszeiten bedeutet der Leihhausbesuch einen erheblichen Zeit- und Organisationsaufwand. Diese Transaktionsaufwendungen stellen eine Hürde dar und unterstützen die bewusste Entscheidung für oder gegen einen Pfandkredit. Auch wenn aufgrund der zentralen Lage der hier betrachteten drei, in einer Großstadt gelegenen Leihhäuser deren Besuch teilweise mit anderen Reisezwecken verbunden wird, so ist doch eine Planung dieser Wege erforderlich. Subsumiert man diesen Aufwand und die monetären Kosten des Kredits, so zeigt dies indirekt auch, wie wenig attraktiv oder wie schwer zugänglich oder verfügbar zum Pfandkredit alternative Erwerbseinkünfte sind und darum die Entscheidung zugunsten des Pfandkredits fällt. Sollte es gelingen, die Nachfrage nach Pfandkrediten in eine kulturell - oder allgemeiner gesprochen wirtschaftssoziologisch - und eine rein monetär bzw. ökonomisch motivierte Komponente zu trennen, so böte die rein ökonomisch rational motivierte Nachfrage der Erwerbsfähigen einen gesellschaftspolitisch interessanten Indikator für den alternativen Aufwand zur Realisierung von kurzfristigem Erwerbseinkommen.

Genügt der Pfandkredit dem Subsidiaritätsprinzip? Im Vergleich mit konventionellen Krediten ist dies angesichts der Vertragsstruktur zu bejahen: Der Kreditnehmer bleibt schuldenfrei, da er durch die Verfügbarkeit eines Pfandes (selbst) vorgesorgt hat und die zukünftige Tilgung zwar geplant, aber nicht vertraglich notwendig ist.

Ob eine Finanzierung mittels Pfandkredit nachhaltig ist, ist eine wenig sinnvolle Frage, da Nachhaltigkeit am Zweck und nicht am Mittel zu beurteilen ist. Natürlich bestimmen die Kosten einer Kreditfinanzierung die Nachhaltigkeit, doch sind die Kosten für diese Beurteilung irrelevant, sofern der Kredit nicht investiv, sondern konsumptiv verwendet wird und keine zur Tilgung einsetzbaren Erträge generiert. Ein Pfandkredit unterscheidet sich in Bezug auf seine Nachhaltigkeit nicht von anderen Formen der Kreditfinanzierung.

Die Rechtfertigung der durch die Pfandleiherverordnung für die privaten Leihhäuser vorgegebenen maximalen Kosten für Pfandkredite unter 300 € im Jahr 2003 ist angesichts der in den meisten Städten und Regionen oligopolistischen Angebotssituation aus der Fürsorgepflicht des Staats in Zusammenhang mit den historischen und aktuellen Erfahrungen des Kreditzinswuchers zu rechtfertigen. Für Kredite über 300 € sind höhere Reiseaufwendungen vertretbar, können also auch weiter entfernte Leihhäuser ökonomisch sinnvoll genutzt werden. Darum ist in diesem Regime ein ausreichender Wettbewerb vorhanden. Die Gebührenregelung der Pfandleiherverordnung ist sinnvoll, effiziente Leihhäuser unterschreiten diese Preisobergrenzen. Auch deshalb gibt es keinen Grund, über eine Wettbewerbsverzerrung zwischen privaten und öffentlichen Leihhäusern zu klagen.

9.4 Fazit

Das Angebot der Leihhäuser in den deutschen Großstädten ist vielfältig. Standort, flankierendes Dienstleistungsangebot, Ambiente und kulturelles Umfeld ermöglichten dem Kunden auf seine Bedürfnisse passende weiche Angebotsfaktoren zu finden. Der Standort bietet oft einen Bezug zum Liquiditätsbedarf des Kunden: Gediegen in der Altstadt, gut erreichbar für Auswärtige neben einem Bahnhof, situationsbezogen im Spieler- oder Rotlichtmilieu oder neben einer Einkaufsstraße. Das Ambiente des jeweiligen Leihhauses ermöglicht dem Kunden, je nach bevorzugtem kulturellen Umfeld eher einen „Basar" oder eine „Bank" aufzusuchen. Dies kann mit seiner kulturellen Herkunft, seinem Sicherheitsbedürfnis oder auch seinen kommunikativen Vorlieben zusammenhängen.

Neben einer Gruppe von häufigen Pfandhausnutzern, deren ökonomische Rationalität bzw. Nutzenfunktion die kurzfristige Finanzierung mittels Pfandkredit rechtfertigt, zeigen sich auch Haushalte in einer Zwangssituation, in der sie für sich keine Alternativen zum Leihhaus sehen. Häufig fehlt das Finanzwissen zur objektiven Beurteilung von Finanzierungsalternativen.

Die Entscheidung für einen Pfandkredit ist aus Sicht der Kunden **ökonomisch-rational bei**

- kurzer geplanter Laufzeit von maximal sechs Monaten und Bedarf nach Anonymität. Um die Kosten der Finanzierungsalternativen vergleichen zu können, ist eine moderate formale Bildung erforderlich.

Wirtschaftssoziologisch wertrational bei

- sozialer Motivation, da z.B. Empfehlung oder Vorgabe durch Freunde/Verwandte oder wiederkehrende, als erfolgreich reflektierte Verhaltensmuster: allein, in der Gruppe oder im Milieu.

- emotionaler Motivation durch Vorlieben wie Investition in Goldschmuck,

Festhalten an Erinnerungsstücken (statt Verkauf), eine Abneigung gegen Banken.

- kultureller Motivation durch Verhaltensweisen und Wertvorstellungen nach Herkunft und Familientradition.

Die Überlegungen zeigen, dass für eine ex-post Analyse einer individuellen Finanzierungsentscheidung eine rein ökonomische Erklärung des Verhaltens theoretisch auch mittels einer fein ausdifferenzierten sehr individuellen Nutzenfunktion möglich wäre. Doch zeigt bereits die aus dem Alltag bekannte Schwierigkeit der Abwägung zwischen einem Ratenkauf und einer Bankfinanzierung die Schwierigkeit, individuell eine Nutzenabwägung entsprechend der wirtschaftswissenschaftlichen Theorie zu treffen. Es ist daher für den Einzelnen kaum möglich, eine allgemeine Nutzenfunktion über die fiktive Auszahlungsmatrix in das zu realisierende Finanzierungsportfolio zu projizieren. Die beiden Hauptschwierigkeitsgrade resultieren aus der Intertemporalität (erfordert näherungsweises Abzinsen oder Verzicht auf Zinseffekte) und der Wahrscheinlichkeit von Ereignissen (Findet sich eine Nebenbeschäftigung? Findet sich ein Käufer? Wann?). Erst durch die Aufnahme wirtschafts-soziologisch erklärbarer Motive können die auf der individuellen Ebene mikroökonomisch nachvollziehbaren Erkenntnisse auch abstrahiert werden und Handelnde zu milieuspezifischen sozialen Gruppen zusammengefasst werden. Diese Gruppen zeichnen sich durch ähnliche Verhaltensweisen hinsichtlich des Zugangs zu und ihres Umgangs mit Pfandkrediten aus.

Die Verfügbarkeit von Schmuck, der nach seinem Gewicht werthaltig und trotzdem situationsspezifisch im Leihhaus teilbar ist, signalisiert bereits einen Leihhaus affinen Lebensstil. Es kann spekuliert werden, dass mit einem solchen Lebensstil, der sich z.B. durch eine Vorliebe für teurere Markenuhren aus-zeichnet, nicht unbedingt eine hohe Geldsparquote einhergeht. Auch bestimmte Lebenslagen stehen in enger Verbindung mit dem Leihhaus. Relative Deprivation oder ein stark fluktuierendes Einkommen auf niedrigem Niveau sind typische Randbedingungen, die sowohl ein Milieu beschreiben als auch einen Anlass für den Gang zum Pfandleiher darstellen. Die klassischen soziolo-gischen armutsrelevanten Indikatoren im Familienzyklus, Lebenslagemerkmale und betroffene Gruppen von Alleinstehenden, Alleinerziehenden und Aus-ländern spielen im Leihhaus im Vergleich zur lokalen Bevölkerung eine unterdurchschnittliche Rolle. Die Befragung brachte auch außergewöhnliche Fälle ans Licht, bei denen der Pfandkredit als die einfachste Reaktion auf hoch komplexe Lebenssituationen verstanden wird.

Diese Untersuchung verdeutlicht, dass die Mehrheit der Kunden auch ohne Abwägung von Finanzierungsalternativen auf Basis von Nutzenfunktionen mikroökonomisch effizient handelt, weil sie ihre Handlungsoptionen in der sozialen Sphäre reflektiert: Persönliche Empfehlung, kulturelle Prägung, traditionelle, familienspezifische Verhaltensweisen und Werte und die eigene Erfahrung führen zur erstmaligen oder wiederholten Entscheidung für einen Pfandkredit.

9.5 Ausblick

Der Rahmen dieser Untersuchung wurde durch quantitativ bestimmte Methoden und die Erschließung einer außergewöhnlichen *Datenbank*-Stichprobe bestimmt. Eine Ausweitung der zeitpunktbezogenen qualitativen Erhebung bei den Nutzern würde nur wenige weitere Erkenntnisse zu Tage fördern. Einzelne Kreditbiographien könnten wirtschaftssoziologisch durch die Konfrontation der Befragten mit ihrer tatsächlichen Kundenhistorie erforscht werden. Weiterreichende Erkenntnisse über die Handelnden können einerseits in einem anders abgegrenzten Umfeld oder mit einer anderen Herangehensweise gewonnen werden. Durch eine Erhebung der Handlungsmuster der Kunden von einem privaten, z.B. in einem stärker türkisch geprägten Stadtteil liegenden Leihhaus, kann durch die zu erwartende stärkere Kontrastierung des kulturellen Einflusses dieser Effekt möglicherweise analytisch separiert werden. Vielleicht wäre es jedoch einfacher und auch vielversprechender, eine kleine Kundenstichprobe, unabhängig vom bevorzugten Leihhaus, über einen mehrjährigen Zeitraum zu begleiten, und derart die Anlässe und Einflüsse auf ihre Entscheidungen zu erheben.

Eine regionale Ausdifferenzierung erscheint nicht nur in Bezug auf Stadtteile interessant, sondern auch auf Regionen: Leihhäuser mit regionalem Monopol[97], in grenznaher Lage[98] oder in den neuen Bundesländern. Interessante Quervergleiche würden sich durch die Analyse mit segmentierten Kunden anderer Institutionen ergeben, z.B. Haushalten, die mit der Bezahlung ihrer Strom- oder Telefonrechnung in Verzug sind.

Die Motivation zur Weiterführung dieser Forschung liegt in der Beobachtung und Prognose der quantitativen und qualitativen Weiterentwicklung der unter

---

[97] Beispiele hierfür: Regensburg, Ingolstadt, Bremerhaven, Rostock.
[98] Beispiele hierfür: Aachen, Freiburg, Saarbrücken.

schwacher Bonität leidenden Bevölkerungsgruppe im armutsnahen Regime. Wichtige, zukünftige Einflussfaktoren für das Handeln dieser Personen sind die zu erwartende Ausweitung der Schufa-Auskunft auf weitere Nicht-Bankdienstleistungen im allgemeinen Zahlungsverkehr, die sinkende Allgemeinbildung, die Ausdünnung der sozialen Sicherungssysteme, die wachsende Sockelarbeitslosigkeit, die Bevölkerungsmigration im Rahmen der Vergrößerung der EU oder auch der Rückgang der Verfügbarkeit von Pfändern in den privaten Haushalten.

Auch auf der Pfandkreditangebotsseite sind Veränderungen absehbar. Sozial bedeutsam ist der Rückgang der Akzeptanz von Allgemeinpfändern. Das Streben nach höheren Renditen unter den Anbietern könnte zu einer Konsolidierung und Internationalisierung der Branche führen. Auch Veränderungen des Geschäftsmodells sind zu erwarten. Erstaunlich ist z.B., dass es anders als in den USA, in Europa noch keine Leihhäuser an hochfrequentierten Verkehrsknotenpunkten auf der grünen Wiese gibt. Autobahnkreuze oder auch herausragende Orte (z.B. Oktoberfest) sollten ideale und kostengünstige Standorte sein, trotz ordnungsrechtlicher und logistischer Probleme. Zu fragen steht jedoch, ob die Verpfänder im „alten Europa" die gute Erreichbarkeit und die Anonymität eines Standortes am Autobahnkreuz höher bewerten würden als die gesicherte Verwahrung hinter den dicken Mauern einer „Altstadt".

Virtuelle, also rein Internet basierte Leihhäuser, gibt es in Deutschland (noch) nicht. Dies lässt sich einerseits durch die Auflagen der Pfandleiherverordnung erklären, andererseits basiert das Geschäft auf einer zügigen persönlichen Abwicklung. Doch wird durch einige Anbieter das Medium Internet bereits für die Darstellung zum Verkauf stehender hochwertiger Pfänder, der Ankündigung der Versteigerungen oder der Erklärung des Geschäftsablaufs genutzt. Leihhäuser, bei denen die Kunden im Internet ihre Konten einsehen können, sind nicht bekannt. Für größere Pfandkreditsummen erscheint es aus Kreditnehmersicht wünschenswert, über eine Internet-Pfandkreditbörse sich alternative Beleihungsangebote ohne großen Aufwand einholen zu können.

Die Alterung der Gesellschaft könnte dem Pfandleihwesen weiteren Auftrieb geben, ist doch ein Pfandkredit ein einfaches und persönliches Produkt, welches derart besonders die Bedürfnisse von Senioren abdeckt. Allen möglichen Veränderungen zum Trotz wird die Pfandleihe ein sehr persönliches Geschäft bleiben und ihre Kunden anziehen. Mit einem Aussterben der Spezies „Pfandkreditnehmer" ist nicht zu rechnen.

Literaturverzeichnis

Wissenschaftliche Literatur und amtliche Statistik

Albach, H. (1988): Wirtschaftswissenschaften. In: Gablers Wirtschaftslexikon. Bd. 6. 12. vollständig neu bearbeitete und erweiterte Auflage. Wiesbaden. 2798-2802.

Andreß, H.-J. (1999): Leben in Armut – Analysen der Verhaltensweisen armer Haushalte mit Umfragedaten. Opladen/Wiesbaden.

Archer, M.S., Tritter, J.Q. (Hrsg.) (2000): Rational Choice Theory – Resisting Colonization. London.

Atteslander, P. (2000): Methoden der empirischen Sozialforschung. 9., neu bearbeitete und erweiterte Auflage. Berlin, New York.

Baumert, J., et al. (2003): PISA 2000 - Ein differenzierter Blick auf die Länder der Bundesrepublik Deutschland. Opladen.

Baumgartner, M. (1982): Das Pfandleihgeschäft in der Schweiz – am Beispiel der Pfandleihe der Kantonalbank Zürich, Dissertation. Zürich.

BBE-Branchenreport (2002): Wirtschaftslage der Privathaushalte. Basisinformation für Finanzdienstleister. Berlin u.a.

Beckert, J. (2000): Economic Sociology in Germany. In: Economic Sociology, European Electronic Newsletter, Vol. 1, 2, 2-7.

Below, E. (1996): Das Leihhaus und die Sparcasse zu Leipzig : zwei Blätter der Erinnerung an die fünfzigjährige Wiederkehr der Eröffnung beider Institute am 20. und 22. Februar 1826/1876. Hrsg.: Sparkasse. Leipzig

Berger, J. (2003): Neoinstitutionalismus und Wirtschaftssoziologie. In: Schmid, M., Maurer, A. (Hrsg.): Ökonomischer und soziologischer Institutionalismus. Marburg. 73-90.

Böckhoff, M., Stracke, G. (1999): Der Finanzplaner. Handbuch der privaten Finanzplanung und individuellen Finanzberatung. Heidelberg.

Bogner, A., Littig, B., Menz, W. (Hrsg.) (2002): Das Experteninterview. Theorie, Methode, Anwendung. Opladen.

Bogner, A., Menz, W. (2002): Expertenwissen und Forschungspraxis: die modernisierungstheoretische und methodische Debatte um die Experten. Zur Einführung in ein unübersichtliches Problemfeld. In: Bogner, A., Littig, B., Menz, W. (Hrsg.): Das Experteninterview. Theorie, Methode, Anwendung. Opladen. 7-30.

Bohnsack, R. (2003): Rekonstruktive Sozialforschung. Einführung in qualitative Methoden. 5. Auflage. Opladen.

Bouman, F. J. A.; Houtman, R. (1988): Pawnbroking as an instrument of rural banking in the Third World. In: Economic development and cultural change. Chicago, Ill., Jg.37, 1, 69-89.

Bouman, F.J.A., Hospes, O. (Hrsg.) (1994): Financial Landscapes Reconstructed - The Fine Art of Mapping Development. Boulder u.a.

Bourdieu, P. (1982): Die feinen Unterschiede. Kritik der gesellschaftlichen Urteilskraft. Frankfurt a.M.

Bourdieu, P. (1983): Ökonomisches Kapital, kulturelles Kapital, soziales Kapital. In: Kreckel, R. (Hrsg.): Soziale Ungleichheiten. Göttingen. 183-198.

Bourdieu, P. (1998): Die praktische Vernunft. Zur Theorie des Handelns. Frankfurt a.M.

Braun, R.; Möhlenkamp, R.; Pfeiffer, U.; Simons, H. (2001): Vermögensbildung in Deutschland – Studien zur Wohnungs- und Vermögenspolitik. Hrsg.: LBS/Empirica. Berlin.

Brüsemeister, Th. (2000): Qualitative Forschung. Ein Überblick. Wiesbaden.

Bryman, A. , Cramer, D. (1994): Quantitative Data Analysis for Social Scientists. 2nd revised Edition. London, New York.

Bundesgesetz von Österreich (1998): Über die Übertragung des Dorotheums in das Eigentum der ÖIAG,Wien.

Bundesministerium für Arbeit und Sozialordnung (Hrsg.) (2001a): Lebenslagen in Deutschland. Der erste Armuts- und Reichtumsbericht der Bundesregierung. Bd. 1. Bundestagsdrucksache Nr. 14/5990. Berlin.

Bundesministerium für Arbeit und Sozialordnung (Hrsg.) (2001b): Lebenslagen in Deutschland. Daten und Fakten. Materialband zum ersten Armuts- und Reichtumsbericht der Bundesregierung. Bd. 2. Bundestagsdrucksache Nr. 14/5990. Berlin.

Buß, E. (1995): Lehrbuch der Wirtschaftssoziologie. 2., neu bearbeitete Auflage. Berlin, New York.

Caplovitz, D. (1963): The poor pay more. Consumer Practices of Low Income Families. New York.

Carruthers, B.G., Babb, S.L. (2000): Economy/Society. Markets, Meanings, and Social Structure. Thousand Oaks, u.a.

Chaplin, Ch. (1916): Das Pfandhaus, Produktion: Mutual, USA.

Claupein, E. (1990): Vermögen und Vermögensbildungsprozesse der privaten Haushalte. Berlin.

Dahrendorf, R. (1977): Homo Sociologicus. Ein Versuch zur Geschichte, Bedeutung und Kritik der Kategorie der sozialen Rolle. 15. Auflage. Opladen.

Damrau, J. (1990): Pfandleiherverordnung: Kommentar zur Pfandleiherverordnung und zu den Allgemeinen Geschäftsbedingungen im Pfandkreditgewerbe, Stuttgart u.a..

Dembowski, A.; Ehrlich, B. (2002): Financial Planning. Düsseldorf und Berlin.

Diekmann, A. (2001): Empirische Sozialforschung. Grundlagen, Methoden, Anwendungen. 7., durchgesehene Auflage. Reinbek bei Hamburg.

Douglas, M., Baron Isherwood, C. (1979): The World of Goods. New York.

Douglas, M., Baron Isherwood, C. (1996): The World of Goods. Revised edition. New York.

Emnid Institut (2003): chrismon Umfrage des Monats: Ist Schwarzarbeit für Sie akzeptabel oder lehnen Sie diese grundsätzlich ab? EMNID-Institut im Auftrag von chrismon. In: chrismon 12/2003, 6.

Ernst, H., Hauser, R., Katzenstein, B., Micic, P. (2000): Lebenswelten 2020. 36 Zukunftsforscher über die Chancen von Morgen. Köln.

Exodus (1981): Heilige Schrift. Einheitsübersetzung. Stuttgart.

Flick, U. (1996): Qualitative Forschung. Theorie, Methoden und Anwendung in Psychologie und Sozialwissenschaften. Reinbek bei Hamburg.

Foerste, K. (1999): Streitvermeidung im traditionellen China: Die "dritte Partei" bei Begründung und Durchsetzung von Verträgen. In: Preprints aus der Max-Planck-Projektgruppe Recht der Gemeinschaftsgüter 1999/2. Bonn.

Friedrichs, J. (1990): Methoden der empirischen Sozialforschung. 14. Auflage. Opladen.

Fruin, T.A. (1933): History, present situation and problems of the village credit system. Elektronische übersetzte Version: www.microfinancegateway.org/files/2353_Fruin1897.doc

Führer, K. Ch. (1992): Das Kreditinstitut der kleinen Leute: Zur Bedeutung der Pfandleihe im deutschen Kaiserreich. In: Bankhistorisches Archiv (BA). Zeitschrift zur Bankengeschichte. Bd. 18, 1. Stuttgart. 3-21.

Fuchs-Heinritz, W., Lautmann, R., Rammstedt, O., Wienold, H. (1994): Lexikon zur Soziologie. 3., völlig neu bearbeitete Auflage. Opladen.

Gerdes, D. (1989): Lebenswelt. In: Nohlen, D., Schultze, R.-O. (Hrsg.): Pipers Wörterbuch zur Politik. Politikwissenschaft Bd. 1. 3. Auflage. München. 498-501.

Girtler, R. (2001): Methoden der Feldforschung. 4., völlig neu bearbeitete Auflage. Wien u.a.

Gramkow, A. (1925): Leihhäuser. In: Handwörterbuch der Staatswissenschaften. Bd. 6, 4. Auflage. Jena. 333-345.

Granovetter, M. (2002): A Theoretical Agenda for Economic Sociology. In: Guillen, M.F., et. al: The New Economic Sociology: Developments in an Emerging Field. New York. 35-60.

Granovetter, M., Swedberg, R. (2001): The Sociology of Economic Life. 2nd ed. Boulder, Colorado.

Grathoff, R. (1989): Milieu und Lebenswelt. Einführung in die phänomenologische Soziologie und sozialphänomenologische Forschung. Frankfurt am Main.

Groth, U. (1984): Schuldnerberatung. Praktischer Leitfaden für die Sozialarbeit. Frankfurt/Main, New York.

Gurr, T. (1970): Why Men Rebell, Princeton. Zitiert nach Gurr, T. (1973): Ursachen und Prozesse politischer Gewalt, in: von Beyme, K. (Hrsg.)(1973): Empirische Revolutionsforschung. Opladen. 266-310).

Hahn, O. (1997): Allgemeine Betriebswirtschaftslehre. München und Wien.

Hamm, S. (1954): Zweihundert Jahre Münchner Leihamt. München.

Hamzé, I.A. (2001): The role of microcredit in poverty alleviation. New York.

Hanesch, W., Krause, P., Bäcker, G. (2000): Armut und Ungleichheit in Deutschland. Der neue Armutsbericht der Hans-Böckler-Stiftung, des DGB und des Paritätischen Wohlfahrtsverbands. Reinbek bei Hamburg.

Hasse, R., Krücken, G. (1999): Neo-Institutionalismus. Bielefeld.

Heinemann, K. (Hrsg.) (1987): Soziologie wirtschaftlichen Handelns. Kölner Zeitschrift für Soziologie und Sozialpsychologie. Sonderheft 28. Köln.

Heinze, Th. (2001): Qualitative Sozialforschung: Einführung, Methodologie und Forschungspraxis. München, Wien.

Hellmund, U., Klitzsch, W., Schumann, K. (1992): Grundlagen der Statistik. Landsberg/L.

Hess, G., Weser, U. (2004): Studie über sozial Schwache ohne Zugang zu einem Girokonto. Zu beziehen über: Landesarbeitsgemeinschaft Schuldner- und Insolvenzberatung e.V. Aschaffenburg.

Hillmann, K.-H. (1988): Allgemeine Wirtschaftssoziologie. Eine grundlegende Einführung. München.

Hirseland, A. (1999): Schulden in der Konsumgesellschaft – Eine soziologische Analyse. Amsterdam.

Hitzler, R., Honer, A. (1995): Qualitative Verfahren zur Lebensweltanalyse. In: Flick, U., von Kardoff, E. u.a. (Hrsg.): Handbuch qualitativer

Sozialforschung. Grundlagen, Konzepte, Methoden und Anwendungen. Weinheim, 382-388.

Hoch, W. (1928): Ist ein städtisches Leihhaus eine Notwendigkeit? Hrsg.: Reichsverband d. Pfandleiher Deutschlands e. V. Berlin.

Holton, R.J. (1992): Economy and Society. London, New York.

Hradil, S. (1995): Schicht, Schichtung, Mobilität. In: Korte, H., Schäfers, B. (Hrsg.): Einführung in Hauptbegriffe der Soziologie. 3. verbesserte Auflage. Opladen. 145-164.

Kirchgässner, G. (1991): Homo oeconomicus. Tübingen.

Klein, M. A. (1987): The resurgence of pawning in French West Africa during the depression of the 1930s, In: African economic history. Boston, Mass., Bd. 16, 23-37.

Klöti, U. (1989): Entscheidungstheorie. In: Nohlen, D. (Hrsg.) (1989): Pipers Wörterbuch zur Politik – Politikwissenschaft Bd.1. München, Zürich. 194-196.

Knies, G., Spieß, C.K. (2003): Fast ein Viertel der Privathaushalte in Deutschland mit Konsumentenkreditverpflichtungen. In: DIW-Wochenbericht 17. Berlin.

Korczak, D. (1997): Marktverhalten, Verschuldung und Überschuldung privater Haushalte in den neuen Bundesländern. Stuttgart et al.

Korczak, D. (2001): Überschuldung in Deutschland zwischen 1988 und 1999. Gutachten im Auftrag des Bundesministeriums für Familie, Senioren, Frauen und Jugend. Stuttgart, Berlin, Köln.

Korczak, D., Pfefferkorn, G. (1992): Überschuldungssituation und Schuldnerberatung in der Bundesrepublik Deutschland. Studie im Auftrag des Bundesministeriums für Familie und Senioren und des Bundesministeriums der Justiz. Stuttgart, Berlin, Köln.

Krauss, H.H.H. (1952): Das Leihhaus der Reichsstadt Nürnberg und seine Pfandrechtsordnung (Dissertation). Erlangen.

Krippendorf, K. (1980): Content Analysis. An Introduction to Its Methodology. Beverly Hills, London.

Kromrey, H. (2000): Empirische Sozialforschung. 9., korrigierte Auflage. Opladen.

Kromrey, H. (2002): Skript zur Vorlesung Qualitative Sozialforschung an der FU Berlin, Sommersemester 2002, http://userpage.fu-berlin.de.

Krotz, F. (1990): Lebenswelten in der Bundesrepublik Deutschland. Eine EDV-gestützte qualitative Analyse quantitativer Daten. Opladen.

Laatz, W. (1993): Empirische Methoden. Ein Lehrbuch für Sozialwissenschaftler. Thun, Frankfurt a.M.

Lamberte, M. B.(1991): An analysis of the role of pawnshops in the Philippine financial system. In: Savings and development: quarterly review. Milano, Bd. 15, 3, 229-245.

Lamnek, S., Pichler, A. (1999): Soziale Devianz und Lebenswelt. Eine hermeneutische Analyse subjektiver Relevanzstrukturen zur Typisierung devianten Handelns im Sozialstaatsbereich, in: Soziale Probleme 10. Jg., Nr. 1, 3-21.

Le Goff, J. (1962): Marchands et banquiers du Moyen Age. Paris.

Le Goff, J. (1988): Wucherzins und Höllenqualen: Ökonomie und Religion im Mittelalter. Stuttgart.

Ludewig, Großherzog von Hessen (1808): Gründungsurkunde der Sparkasse Darmstadt. Darmstadt.

Luhmann, N. (1983): Das sind Preise. In: Soziale Welt 35, 153-170.

Lux-Henseler, B. (2002): Privathaushalte in Nürnberg. Konzept der Haushaltegenerierung aus dem Melderegister und erste Ergebnisse für 2001. In: Statistische Nachrichten der Stadt Nürnberg 3/2001. 13-18.

Lux-Henseler, B. (2002a): Struktur und Entwicklung der Privathaushalte in Nürnberg. Ergebnisse der Haushaltegenerierung aus dem Melderegister 1994-2001. . In: Statistische Nachrichten der Stadt Nürnberg 4/2001. 3-17.

Maltry, C. (1998): Kredithaie - ein Riesengeschäft mit der Armut. Typoskript. Bezug über: Schuldnerberatung beim Landratsamt Main-Spessart.

Maxim, P.S. (1999): Quantitative Research Methods in the Social Sciences. New York.

Meuser, M., Nagel, U. (1991): ExpertInneninterviews – vielfach erprobt, wenig bedacht. Ein Beitrag zur qualitativen Methodendiskussion. In: Garz, D., Kraimer, K. (Hg.): Qualitativ-empirische Sozialforschung. Konzepte, Methoden, Analysen. Opladen, 441-471.

Meuser, M., Nagel, Ulrike (2002): Experteninterviews. In: Nohlen, D., Schultze, R.-O. (Hrsg.): Lexikon der Politikwissenschaft. Theorie, Methoden, Begriffe. Bd.1. München. 214-215.

Miegel, M. (1983): Die verkannte Revolution (1). Einkommen und Vermögen der privaten Haushalte. Stuttgart.

Mises, L. von (1940): Nationalökonomie: Theorie des Handelns und Wirtschaftens. Genf.

Mohamed, R. (1986): The role of pawnbrokers as non-institutional creditors in Malaysia. In: Kajian ekonomi Malaysia: Journal of the Malaysian Economic Association. Kuala Lumpur, Bd. 23, 2, 30-39.

Noell, Hermann (1922): Der Pfandkredit, die neue deutsche Währung. Berlin.

North, D. C. (1992): Institutionen, institutioneller Wandel und Wirtschaftsleistung. Tübingen.

o.A. (1976): Verordnung über den Geschäftsbetrieb der gewerblichen Pfandleiher vom 1. Februar 1961 (PfandlV) in der Fassung der Bekanntmachung vom 1. Juni 1976 (BGBl. I), 1334.

Pappi, F. U. (1989): Milieu. In: Nohlen, D., Schultze, R.-O. (Hrsg.): Pipers Wörterbuch zur Politik. Politikwissenschaft Bd. 1. 3. Auflage. München. 568-569.

Porntip, S. (1988): Pawning behaviour in Bangkok (Dissertation). Bangkok.

Prenzlow, A. (1930): Das Leihhaus der Stadt Leipzig seit der Stabilisierung der Mark. Hrsg.:Leihhaus Yorkplatz. Leipzig.

Prothmann, H. (2004): Verbraucher, die außen vor bleiben. Verbraucherzentralen Bundesverband. Berlin.

Reinhold, G. (Hrsg.) (1997): Wirtschaftssoziologie. 2., bearbeitete und erweiterte Auflage. München, Wien.

Richter, R. (1994): Institutionen ökonomisch analysiert. Tübingen.

Roth, E. (1989): Sozialwissenschaftliche Methoden. Lehr- und Handbuch für Forschung und Praxis. 2., unwesentlich veränderte Auflage. München, Wien.

Schimank, U. (1996): Theorien gesellschaftlicher Differenzierung. Opladen.

Schimank, U. (2000): Handeln und Strukturen. Einführung in die akteurstheoretische Soziologie. Weinheim und München.

Schlomann, H. (1989): Die Vermögensausstattung der Armen. Theoretische Überlegungen und empirische Anhaltspunkte. SFB 3: Mikroanalytische Grundlagen der Gesellschaftspolitik, Arbeitspapier 294. Frankfurt, Mannheim.

Schmid, M., Maurer, A. (Hrsg.) (2003): Ökonomischer und soziologischer Institutionalismus. Marburg.

Schmoller, G. (1904): Grundriss der allgemeinen Volkswirtschaftslehre. Leipzig.

Schneider, F. (2001): Erste Schätzungen der Größe der Schattenwirtschaft im allgemeinen und im Baubereich für die Bundesländer Berlin und Brandenburg über die Periode 1996-1999. Studie im Auftrag der Sozialkasse des Berliner Baugewerbes. Berlin.

Schneider, F. (2003): Der Umfang der Schattenwirtschaft des Jahres 2003 in Deutschland, Österreich und der Schweiz – Weiteres Anwachsen der Schattenwirtschaft. Linz.

Schnell, R., Hill, P.B., Esser, E. (1999): Methoden der empirischen Sozialforschung. 6., völlig überarbeitete und erweiterte Auflage. München, Wien.

Schrader, H. (1994): Moneylenders and Merchant Bankers in India and Indonesia. In: Bouman, F.J.A., Hospes, O. (Hrsg.) (1994): Financial Landscapes Reconstructed - The Fine Art of Mapping Development. Boulder u.a.

Schrader, H. (2000a): Economic Action under Market Constraints: A Post-Soviet Pawnshop in St. Petersburg. In: Sociologus. Berlin., Jg.50, 2, 199-224.

Schrader, H. (2000b): Geld sofort: der Pfandkredit als Strategie der Lebens-bewältigung im russischen Alltag. Magdeburg.

Schrader, H. (2000c): Lombard Houses in Saint Petersburg. Pawning as a Survival Strategy of Low-Income Households? Münster, Hamburg, London.

Schrader, H. (2000d): Modernization between Economic Requirements and Religous Law: Islamic Banking in Malaysia. In: Internationales Asienforum. Freiburg, Bd. 31, 1-2, 39-56.

Schrader, H. (2001): Pfandkredit als eine Strategie der Lebensbewältigung im russischen Alltag. Berliner Debatte INITIAL 12, 3: 88-100.

Schrader, H. (2003): Vertrauen, Sozialkapital, Kapitalismen - Überlegungen zur Pfandabhängigkeit des Wirtschaftshandelns in Osteuropa. In: Kollmorgen, R., Schrader, H. (Hg.): Postsozialistische Transformationen: Gesellschaft, Wirtschaft, Kultur. Theoretische Perspektiven und empirische Befunde. Würzburg.

Schufa (2003):Schulden-Kompass 2003. Empirische Indikatoren der privaten Ver- und Überschuldung in Deutschland. Herausgeber: SCHUFA HOLDING AG. Wiesbaden.

Schülein, J.A. (1994): Homo oeconomicus und soziale Theorie. In: Schülein, J.A., Bohmann, G. (Hrsg.): Ökonomie und Gesellschaft. Eine Sammlung von Studientexten. Wien, New York. 8-34.

Schumann, J. (1992): Grundzüge der mikroökonomischen Theorie. Berlin u.a.

Schüssler, R., Lang, O., Buslei, H. (2000): Wohlstandsverteilung in Deutschland 1978 – 1993. Edition der Hans-Böckler-Stiftung 34. Düsseldorf.

Schütz, A. (1971): Gesammelte Aufsätze I. Das Problem der sozialen Wirklichkeit. Den Haag.

Shanmugam, B.(1991): The business of pawnbroking in West Malaysia. In: Journal of Southeast Asia Business. Ann Arbor, MI, Bd. 7, 2, 80-89.

Simon, H. (1992): Economics, Bounded Rationality and the Cognitive Revolution. Aldershot.

Simon, H. (1993): Homo rationalis. Die Vernunft im menschlichen Leben. Frankfurt/Main, New York.

Sinus Sociovision (2002): Kurzbeschreibung der Sinus-Milieus© 2002. Heidelberg.

Skully, M. (1994): The development of the pawnshop industry in East Asia. In: Bouman, F.J.A., Hospes, O. (Hrsg.) (1994): Financial Landscapes Reconstructed - The Fine Art of Mapping Development. Boulder u.a.

Spöhring, W. (1995): Qualitative Sozialforschung. 2. Auflage. Stuttgart.

Stadermann, H.-J. (2002): Allgemeine Theorie der Wirtschaft. Bd. II, National-ökonomik. Berlin.

Stadt Nürnberg, Amt für Statistik (2002): Statistisches Jahrbuch der Stadt Nürnberg 2002. Nürnberg.

Stadt Nürnberg, Referat VI (1995): Bericht über die Entwicklung "Leitbild Verkehr". Im: Ausschuss für Verkehrswesen am 22.06.1995.

Stadt Nürnberg, Referat für Jugend, Familie und Soziales (2004): Sozialbericht der Stadt Nürnberg. Band I. Nürnberg.

Statistik Nürnberg (1998): Statistisches Jahrbuch der Stadt Nürnberg 1998. Nürnberg.

Statistik Nürnberg (2000a): Innergebietliche Strukturdaten Nürnberg 2000. GIS. Nürnberg.

Statistik Nürnberg (2000b): Statistisches Jahrbuch der Stadt Nürnberg 2000. Nürnberg.

Statistik Nürnberg (2000c): Statistik aktuell - Monatsbericht November 2000 - Die aktuelle Entwicklung der Pendlerzahlen. Nürnberg.

Statistik Nürnberg (2002a): Leben in Nürnberg 2001. Wohnungs- und Haushaltserhebung. Nürnberg.

Statistik Nürnberg (2002b): Statistisches Jahrbuch der Stadt Nürnberg 2002. Nürnberg.

Statistik Nürnberg (2002c): Straßenverzeichnis und Stadtplan der Stadt Nürnberg 2002 mit Gebietszuordnung der Adressen. Nürnberg.

Statistik Nürnberg (2002d): Sonderauswertung Mikrozensus 2001 für Nürnberg. Nürnberg.

Statistik Nürnberg (2003): Innergebietliche Strukturdaten Nürnberg 2002. GIS. Nürnberg.

Statistik Nürnberg (2003a): Nürnberg in Zahlen 2002. Nürnberg.

Statistisches Bundesamt (1994): Langlebige Gebrauchsgüter privater Haushalte 1993. Heft 1, Fachserie 15 Wirtschaftsrechnungen. Wiesbaden.

Statistisches Bundesamt (1997): Einnahmen und Ausgaben privater Haushalte 1993. Heft 4, Fachserie 15 Wirtschaftsrechnungen. Wiesbaden.

Statistisches Bundesamt (1999): Langlebige Gebrauchsgüter privater Haushalte 1998. Heft 1, Fachserie 15 Wirtschaftsrechnungen. Wiesbaden.

Statistisches Bundesamt (2001): Berufspendler mit hohem Einkommen bevorzugen PKW. Ergebnisse aus dem Mikrozensus 2000. Wiesbaden.

Statistisches Bundesamt (2001a): Ausländische Bevölkerung in Deutschland. Wiesbaden.

Statistisches Bundesamt (2001b): Einnahmen und Ausgaben privater Haushalte 1998. Heft 4, Fachserie 15 Wirtschaftsrechnungen. Wiesbaden.

Statistisches Bundesamt (2001c): Geldvermögensbestände und Konsumentenkreditschulden privater Haushalte 1998. Heft 2, Fachserie 15 Wirtschaftsrechnungen. Wiesbaden.

Statistisches Bundesamt (2002b): Statistisches Jahrbuch 2002. Bonn.

Statistisches Bundesamt (2003): Löhne und Gehälter in Deutschland. Wiesbaden.

Statistisches Bundesamt (Hrsg.) (2002a): Datenreport 2002. Zahlen und Fakten über die Bundesrepublik Deutschland. In Zusammenarbeit mit WZB und ZUMA. Bonn.

Steinke, I. (1999): Kriterien qualitativer Forschung. Ansätze zur Bewertung qualitativ-empirischer Sozialforschung. Weinheim, München.

Strauss, A.L. (1998): Grundlagen qualitativer Sozialforschung: Datenanalyse und Theoriebildung in der empirischen und soziologischen Forschung. 2. Auflage. München.

Swedberg, R. (1987): Economic Sociology: Past and Present. In: Current Sociology, Vol. 35, No. 1.

Swedberg, R. (1998): Max Weber and the Idea of Economic Sociology. Princeton, New Jersey.

Thomsen, H. (1966): Die Kleinkredite der Großbanken an Lohn- und Gehaltsempfänger (Dissertation). Erlangen, Nürnberg.

Trigilia, C. (2002): Economic Sociology. State, Market, and Society in Modern Capitalism. Malden, Massachusetts.

Varian, H. R. (2001): Grundzüge der Mikroökonomik. 5. Auflage. München, Wien.

Verkehrsplanungsamt Stadt Nürnberg (2002): Kartographische Darstellung der Kfz-Zählung Juli 2002 am Altstadt-Cordon. Nürnberg.

Verkehrsplanungsamt Stadt Nürnberg (2003): Kartographische Darstellung der Fußgängerzählung 1995-2002 am Altstadt-Cordon. Nürnberg.

VISA (2003):/www.visa.de/presse/presse_marktanteil_deutschland.htm

Watzlawick, P., Beavin, J.H., Jackson, D.D. (1972): Menschliche Kommunikation. Formen, Störungen, Paradoxien. 3. Auflage. Bern.

Weber, M. (1972): Wirtschaft und Gesellschaft: Grundriss der verstehenden Soziologie. Studienausgabe. Fünfte, revidierte Auflage. Tübingen.

Weindlmaier, G. (1982): Der Einsatz von Krediten im privaten Haushalt (Dissertation). Stuttgart.

Weingarten, E.; Sack, F.; Schenkein, J. (1979): Ethnomethodologie – Beiträge zu einer Soziologie des Alltagshandelns. 2. Auflage. Frankfurt am Main.

Wienold, H. (2000): Empirische Sozialforschung. Praxis und Methode. Münster.

Wiese, H. (2002): Entscheidungs- und Spieltheorie. Heidelberg.

Williamson, O.E. (1975): Markets and hierarchies: analysis and antitrust implications. New York u.a.

Wimmer, F. (1982): Mangelnde Effizienz im Einkaufsverhalten sozial schwacher, älterer Konsumenten? - Theoretisch-empirische Untersuchung zur These „die Armen zahlen mehr" (Habilitationsschrift). Erlangen, Nürnberg.

Wolf, H.-J. (1996): Pfändbare Gegenstände von A – Z. Bonn.

Zimmermann, G.E. (2000): Überschuldung privater Haushalte. Empirische Analysen und Ergebnisse für die alten Bundesländer (Dissertation). Karlsruhe.

Tagespresse und nicht amtliche Statistik

Boehringer, S. (2004): Die Pleite vor Gericht erklären. In: Süddeutsche Zeitung vom 21./22.03.2004, 33.

Borst, S., Contoli, M., Fanke, M. (2003): Der grosse Schuldenkompass. In: FOCUS 45, 3.11.2003, 198-212.

Burkel, A. (2003): Schuldnerberatung auf Monate ausgebucht. In: Süddeutsche Zeitung vom 22.5.2003, 37.

Chaberny, Jan (2003): Gut, besser – billig. In: Süddeutsche Zeitung vom 21.5.2003, 41.

Dostert, E. (2002): Wo Opas Uhr zu Barem wird. In: Süddeutsche Zeitung vom 21./22.12.2002, 54.

dpa (2003): Konjunkturflaute kurbelt Geschäfte der Leihhäuser an. Vom 4.4.2003. Düsseldorf.

FOCUS-Analyse (2003): Der Markt der Finanzanlagen. Daten, Fakten, Trends.

Fricke, T. (2003): Kolumne - Wundersame Minijobs. In: Financial Times Deutschland vom 25.7.2003, 12.

Hammer, T. (2003): Banken bei Kreditzinsen nicht zimperlich. In: Süddeutsche Zeitung vom 6.5.2003, 27.

Heilig-Achneck, W. (2003): Tausende von Stromsperren. In: Nürnberger Nachrichten vom 11.2.2003, 9.

Heuer, S. (2003): Von Dienstwegen und Abwegen. In: brandeins, Bd. 5, Nr. 4, 86.

Hölper, S. (2004): Cash oder Cabrio – Weil die Banken immer restriktiver werden, brummt das Pfandkreditgeschäft. In: Süddeutsche Zeitung vom 26.2.20, 44.

MapPoint (2002): Kartographie Software von Microsoft mit umfangreichen sozioökonomischen Daten.

Neider, C. (2002): Aus einer Hand in die andere. In: Kieler Nachrichten vom 6.11.2002, 21.

o.A. (2002): Presse-Informationen des Zentralverbandes des deutschen Pfandkreditgewerbes e.V. (ZDP e.V.). Stuttgart.

o.A. (2002): Da wird romantisches Kerzenlicht grausam – N-Ergie sperrt in fast 19.000 Haushalten den Strom. In: Nürnberger Nachrichten vom 23/24.11.2002, 9.

o.A. (2002): Tradition & Innovation. Nach umfangreichen Umbauarbeiten in neuem Glanz: Das Leihhaus Nürnberg. In: MarktSpiegel vom 11.12.2002, 8.

o.A. (2003): Leihhaus ist der größte Juwelier. Am Unschlittplatz gibt's Schmuck zu fairen Preisen zu kaufen. In: Abendzeitung vom 3.4.2003, 7.

o.A. (2003): Immer mehr private Haushalte verschuldet. In: Süddeutsche Zeitung vom 24.4.2003, 24.

o.A. (2003): In aller Kürze. In: Nürnberger Nachrichten vom 24./25.5.2003, 11.

o.A. (2003): Pfandleiher kämpfen gegen ihren Ruf als „Arme-Leute-Bank". In: DIE WELT vom 28.5.2003, 32.

o.A. (2003): Jeder zehnte arbeitet schwarz. Vergleichende Studie zur Schattenwirtschaft in Europa. In: Süddeutsche Zeitung vom 6.6.2003, 26.

o.A. (2003): Handys treiben in die Schuldenfalle. In: Frankfurter Allgemeine Zeitung vom 18.6.2003, 13.

o.A. (2003): Immer mehr junge Menschen sind überschuldet. In: Süddeutsche Zeitung vom 18./19.6.2003, 26.

o.A. (2003): Altersgrenze für Kredite beginnt zu bröckeln. In: sechsundsechzig vom Juni 2003, 34.

o.A. (2003): Krisengewinner: Renaissance der Pfandleiher. In: FOCUS (38) vom 8.9.2003, 202.

o.A. (2003): Pfandhäuser legen zu – Einrichtung wird schon von 1,1 Mio. Bürgern genutzt. In: Nürnberger Nachrichten vom 24.9.2003, 7.

o.A. (2003): Arbeitsmarkt: Trend zum Drittjob. In: FOCUS (47) vom 17.11.03, 66.

o.A. (2003): Sogar für Lebensmittel fehlt das Geld- Das städtische Sozialreferat legt nach elf Jahren zweiten Armutsbericht für Nürnberg vor. In: Nürnberger Nachrichten vom 25.11.2003, 13.

o.A. (2003): Pfandleihhaus – Sehr begehrt: Kleinkredite. In: chrismon 12/2003, 6.

o.A. (2003): Unternehmensporträt: Erstes Pfandleihhaus für Kraftfahrzeuge, München. Ganzseitige Anzeige in Süddeutsche Zeitung vom 15.12.2003, 42.

o.A. (2004): e-bay Boom. In: FOCUS (3) vom 12.1.2004, 84.

o.A. (2004): Mehr als nur Überweisungen- Deutsche Tochter der türkischen Isbank-Gruppe will in Nordbayern wachsen. In: Nürnberger Nachrichten vom 23.03.2004, 17.

Öchsner, Th. (2003): Wucher nimmt neue Formen an – Rentner-Ehepaar zahlte bei CC-Bank umgerechnet 40% Zinsen. In: Süddeutsche Zeitung vom 18./19.10.2003, 23.

Säuberlich, J. (2003): Schuldenfalle: Immer mehr Leute kaufen auf Pump. In: Nürnberger Nachrichten vom 20.1.2003, 32.

Schlaier, A. (2003): Heimlich in Bayern. In: Süddeutsche Zeitung vom 28./29.5.2003, 51.

Wiegmann, J. (2003): In Deutschland boomt das Geschäft mit der Armut. In: DIE WELT vom 6.6.2003, 34.

Wilhelm, K. (2002): Fair spielen, mehr gewinnen. In: brand eins. Wirtschaftsmagazin, Bd. 4, Nr. 1, 54-57.

ZDP (2000): Der Pfandkredit. Geschäftsbericht des Zentralverbandes des deutschen Pfandkreditgewerbes e.V. für 1999/2000. Stuttgart.

ZDP (2001): Der Pfandkredit. Geschäftsbericht des Zentralverbandes des deutschen Pfandkreditgewerbes e.V. für 2000/2001. Stuttgart.

ZDP (2002a): Der Pfandkredit. Geschäftsbericht des Zentralverbandes des deutschen Pfandkreditgewerbes e.V. für 2001/2002. Stuttgart.

ZDP (2002b): Pressemappe des ZDP 2002. Das Pfandkreditgewerbe – eine Branche mit Zukunft. Düsseldorf.

ZDP (2003): Der Pfandkredit. Geschäftsbericht des Zentralverbandes des deutschen Pfandkreditgewerbes e.V. für 2002/2003. Stuttgart.

Stichwortverzeichnis

www.ingramcontent.com/pod-product-compliance
Lightning Source LLC
Chambersburg PA
CBHW021704210326
41599CB00013B/1509